"十四五"时期国家重点出版物出版专项规划项目

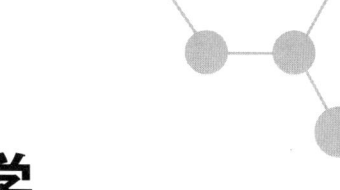

农村中学生物学课程资源开发与利用

王永胜　郑世忠　等　编著

中国生物学教育研究丛书

赵占良　主编

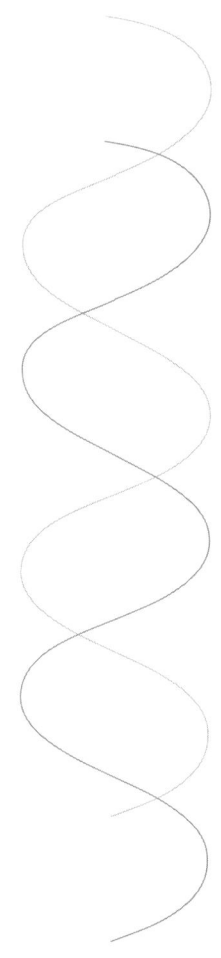

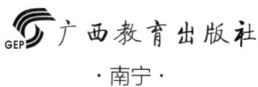

·南宁·

图书在版编目（CIP）数据

农村中学生物学课程资源开发与利用／王永胜等编著．－－南宁：广西教育出版社，2021.12

（中国生物学教育研究丛书／赵占良主编）

ISBN 978-7-5435-9013-7

Ⅰ.①农… Ⅱ.①王… Ⅲ.①生物课－教学研究－中学 Ⅳ.① G633.912

中国版本图书馆 CIP 数据核字（2021）第 280316 号

策　　划：	廖民锂　潘姿汝　黄力平	
责任编辑：	孟庆玲	装帧设计：李浩丽
责任校对：	何　云　卢佳慧　杨红斌	责任技编：蒋　媛

出 版 人：石立民
出版发行：广西教育出版社
地　　址：广西南宁市鲤湾路 8 号　邮政编码：530022
电　　话：0771-5865797
本社网址：http://www.gxeph.com
电子信箱：gxeph@vip.163.com
印　　刷：广西万泰印务有限公司
开　　本：787mm×1092mm　1/16
印　　张：20
字　　数：297 千字
版　　次：2021 年 12 月第 1 版
印　　次：2021 年 12 月第 1 次印刷
书　　号：ISBN 978-7-5435-9013-7
定　　价：52.00 元

（如发现图书有印装质量问题，影响阅读，请与出版社联系调换。）

○ 序 ○

2001年,叶佩珉教授主编的"学科现代教育理论书系·生物学"由广西教育出版社出版。这套丛书系统总结了我国改革开放以来中学生物学教育在课程论、教学论、学习论、实验论、测量评价理论等方面的研究成果,在我国中学生物学教育领域产生了广泛影响。

20年过去了,在中国共产党100周年华诞,党团结带领全国人民全面建成小康社会,实现第一个百年奋斗目标,正意气风发地向着全面建成社会主义现代化强国的第二个百年奋斗目标迈进之际,回首本世纪的这第一个20年,我们不禁感慨,我国的中学生物学教育也走过了一段极不平凡的探索历程。这20年,是新一轮基础教育课程改革从启动到深化的20年。在这20年中,我们经受了新课程理念的洗礼,实施新课标,使用新教材,探索新的教学方式和考试评价方式,改革创新的热潮一波又一波地兴起,新观点、新模式、新经验不断涌现。从总体上看,我国的中学生物学课程、教材和教学的质量和水平,已经迅速赶上了时代,极大缩短了与发达国家的距离,具有中国特色的生物学课程教材体系和学术话语体系正在形成。当然,还有许多问题需要研究,也有不少挑战需要面对,一些困惑需要破解。

展望开启新征程的未来30年,我们更是豪情满怀。未来30年,中学生物学教育更是大有可为的,并且应该大放异彩!为实现第二个百年目标培养人才,是我们每一位教育工作者肩负的重任。如何让生物学教育更好地服务于立德树人根本任务,更好地服务于国家创新驱动战略的实施?如何让生物学课程更加充分地彰显育人价值，使它在"培根铸魂、启智增慧"中发挥独特的作用？这是每一位生物学教育工作者应该认真思考和研究的问题。

站在新的历史交汇点上，总结我国这20年中学生物学教育的理论与实践研究成果，研究新时期我国生物学教育面临的任务和挑战，构建中国特色生物学教育理论体系和课程教材体系，探索生物学教育高质量发展的实践路径、策略和方法，是时代的需要，是生物学教育研究者的责任，也是广西教育出版社策划、我和诸位作者一道撰写"中国生物学教育研究丛书"的出发点。

我作为本套丛书的主编，主要思考和解决三个问题：写哪几本书？找谁写？如何写？

写哪几本书？我的思路是从问题到选题。这里所说的"问题"，多数是我国中学生物学教育理论和实践研究中长期关注的问题，如概念教学问题、实验教学问题、学生科学过程技能培养问题、国际教材比较问题、信息技术与生物学教学融合问题等。这些方面的研究虽然已有丰富的成果，但随着时代的发展，还有许多问题需要与时俱进地继续研究；有些是近年来研究的热点问题，如学业评价问题、STEAM教育问题等，这些方面的研究虽然热度很高，但体现生物学学科特点、系统而实用的研究不多，有较大影响力的原创性研究成果更少；有些则属于需要重视但缺少系统深入研究的问题，如课堂教学行为分析的科学化问题、农村课程资源的开发和利用问题。问题梳理出来了，选题也就随之确定了。

找谁写？我借助自己长期担任中国教育学会生物学教学专业委员会理事长的便利条件，大致了解到圈内同行近期研究的方向和成果，比如，崔鸿教授团队对学业评价有较深入的研究，王永胜教授前些年承担了农村课程资源研究课题，谭永平编审承担过生物学课堂教学行为分析研究课题，李高峰教授联合众多大学和中学教师集体攻关、开发本土化的STEAM教育课程，王健教授在科学过程技能培养方面学术视野宽广，解凯彬教授关于中学生物学实验教学的讲座在全国广受欢迎，黄世勇主任带领中山市的老师们在信息技术与学科教学融合方面进行了多年不懈的探索，张秀红博士在人民教育出版社做了为期两年的国际高中生物学教材比较研究，等等。于是，我请他们分别担纲相应选题的撰写。只有"概念教学论"这一本，本来想请这方面的专家胡玉华教授写的，但她因为其他工作太忙而无暇承担，情急之下，加之广西教育出版社的热诚鼓励，我就不自量力地将它放在自己名下了。应该说，除我之外，其他八本书的担纲者都是在相应领域有较深入的研究、有较高学术造诣的专家，自然是能够胜任书稿撰写的。这里并没有"要写此书，非他莫属"的意思。中国之大，藏龙卧虎，我们抱有"苔花如米小，也学牡丹开"的心态。

如何写？首先要明确为谁写。虽然这套丛书的读者范围包括高校生物学教育专业的教师和研究生，但主要还是面向广大中学生物学教师和教研人员（以下统称"教师"）。因此，必须让教师觉得这套书有用、好用。这就需要针对教师的需求来写，而教师的需求是多方面、多层次和多样化的。教师有提升专业素养或学科教学知识（PCK）的需求，也有对教学资源、工具和环境的需求；有的教师更需要提升理论修养，有的教师更需要实用的方法；有的教师更需要提升教学成绩，有的教师更需要探索、实践育人。一套书旨在满足教师什么样的需求，是由其选题定位决定的。本丛书名称中的"研究"二字，说明它不是一般的教学参考书，也不是教学设计和教案，更不是教学辅助资源，而是反映我国生物学教育研究成果的系列专著，重在针对教育教学中存在的实际问题，总结相关理论研究成果和实践经验，提出未来深化改革、提高学科育人功能的基本原则和具体举措。换言之，本丛书主要是满足教师提升专业素养和综合能力的需要，助力教师专业发展。当然，本丛书突出的"研究"，并不是"象牙之塔"中的纯学术的研究，而是扎根于课程设计、教材编写和教学实施等方面活生生的实践，触角伸向教和学的各方面和各环节，具有理论与实践密切结合、学术性与实用性相得益彰的显著特点。

为了写好这套书，广西教育出版社于2019年2月在北京专门召开编写启动会，各册主要作者围绕丛书框架体系、编写思路、内容、体例等进行了热烈而深入的讨论。在确定丛书上述定位的基础上，我们还就丛书的编写要求达成以下共识：一是落实新课标中"核心素养为宗旨"的理念，将发展学生的生物学核心素养作为贯穿各册内容的一条主线；二是注重一般理论与生物学学科特点的有机结合，避免生搬硬套、"穿靴戴帽"，要着力实现教育教学一般理论在生物学学科中的创造性转化；三是要立足本土、借鉴国外，对国外的教育教学理念和方法，要在消化的基础上，根据我国经济、社会、文化和教育教学特点有选择地吸收，力求构建有中国特色的生物学教育理论框架、话语体系和实践路径；四是在继承的基础上创新，突出研究成果的原创性，正所谓"重复别人一百句名言不如说出一句自己的创见"，研究的目的是创新，而创新也离不开对优良传统的继承。

为了写好这套书，各册作者牺牲了节假日，夜以继日埋头苦干。针对作者较多的册次，开了许多次编写研讨会和统稿会，几易其稿，反复打磨。我作为丛书主编，谨向大家致以由衷的敬意和谢忱！

在本丛书还未完全成稿之际，欣闻它荣获国家出版基金资助，这让我们备受鼓舞，也更加感到责任重大。感谢北京师范大学刘恩山教授和华东师范大学郑晓蕙教授在基金申报中的热情推荐。感谢广西教育出版社在选题立项、编辑加工和出版发行工作中的大力支持和倾情付出。感谢学界先贤同侪在各自论著中奉献的智慧和经验，这些著述带给我们多方面的滋养和启迪。

我们深知，任何一个学科的教育教学都是一个复杂的、开放的、动态的系统。相比之下，我们每个人的视野都太有局限性了，费九牛二虎之力捕捉到的也许只是这个系统的一鳞半爪，甚至是幻影假象。何况中学生物学教育领域需要研究的问题和已经涌现的成果，绝不仅限于本丛书所囊括的九个方面。好在世界上完美无缺的事物是不存在的，正如没有一种生物能够完全地、绝对地适应环境一样。如果本丛书能够给广大同行一些理论上的启发和行动中的参照，能够为我们情之所系的生物学教育事业增砖添瓦，我们就甚感欣慰了。至于书中的偏颇疏漏之处，还望读者批评指正。

赵占良

2021 年 7 月 31 日

前　言

近年来，我国基础教育课程改革不断深化，为全面贯彻党的教育方针，落实立德树人根本任务，发展素质教育的独特育人价值，各学科基于学科本质特点，凝练出学科核心素养。2018 年 1 月，教育部制定的《普通高中生物学课程标准（2017 年版）》，明确提出了"核心素养为宗旨、内容聚焦大概念、教学过程重实践、学业评价促发展"的课程理念。落实学科核心素养，对中学生物学教学和教师的学科素养提出了新的更高的要求。一线生物学教师因此也面临更大的挑战。作为课程改革的热点问题，作为新课程实施支持条件，课程资源的开发利用的重要性和紧迫性越来越凸显。

学生对于生物学概念、规律、原理的理解与应用，生命观念的建立和提升，以及依托于生物学事实性知识的解释，都与情境的创设密切相关。2019 年 6 月，《中共中央　国务院关于深化教育教学改革全面提高义务教育质量的意见》（以下简称《意见》）提出："融合运用传统与现代技术手段，重视情境教学；探索基于学科的课程综合化教学，开展研究型、项目化、合作式学习。精准分析学情，重视差异化教学和个别化指导。"《意见》为中学生物学教学指明了方向。教学实践研究表明，无论是课堂上利用各种直观教学手段开展的传统意义上的多媒体教学，抑或翻转课堂、智慧教学与在线教学，都需要精选适合的课程资源，用以创设问题情境或者活动情境。情境创设得是否恰当，与教师开发与利用课程资源的能力直接相关。

2021年我国第七次人口普查显示，我国常住人口城镇化率为63.89%，还是世界上最大的农业国，仍约有5.1亿人口居住在农村。与城市相比，农村教育相对薄弱，课程资源相对匮乏的问题仍比较突出，成为教育公平、均衡、高质量发展的短板。本书的编写旨在帮助广大农村中学生物学教师提升开发和利用课程资源的能力，更好地实施生物学课程，切实提高生物学教学质量。

　　本书以农村生产生活、农村中学校内与校外、农村文化生活以及信息化资源的应用作为切入点，结合新课程改革以来农村中学生物学教学实践中的教学案例，对课程资源的开发与利用的理论和实践进行阐释。

　　本书编写过程中，我们力求突出以下特点：

　　一是时代性，反映当前课程资源理论研究的成果和进展。

　　二是探索性，反映新课程改革的理念在课程资源开发与利用中的实践探索。

　　三是实践性，书中所阐述的理论均与教学实践相结合。

　　四是针对性，书中选用的案例与农村生产生活紧密联系。

　　五是可读性，以通俗易懂的语言，将枯燥的理论鲜活地表现出来。

　　从中学生物学教学的发展历程来看，课程目标经历了从"双基"到"三维目标"再到"学科核心素养"三个发展阶段。对课程资源的认识和重视程度也随之不断深入，经历了"课程资源""教学资源""学习资源"等层次，从课程资源的简单分类罗列到学习资源的如何合理应用……基于这样的认识，本书在编写过程中，着重从课程资源应用的视角加以阐释。第一章从生物学课程发展的视角，阐释了课程标准对课程资源开发与利用的相关要求，当前农村中学生物学教学资源开发与利用存在的问题，课程资源建设对农村中学生物学课堂教学及教师专业发展的影响等。近年来，生物学课程资源开发和利用的研究成果丰富多彩，如何构建适合农村中学生物学课程资源开发与利用的理论框架，提出相应的建设机制以及课程资源的开发途径与策略，就显得尤为重要。因此，在第二章尝试对此展开论述。第三章至第六章分别从农村生产生活、农村学校校内与校外、农村中学教师及学生、信息化课程资源四个方面分别加以论述，并提供了相应的案例，探讨了课程资源开发利用相关理论和实践问题。生物学课程实施聚焦一定时期的课程教学目标的达成，需要不断回答"培养什么样的人""如何培养人"的问题，课程资源的开发与此相适应。因此，在第七章对农村课程资源的开发与利用进行了展望，期待读者能够把握课程资源开发与利用的方向。

本书由王永胜、郑世忠担任主编，李迅、王欣宇担任副主编，参加编写的有黄鹤（东北师范大学）、李迅（吉林省教育学院）、郑世忠（吉林省教育学院）、郑伟（吉林省教育学院）、武祎（吉林省教育学院）、历福菊（通化市教育学院）、王欣宇（东北师范大学附属中学）、王欣（长春市实验中学）、李丽莉（吉林省第二实验学校）、张玉良（黑龙江省望奎县教师进修学校）、安晓彤（鞍山市鞍钢高级中学）。全书由王永胜统稿。

本书在编写过程中参考、改编、直接或间接地引用了部分一线教师的教学实践成果及多位学者在国内公开发表的论文和著作，东北师范大学生命科学学院的部分研究生参与了案例的收集和编写工作，在此表示诚挚的谢意！书中有些资料引自互联网，由于时间仓促未能与所有作者取得联系，在此表示歉意。

我们期待这些研究成果能够帮助广大农村中学生物学教师提升专业素养，在教学实践中不断反思和更新观念，为教师的发展起到积极的促进作用。同时，我们也主张对不同视角和观点保持开放的态度，乐见不同研究者和实践者相互切磋、商榷、争鸣，甚至是对一些问题进行批判。

本书成稿后，邀请相关教育理论专家、学科专家以及一线教师进行了审读，他们提出了非常中肯的意见，在此我们深表谢意。同时，真诚感谢广西教育出版社为本书出版提供的支持和帮助，特别是责任编辑为本书出版付出的专业而高效的辛勤劳动。由于我们在理论认识和实践水平上的局限，编写中涉及的问题众多，书中的理论观点和案例难免存在一些缺漏和失当之处，恳请广大读者批评指正，以便我们能对相关内容做进一步修正。

王永胜

2021 年 5 月

于东北师范大学　长春

本书为东北师范大学 2018 年度研究阐释全国教育大会精神专项研究项目"核心素养背景下农村高中生物学校本课程开发与实践"（18QJ008）的成果。

目 录

第一章 农村中学生物学课程资源建设的挑战与机遇 *001*

第一节 课程资源建设与中学生物学课程 003
  一、生物学课程标准对课程资源建设的建议 003
  二、中学生物学教学中课程资源开发利用沿革 004
  三、中学生物学课程资源建设与劳动教育 006

第二节 农村中学生物学课程资源短缺的现实问题 008
  一、课程资源意识淡薄 008
  二、课程资源开发能力不强 010
  三、课程资源配置不合理 010
  四、脱离农村生产生活实践 011

第三节 农村生物学课程资源建设与教学改革 011
  一、农村生物学课程资源建设与课堂教学 012
  二、农村生物学课程资源建设与教师专业发展 014
  三、课程改革对农村生物学课程资源建设的挑战 017

第二章 农村中学生物学课程资源开发的方法及途径 *019*

第一节 农村中学生物学课程资源的概念及分析框架 021
  一、课程资源的概念 021
  二、农村中学生物学课程资源特点 023
  三、农村中学生物学课程资源分析框架 025

四、生物学课程资源筛选机制　　……… 028

第二节　农村中学生物学课程资源的建设机制　　……… 029
　　一、农村生物学课程资源建设应遵循的基本原则　　……… 030
　　二、生物学课程资源开发的制约因素　　……… 034
　　三、课程资源开发利用的策略　　……… 035

第三节　开发与利用农村生物学课程资源的途径与策略　　……… 037
　　一、加强农村教师自身专业发展，提高专业化水平　　……… 038
　　二、挖掘教师和学生中的课程资源　　……… 038
　　三、校内生物学课程资源优先开发利用　　……… 039
　　四、注重当地自然和社会资源的开发和利用　　……… 040

第三章　农村生产生活中的生物学课程资源　*047*

第一节　农业生产中的课程资源　　……… 049
　　一、种植业中的课程资源　　……… 049
　　二、养殖业中的课程资源　　……… 056
　　三、食用菌栽培业中的课程资源　　……… 058
　　四、种养业中的生物学知识应用　　……… 060

第二节　日常生活中的课程资源　　……… 062
　　一、生物学课内相关的课程资源　　……… 062
　　二、生物学课外相关的课程资源　　……… 066

第三节　研究与实践　　……… 068

第四章　农村中学校园及周边场馆生物学课程资源　*117*

第一节　校园中的课程资源　　……… 119
　　一、深入挖掘生物学教材、各类教辅及练习资料等资源　　……… 119
　　二、开发利用校内的生物学实验室和图书馆等资源　　……… 121

三、合理开发利用校园环境资源 ……… 123

第二节　校园周边的课程资源 ……… 126
　　　一、校园周边的社区场馆等课程资源 ……… 127
　　　二、校园周边的自然环境课程资源 ……… 129

第三节　利用农村校内外教学资源开发生物学校本课程 ……… 131
　　　一、充分利用校园教学资源开发生物学校本课程 ……… 132
　　　二、依托校园周边教学资源开发生物学校本课程 ……… 133

第四节　研究与实践 ……… 134

第五章　农村中学教师及学生生物学课程资源　*187*

第一节　教师资源 ……… 189
　　　一、教师是重要的课程资源 ……… 189
　　　二、如何开发教师资源 ……… 192

第二节　学生资源 ……… 193
　　　一、学生是重要的课程资源 ……… 194
　　　二、开发学生资源应遵循的原则 ……… 195
　　　三、学生资源开发利用的策略 ……… 196

第三节　研究与实践 ……… 198

第六章　农村中学生物学信息化课程资源　*245*

第一节　信息化课程资源的特点及内涵 ……… 247
　　　一、信息化课程资源的内涵和特点 ……… 247
　　　二、信息化课程资源的开发利用 ……… 249

第二节　信息化课程资源的利用 ……… 252
　　　一、信息化课程资源在生物学教学中的作用 ……… 252

二、信息化课程资源在中学生物学教学中利用的方式　　……… 254

　　三、信息化课程资源在不同教学环境中的应用　　……… 256

　　四、几种典型的信息化教学模式　　……… 260

　　五、国家主导开发的公共资源平台　　……… 264

第三节　研究与实践　　……… 266

第七章　未来展望　*283*

第一节　城镇化进程与课程资源开发　　……… 285

　　一、城镇化的意义及中国城镇化的发展现状　　……… 285

　　二、城镇化进程对农村课程资源开发的影响和对策　　……… 287

第二节　可持续发展背景下的课程资源开发　　……… 291

　　一、教育对可持续发展的重要性　　……… 293

　　二、可持续发展与课程资源开发利用　　……… 294

参考文献　　297

第一章

农村中学生物学课程资源建设的挑战与机遇

2000年以来，有关中学生物学课程资源开发与利用的著述灿若繁星，这既说明课程资源对于课程实施之重要，也说明对于课程资源开发与利用的认识是逐步深入的。新时期，对于如何认识课程资源的价值，显然不能再从经验的、固有的、静态的视角回答这个问题。农村学生被包围在鲜活的"生物资源宝库"之中，生产生活资源、民俗民风资源、自然环境资源触目皆是。如何认识和破解农村中学生物学课程资源的"短缺"问题，如何用一双"慧眼"甄别当前生物学教学改革的资源，既是对广大中学生物学教师的挑战，也是时代对中学生物学教师的要求。

第一节　课程资源建设与中学生物学课程

课程资源是形成课程的要素来源以及实施课程的必要而直接的条件[1]，也是课程实施中富含课程潜能的内容系统和活动支持系统[2]。在 2017 年中共中央办公厅、国务院办公厅印发的《关于深化教育体制机制改革的意见》和 2019 年《中共中央　国务院关于深化教育教学改革全面提高义务教育质量的意见》等课程改革文件中，均高度重视课程资源的开发问题，这充分体现了课程资源对于课程的重要性。

一、生物学课程标准对课程资源建设的建议

2018 年初，教育部颁布了《普通高中生物学课程标准（2017 年版）》，在课程资源建设方面提出了更高的要求。在教材的编写方面，强调教材应成为落实课程目标的基本教学资源。在内容选择、编排形式、活动设计等方面，应突出学生生物学学科核心素养的培养，反映生物学发展的特点和趋势，关注学生的生活经验，体现科学、技术和社会的相互影响。

在教材的应用方面，倡导教师要根据本地区、本学校的实际情况和学生发展的需要，对教科书内容进行调整，包括对原有内容的增删、扩展，结合生物科学最新进展对知识进行更新，也包括创造性地制作教具等。根据实际教学需要及所教学生的认知特点，对教材知识进行结构重组、课后习题调整等。[3]

---

[1] 周国华. 谈谈课程资源的利用 [J]. 甘肃教育，2005（4）：14.
[2] 黄晓玲. 课程资源：界定　特点　状态　类型 [J]. 中国教育学刊，2004（4）：36-39.
[3] 邹亚丽. 中学生物课程资源开发与利用 [M]. 兰州：兰州大学出版社，2018：93.

《普通高中生物学课程标准（2017年版）》提出，"各地方、学校应认真研究生物学课程体系，以及各地学业水平考试方案和各校实际，做好高中三年生物学课程的整体实施规划，保证生物学课程目标的全面落实"，将课程决策权部分交给了学校，支持和鼓励学校针对本校实际开发校本课程，使学校充分利用各种生物学课程资源，设置多样化的课程去满足学生的独特个性和多样化发展的需求，促进学生的个性健康发展。对于农村学校的校本课程开发来说，需要立足乡土，也就是在开发的过程中，把具有农村乡土特色和生活气息的课程资源作为首选，使所选的课程资源不离本土。这样不仅可以降低课程资源开发的成本，而且可以增强课程资源的时效性。

农村地区虽然在自然课程资源方面比较丰富，但现代文明成果作为一种十分重要的课程资源主要集聚在城市，农村学校相对匮乏。随着教育现代化的推进，具有时代气息的课程资源对于学生的学习和成长是必不可少的，农村学校适当引进一些城市课程资源也是十分必要的。值得一提的是，农村地区可以借鉴城市中小学对现代文明成果开发的方式。例如，城市中有博物馆、科技馆等场所作为一种课程资源，农村学校同样可以把身边的大自然、村居民宅、种养基地等生产场地作为农村的"科技馆"和"博物馆"，但是需要教师具备丰富的知识或者提前做好相关的收集和整理等方面的工作。

二、中学生物学教学中课程资源开发利用沿革

从国家层面上看，我国对课程资源开发利用的正式提及始于2000年教育部印发的《全日制普通高级中学课程计划（试验修订稿）》，该文件指出，"课程实施要充分发挥和利用教材以外的课程资源，充分利用信息技术在开发课程资源方面的巨大潜力，引导和启发学生生动、活泼、主动地学习"。2001年教育部颁布的《基础教育课程改革纲要（试行）》正式揭开了第八次课程改革的序幕，文件提出"积极开发并合理利用校内外各种课程资源。学校应充分发挥图书馆、实验室、专用教室及各类教学设施和实践基地的作用；广泛利用校外的图书馆、博物馆、展览馆、科技

馆、工厂、农村、部队和科研院所等各种社会资源以及丰富的自然资源；积极利用并开发信息化课程资源"。同年，教育部在印发的《关于开展基础教育新课程实验推广工作的意见》中进一步指出，"探索课程发展的机制，开发多样的课程资源，增强课程对促进地方社会、经济发展和学生发展的作用"。在2003年颁布的《普通高中生物课程标准（实验）》中关于"课程资源的利用与开发建议"指出："课程资源既包括教材、教具、仪器设备等有形的物质资源，也包括学生已有的知识和经验、家长的支持态度和能力等无形的资源。课程资源是决定课程目标能否有效达成的重要因素。充分利用现有的课程资源，积极开发新的课程资源，是深化课程改革、提高教学效益的重要途径。"

此后的10多年中，我国对课程资源开发利用的研究逐渐增多，随着基础教育课程改革的不断推进而取得了很大成就。《教育部关于印发义务教育语文等学科课程标准（2011年版）的通知》（教基二〔2011〕9号）指出，"各地要结合本地区实际，做好课程资源开发利用的整体规划，有机统整学校、社会、网络等方面有益的课程资源，为教师深入开展教学改革创造有利条件。要鼓励和引导教师根据教学实际需要，创造性地开发并合理利用课程资源，不断丰富教学内容，激发教学活力"。《义务教育生物学课程标准（2011年版）》中指出，"为了给学生创设良好的学习条件，促进学生主动学习，更好地理解和掌握学习内容，提高学习效率，教师应积极开发和利用各种课程资源"。

我国高度重视课程资源在课程实施中的重要作用。《教育部关于深化基础教育课程改革　进一步推进素质教育的意见》（教基二〔2010〕3号）文件中指出，"要加大网络优质课程资源的建设力度，特别要重视普通高中选修课程资源建设，充分利用现代信息技术手段，实现优秀教学成果的互通共享"。通过实验探索国家、地方、学校三级课程管理的具体工作机制，提高地方、学校课程建设与管理的能力；探索课程发展的机制，开发多样的课程资源，增强课程对促进地方社会、经济发展和学生发展的作用。

教育部制定的《普通高中课程方案（2017年版）》中指出，学校要"统筹各方力量，创设课程实施条件和环境，开发课程实施所需的资源，为学生提供丰富、便利的实践体验机会。课程资源可以由学校独立开发，也可与其他学校、科研院所、企事业单位等联合开发，鼓励共建共享。学校要系统规划校内外课程资源的使用，提高课程资源的有效性和利用率"。并且在《普通高中生物学课程标准（2017年版）》中进一步明确了课程资源开发与利用的意义，提出教师要积极开发与利用生物学课程资源：生物学课程资源是指生物学课程实施可利用的所有资源，它不仅影响教师的教学过程和教学方式，也影响学生的学习过程和学习方式，是决定课程实施和课程目标能否有效达成的重要因素。课程资源种类多种多样，为了更好地开发和利用课程资源，学校和教师应特别重视信息化环境下的学习，关注媒体资源、信息技术资源、生活资源和社会资源的开发和利用。

从国家颁布的课程文件来看，课程资源是影响课程实施的重要因素，并对课程的组织与实施产生重要的影响。

三、中学生物学课程资源建设与劳动教育

中学生物学课程常常是以生产生活现象作为研究对象，与生产劳动存在着天然的联系。生产劳动是人类社会赖以生存和发展的基础，是人类最基本的实践活动，是实现人的自由全面发展的基本途径。马克思指出："未来教育对所有已满一定年龄的儿童来说，就是生产劳动同智育和体育相结合，它不仅是提高社会生产的一种方法，而且是造就全面发展的人的唯一方法。"[1] 苏联教育家苏霍姆林斯基从学校教育视角系统研究了儿童成长发展的教育规律，其中对劳动教育做过精辟论述，他指出："劳动教育是对年轻一代参加社会生产的实际训练，同时也是德育、智育和美育的重要因素。"他把学生的劳动教育称作"手指尖上的智慧"。[2] 这个形象的比喻不仅概括了劳动教育的特征，而且生动地表现了劳动教育促进学生发展的特点。

---

[1] 马克思. 资本论：第一卷 [M]. 中共中央马克思恩格斯列宁斯大林著作编译局，译. 北京：人民出版社，2008：556-557.

[2] 张旭如. 中学课程资源开发与利用案例分析 [M]. 北京：高等教育出版社，2017：98.

我国劳动教育源远流长，从古代教育的"耕读传家"到社会主义教育中将"教育与生产劳动相结合"列为党的教育方针，劳动教育在社会发展和进步中发挥了十分重要的作用。随着中国特色社会主义进入新时代，劳动教育也被赋予了新的使命和内涵。2020年3月发布的《中共中央 国务院关于全面加强新时代大中小学劳动教育的意见》（以下简称《意见》），对劳动教育进行了整体设计，要求把劳动教育纳入人才培养全过程，在大中小学建立起一套完备的劳动教育体系。《意见》提出要在大中小学设立劳动教育必修课程，根据劳动教育内容要求，针对不同学段、类型学生特点，开展劳动教育。当前，中小学相继开展劳动教育课程，在理论课程的学习上更加注重学生的劳动素质，但是依然面临教育资源短缺的问题，特别是在农村学校，需要教育工作者对校内外的劳动教育资源进行开发利用，并有效整合劳动教育资源，这样才有利于劳动教育课程的顺利开展。

劳动教育在农村学校优势更加突出，大自然是进行劳动教育的天然课堂，通过组织开展学校或班级劳动教育，可以更好地整合课程资源，达到以劳树德、以劳增智、以劳强体、以劳育美的目的。对生物学而言，劳动教育能在实践教学中加强动手操作和劳动技能、职业技能的培养。

劳动教育往往通过作品的形式体现。作品的表现形式多种多样，可以是一个模型、一件工艺品，也可以是一盘菜、一种生长着的作物等。通过作品的制作，学生可以获得材料认识、工具运用、操作要领、技术原理等方面的知识与技能，教师还可以通过作品引导学生开展设计、评价以及作品交流等活动。

在社会活动中利用参观、实践进行劳动教育。在完成教学任务后的课余时间可根据当地社会资源，适当组织学生到田间地头进行参观、调查研究、实践操作等活动。比如学习植物的生殖内容时可以组织学生到果园、花卉基地参观练习，使学生认识嫁接、压条、组织培养等无性生殖技术的神奇——一棵果树可以结出多种味道的果实，一株花卉上可以开出多种颜色的花朵，利用一片花瓣、一段枝条可以繁殖出成千上万棵植物，等等。还可以让学生练习嫁接、扦插等实践操作技能，在体验劳动的艰辛和生活不易的同时，学会一门劳动技能，使学生不自觉地喜欢劳动、爱上劳动，最后自觉地进行劳动。另外还可以设置一些农业选修课程，例如农业与生产、农业与生活、农业与生态、农业与文化等，将劳动教育渗透到学校日常教育工作中去。从课程延伸到实践，学生可以到田间地头劳作，与田野大地、劳作生活亲密接触。

在实验教学中利用实验过程进行劳动教育。实验既可以使学生把实践知识与书本知识联系起来，获得比较完整的知识体系，又能够培养学生的独立探索能力、实验操作能力和科学研究兴趣。生物学实验形式多样，如在演示实验时，操作要规范细致、一丝不苟，让学生体验科研工作的艰辛、劳动的不易。在探究、分组实验中，要对学生进行合理搭配，随时关注学生，使每个学生都参与到实验中。实验完成后要让学生做好实验桌、实验用具等的清洁卫生和归位等工作，使学生养成良好的劳动意识和劳动习惯。

第二节 农村中学生物学课程资源短缺的现实问题

生物学课程改革离不开课程资源的支持，对农村中学生物学教学更是如此。"如果没有必要的资源，学校、教师和学生就会处于要求得不到满足的局面。"[1]当前，我国课程资源建设还面临着课程资源短缺的现实困扰，课程资源短缺问题尚未得到根本解决。

一、课程资源意识淡薄

农村中学生物学课程资源短缺的一个重要原因就是教师的课程资源意识还比较淡薄，从而导致大量课程资源不能及时地被加工、转化和进入生物学课堂教学中，造成许多有价值的课程资源的闲置。

（一）课程概念理解上的狭隘

生物学课程资源与生物学课程存在着十分密切的关系，从某种意义上

---

[1]（美国）国家研究理事会.美国国家科学教育标准[M].戢守志，金庆和，梁静敏，等译.北京：科学技术文献出版社，1999：276.

说，没有课程资源就没有生物学课程。长期以来，对于"课程"概念的狭隘认识制约了课程资源的开发与利用。从课程概念的发展来看，其内涵与外延已经发生了深刻的变化，即从片面的、静态的"学科内容"转变为对"学生经验或经历"的关注等。这种变化要内化为教师的教学行为，还需要一个比较漫长的过程。从当前的情况看，不少教师仍然习惯于把教材看作"金科玉律"，对教材之外的、鲜活的课程资源熟视无睹，客观上造成了课程资源"短缺"的现实困境。

（二）课程资源的认识误区

从课程资源的分类来看，课程资源可以划分为"校内"与"校外"课程资源，"显性"与"隐性"课程资源。对于教师而言，重"校内"轻"校外"、重"显性"轻"隐性"的现象普遍存在。很多教师只将学校里的人、财、物看作课程资源，对校内的时间、空间、信息等资源视而不见。同时，对诸如博物馆、纪念馆、科技馆等广泛存在于校外的社会资源不予关注。一些教师只关注教材、参考书、教学设备等课程资源的显性功能，而对于教师、学生作为课程资源的生命载体，特别是课堂上转瞬即逝的生成性资源等，却认识不到其存在的重要教育价值。

（三）教学习惯的束缚

教学习惯是教师在课堂教学过程中长期积累所形成的一种习惯性做法，是教师教学行为的一种定势，直接影响课程资源的选择。在具体的教学中，教师大多以教材为蓝本，按照课程目标，教授相同的教学内容，使用相同的教学参考书。尤其是一些有经验的教师，上课的内容已经烂熟于心，认为把知识点讲清楚就好，没有必要再去开发课程资源，而沿用以往的教学方式方法，忽视课程资源的完整性、典型性、多样性、针对性、动态性。加之教师教学受到社会、家长、学生、学校等多方面因素的影响，为了降低出错风险，教师往往采取审慎的态度，"教教材"成为教师课堂教学中最为"保险"的选择，这就使许多动态生成的课程资源仅仅昙花一现，由此造成课堂教学机械灌输、单调乏味，大量的课程资源得不到利用，被闲置浪费。

二、课程资源开发能力不强

国家实行三级课程管理以来，教师在专业行动上体现出了更多的自主性，但这种外在的被赋予的课程自主性是否能够转变为教师的课程行为，则取决于教师是否具有课程意识以及课程资源开发能力。

从现实情况看，教师的课程资源开发能力不强的问题依然十分突出。一是随着互联网技术的发展，各种商业的、非商业的资源库不断被完善，各类资源"极大丰富"，"拿来主义"十分盛行，教师课程资源开发能力淹没于"资源海洋"之中。二是教师课程资源开发"话语权"不足。长期以来，就课程资源开发方面，各级教研部门承担着课程资源的遴选、推荐等工作，虽然国家赋予教师对教学材料进行重构的权力，但教师在主观上已经习惯于直接利用已经开发的各种课程资源。三是教学方法单一。中学生物学教学有许多非常好的教学方法，如实验探究法、角色扮演法、模型构建法、思维导图法、情境教学法、PBL 教学法（又称问题导向教学法，是一种基于问题的自主学习模式）等，还有好的教学策略，如 HPS 教学模式（将科学史、科学哲学和科学社会学融入教学过程）、STSE 教育（科学—技术—社会—环境教学）、自主探究策略、合作学习策略等。教师只有掌握了不同的教学模式和方法，才能有效开发和利用课程资源。四是教师自身缺乏相应的课程资源开发的理论与技术。同伴互助、自我反思和教师培训是教师专业成长的重要途径，而课程资源开发的理论与技术，更多来自教师的在职培训。但从在职培训来看，教师参加高水平教师培训的机会并不多，农村地区教师参加高水平教师培训的机会更少；同时，就文件说文件、就理论说理论的培训，对教师的专业成长帮助不大，加之部分教师自身缺乏一定的批判反思意识和能力，使得一些课程理论知识在转化的过程中，只是囫囵吞枣式地获取，一知半解，因而难以指导具体的课程资源开发的实践。

三、课程资源配置不合理

当前，农村中学课程资源依然存在数量不足、质量偏低的问题。尽管国家高度重视教育均衡发展问题，投入了大量资金改善农村学校的基础条件，区域内课程资源不均衡问题得到了有效缓解，但从全国来看，不均衡问题依然十分突出，经济发达的东南部地区课程资源比中西部地区优越，城市比农村优越，示范性学校、实验性学校比普通学校、薄弱学校优越。

农村中学生物学实验室仍存在仪器设备老化、实验材料不能及时供应等问题，这制约了生物学教学的开展。另外，农村中学在图书馆、植物园、标本馆建设等方面滞后，对生物学教学支持力度不够，也是影响农村中学生物学教学开展的重要因素。除此之外，农村教师招聘门槛较低，与城市相比，教师专业基本功相对薄弱，课程资源开发能力欠缺，存在课程资源运用形式单一，对隐性课程资源的认识不足等问题。

另外，教学参考书上建议的探究活动和实践活动以及配套的光盘资源，学校购置的标本、模型以及学校的实验室等资源尚未得到充分的利用。大量设备、仪器、图书资料等物质资源闲置，不同学校之间、学校与社区之间的课程资源缺乏有效整合，造成课程资源的规模效益缺失。

四、脱离农村生产生活实践

受应试教育影响，许多学生脱离农业生产，远离劳动生活，虽身处农村，却脱离农村的生活与生产实践。中学生物学教学具有浓厚的科学学科属性，离不开观察、实践。农村是天然的生物学课堂，许多生物学知识与农村生产生活密切相关，教师要充分考虑当地的实际资源，将知识与生产生活实践联系起来。

综上，农村中学借鉴城市的课程改革成果，并发挥自身资源特色开展生物学教学显得尤为重要。农村地区地形地貌丰富，生物的多样性丰富，同时，农村地区的特色种植业、畜牧业、林果业也为当地中学生物学教学提供了丰富而难得的课程资源。

第三节 农村生物学课程资源建设与教学改革

不同时代的生物学课程都不可避免地被打上所处时代的烙印，并对课程资源建设产生重要影响。《普通高中生物学课程标准（2017年版）》的颁布，为农村课程资源建设带来了新的挑战和机遇。

一、农村生物学课程资源建设与课堂教学

长期以来，中学生物学课堂教学存在这样一种倾向——把教学过程仅仅当作知识的传输过程。重视结论性知识和概念知识的讲解，忽视教学过程中学生的感受和独立思考，把学生视为"容器"，把整个教学过程视为向"容器"中"注入"知识的过程。这种状况与强调创新精神、实践能力和个性发展的时代要求格格不入。在《中共中央　国务院关于深化教育教学改革全面提高义务教育质量的意见》中，明确提出了"重视情境教学；探索基于学科的课程综合化教学，开展研究型、项目化、合作式学习"。无论是情境教学，还是学科的课程综合化教学，均要求课堂教学过程应该克服机械封闭性，保持开放性，为教师转变传统教学观念的束缚开辟思想和创造的空间。

（一）为教学目标达成提供保障

从中学生物学课程目标的演化来看，经历了"双基"（即基础知识和基本技能）、三维目标（知识与技能、过程与方法、情感态度与价值观）阶段，而《普通高中生物学课程标准（2017年版）》明确提出"核心素养为宗旨"的课程理念，标志着生物学课程目标进入学科核心素养阶段。学科核心素养是学生在生物学课程学习过程中逐渐发展起来的，在解决真实情境中的实际问题时所表现出来的价值观念、品格与关键能力，是学生知识、能力、情感态度与价值观的综合体现，包括生命观念、科学思维、科学探究和社会责任。可见，学科核心素养课程目标融合了原有的"三维目标"，是学科育人价值的更高体现，是学生通过学科学习而逐步形成的正确价值观念、品格和关键能力。这样的目标，仅依赖教材内容，采用"教教材"的做法很难达到。实质上，学生作为一个正在成长的人，是以鲜活的、生动的生命形式出场的，我们不仅需要考虑学生在教学过程中获得什么样的知识，更要关注学生获得知识的过程、方法以及情感体验。而要实现新的教学目标，如果远离学生丰富、独特的生活经验，脱离学生的生活

环境，仅仅依靠学科知识资源是远远不够的，因而需要课程资源的广泛支持，需要学校和教师积极开发和合理利用校内外各种课程资源，挖掘生产生活中的生物学课程资源。课程资源的丰富和适切程度决定着课程目标的实现范围和实现水平。

（二）增加教学内容的灵活性

将农村丰富多彩的生物学课程资源有机融入教学过程之中，可以让教学内容不被教材束缚，为教师备课提供更大的灵活性。生物学课程内容在编制的过程中，首先要回答"如何选择教学内容和经验"这个基本问题。在课程设计中泰勒的目标模式概括了"三个来源"（学生、社会和学科），"三个来源"需要"两把筛子"（教育哲学和学习心理学）的过滤。[1]因教科书使用范围广，在编写过程中只能尽量选择"普适的""通用的"资源，无法兼顾所有的区域与环境。因此，从课程资源建设的角度来说，替换、丰富、补充和完善教科书资源就显得尤为重要。

同时，教师、学生以及动态生成的课程资源本身也成为重要的教学内容。实际上，在课堂教学过程中，教科书及教学参考书提供的内容、教师个人的实践经验、师生互动产生的新知识互相作用，构建出富有生命力的、充满个性的课堂样态。不同形态的知识在不同课堂控制方式中，其内容和所占的比例存在很大差异。教科书只是课程资源的一种重要的非生命载体形式，只有生命载体形式的课程资源（如教师和学生的经验、智慧、感受等），以及师生互动、生生互动生成的课程资源的比例超越教材内容时，具有生命力的课堂才能得以显现。农村生产生活资源丰富，与生物学课程紧密联系，日常生产生活、学校环境、大自然等都是生物学课堂教学的资源宝库，这些课程资源与学生的生活密切联系，将这些鲜活的资源引入课堂，创设真实的教学情境，让学生在情境中理解并掌握生物学概念、规律和原理，对于提升学生的生物学核心素养，无疑是十分必要的。

（三）确立动态生成的教学过程观

在《普通高中生物学课程标准（2017年版）》中，有9处提到了"生

---

[1] 冯生尧. 小学课程设计与评价[M]. 北京：教育科学出版社，2016：21-23.

活经验"，并在教学建议中加以强调。由此可见，只有把学生的学习经验和生活经验有机融入生物学课程教学之中，才能走出"书本世界"，回归学生的"生活世界"。

《普通高中生物学课程标准（2017年版）》明确指出，"充分利用学生的生活资源。充分利用学生的生活经验以及学生所了解的生物学信息，如学生成长发育历程的体验、常见疾病的预防和治疗、饲养动物或种植植物的经历等，作为课程资源引入教学活动，可以丰富教学情境，使生物学课程的学习与生活实际形成紧密联系，激发学生主动参与教学活动的积极性，加深对生物学课程价值的理解"。由此可以看出，《普通高中生物学课程标准（2017年版）》要求处理好书本知识与学生生活经验之间的关系，也就是要解决教育领域中长期存在的直接经验与间接经验、学科课程与经验课程、科学世界与生活世界之间的矛盾。

动态生成性思维的形成与学生的真实生活密不可分，具有"重过程""重创造""重个性、差异和具体"等特征，这些思维无疑与当前所倡导的"深度学习"、培养学生的高阶思维是契合的，对于转变传统的、线性的、确定的、僵化的知识传递过程是有裨益的。就课堂教学而言，具有确定性和不确定性的双重特征，教师只有为学生提供充分表达自己想法的机会，才有利于学生对课堂教学过程产生有意义的体验和对教学内容形成知识构建。农村广大师生的生活世界异常丰富，把生产生活中的经验、智慧、情感、价值观等课程资源融入教学过程，让学生感悟身边的生物学，教学才有可能真正地促进学生的健康成长和健全发展。对教师资源、学生资源的重视，使得教学的生成性、过程性价值得到了应有的关注，使得课堂充满活力和激情，使学生的身份由"知识容器"向"知识构建"转变。

农村中学生物学课程资源建设对于教师来说是一个全新的课题，需要进行深入的研究和总结。迎接挑战，抓住机遇，随着课程资源的建设，农村中学的课堂结构会越来越合理，而课程资源建设的前景也会无限美好。

二、农村生物学课程资源建设与教师专业发展

农村课程资源的开发建设与教师专业发展之间是一种相互促进、相互

渗透的关系。课程资源的建设为教师专业发展提供了新的实践平台，通过这个实践平台，农村中学生物学教师可以重新认识生物学课程理论，积累有关教学经验，拓宽视野，促进自身素质的提升。同时，教师教育理念的转变，教育能力的提升，保证了课程资源的有效开发和利用，成为课程资源开发质量和水平的决定因素。

（一）课程资源建设促进农村中学生物学教师专业化发展

第一，课程资源建设有助于农村生物学教师知识结构优化。普遍认为生物学教师的专业知识包含三部分内容：生物学学科本位知识、教育教学理论知识和实践性知识。首先，在进行生物学课程资源建设过程中有利于农村教师更新优化本位知识，即生物学学科知识，保证教学内容新颖，具有时代性，与农村生产生活结合，更贴近学生实际。其次，在课程资源建设过程中，教师进一步明确生物学课程目标，巩固本学科专业知识。教育教学理论知识主要包括教育学、心理学和中学生物学教法，在对农村课程资源进行评估、筛选、转化的过程中需要教师运用教育教学理论知识来衡量资源的教育价值和效果。最后，课程资源的开发有助于丰富教师的实践性知识。实践性知识是指教师在教学过程中积累的经验，是将自己的教育理论知识与实践相联系。在课程资源开发与利用的过程中，教师会面临更多的具有不确定性的教育环境，这些教育环境会给教师提供更多锻炼的机会，从而增加教师在面临实际的课程开发和课程实施时所具有的关于客观现实的背景知识，即实践性知识。[1] 总之，在进行课程资源建设过程中，农村生物学教师需要不断学习和了解新的知识，促使专业化知识结构的完善和优化。

第二，课程资源建设有助于农村生物学教师教学能力的提升。农村生物学教师在进行课程资源建设过程中，不仅可以丰富自己的知识，还能显著锻炼和提升专业能力。课程资源开发本身也是一种教育研究活动，如在开发校本课程中，教师不仅需要组织教学、实施评价，还需要收集、整理当地的乡土教育资源，并依据本校实际情况和学生发展需要，设立课程

---

[1] 刘焕君. 农村教师在课程资源开发中发展的个案研究 [D]. 长春：东北师范大学，2006：15.

目标和教学目标，创造性地组织课程内容，设计开发出具有特色的校本课程。[1]在此过程中需要教师不断进行学习和反思，积累经验，不断调整自己的教学策略、教学行为。

第三，课程资源建设有助于农村生物学教师专业品质的发展。专业品质是指生物学教师对于教育事业和生物学教学的认可和热爱，是激励教师不断投身教育事业的动力。课程资源的开发过程是教师不断修正自己的教育理念和价值体系，以及培育坚定的教育信念的过程。教师不再是忠实的课程执行者，而是积极转变角色，主动参与课程建设。教师更加着眼于学生的发展，关注学生的需求。同时，农村地区的课程资源建设不单需要教师群体参与，还需要社会人士的合作帮助。在此共同奋斗的过程中，分享集体的智慧和力量，激发教师对教育事业的热爱。[2]

（二）农村生物学教师专业发展是课程资源建设的重要保障

课程资源的建设过程中，农村生物学教师既是课程资源的构建者，也是课程资源的实施者，因此教师要成为课程资源的研究者和学生利用课程资源的引导者。此外，课程资源开发的主体是教师，没有教师的发展就没有课程资源的开发，教师在整个课程资源的开发和利用中起着主导和决定性作用。[3]

教师作为课程资源建设的重要主体以及中坚力量，是课程资源能否顺利实施，实施是否适切的核心。从理论上讲，即使条件相对落后的西部地区、农村地区，课程资源也是丰富多彩的，真正缺乏的是对课程资源的识别、开发和运用的意识与能力。[4]课程资源是外在的、抽象的，不会直接进入课堂，需要经过教师这一主体有意识地挖掘，农村地区课程资源建设的潜能，完全掌握在农村教师手中。农村生物学教师的专业发展水平，决定了其教育理念、经验智慧、主动性和创造性的发挥，影响着其在课程资源建设过程中的行为表现以及课程建设的质量和效果。

---

[1] 高雅珍. 浅谈农村教师专业发展的有效途径 [J]. 女报：家庭素质教育，2019（12）：158.

[2] 吴忠香. 课程资源开发：高职教师专业发展的有效途径 [D]. 上海：华东师范大学，2012：39.

[3] 宋瑜静，张晓. 论教师成为课程资源的实现方式 [J]. 石油教育，2008（2）：90-91.

[4] 吴刚平. 课程资源的开发与利用 [J]. 全球教育展望，2001（8）：24-30.

第一，农村教师专业发展可以优化教师知识结构，促使教师转变角色和工作方式。教师对生物学教学产生更加深刻的认识，改变单纯的知识灌输，关注学生的学习需求和兴趣，将教育视角转向更为广阔的课程资源建设领域，有效促进校内资源和校外资源有机结合。教师可以摆脱教材的束缚，基于学生的学情选择课程资源，以期借助课程资源促进学生的发展。

第二，农村教师专业发展可以促使教师能力的提升，教师的反思能力、创造能力及科研能力都对课程资源建设产生重要的影响。教师的创造能力和创新思维决定着教师在课程资源建设过程中是否会产生独到的见解，能否提出新的观点和看法。同样的课程资源，对于有些教师来说是实现课程目标的理想素材，而有些教师却没有发现其可利用价值。

课程资源的建设不是一蹴而就的，而是螺旋上升的过程，需要不断地反思总结，积累经验，推动下一次课程资源的开发利用更好地进行。科研能力是教师必备的专业素质，也制约着教师课程资源建设的效果。

三、课程改革对农村生物学课程资源建设的挑战

随着时代的发展，中学生物学课程的综合性日益凸显。生物学课程能否有效实施，取决于教师课程资源的开发能力和水平，对生物学教师的知识背景、教学能力、经验和教学智慧等提出了新的要求。

第一，对教师综合知识储备的挑战。课程的综合性需要教师根据教学任务整合多个学科领域中的知识。而从我国目前的生物学教师培养体制来看，生物学教师是按照专才模式来培养的，生物学教师大多专业知识扎实，但缺乏对生物学相关学科知识的掌握。这就要求广大生物学教师在知识背景方面进行必要的拓展，在实际的教学工作中，通过开发和利用多种课程资源来丰富自己的知识体系。

第二，对教师教学能力的挑战。综合课程的实施，与分科课程的教学存在很大差异。但是，有的教师却认为这两种课程形态的教学区分只是表现在教材编写和内容设计上，而没有深入思考并探究它们在教学方式上的不同，以至于将综合课程的教学简单等同于"新的"分科课程的教学，以分科课程的教学模式来完成综合课程的教学，这就难以发挥综合课程应有

的效力。另外，一些教师对课程综合性的强调，只是在形式上突出学生的广泛参与和亲身探究，而不管课程内容的实际需要如何，一味追求课堂活动的"热闹"，导致教学效率不高。无疑，怎样根据教学内容选择恰当的教学方式和课程资源进行教学，把握好各种教学方式之间的互补和平衡，是教师面临的另一个挑战。

　　第三，对教师课程资源意识和开发能力的挑战。仅仅依靠教材和参考书不能解决课程的综合性问题，教师必须具有开阔的眼界，并不断开发社会生活和大自然中潜在的课程资源为教学服务。

第二章

农村中学生物学课程资源开发的方法及途径

课程资源是课程的重要组成部分，从某种意义上说，课程资源的开发能力代表着教师的教学能力。自第八次课程改革以来，不同的学者从多个视角对课程资源开发与利用进行了系统的阐释，但大多处于"开发"与"罗列"的层面。新的历史时期，如何从"利用"的视角来看待课程资源的问题？如何看待课程资源对教师教与学生学的影响？如何将课程资源有机融入学生的学习过程之中？在课程资源开发与利用的过程中，应遵循哪些基本原则？如何从众多的资源中筛选出有利于学生生物学核心素养培养和发展的资源？对这些问题的回答，既体现教学观念的转变，也是课程资源从"开发"到"利用"转变的标识，更是开展好当前生物学教学的前提和基础。

第一节　农村中学生物学课程资源的概念及分析框架

课程资源是课程的重要组成。传统的教学以传授知识为主要目标，以教师单向传输为主要形式的教学过程的构成要素包括教师、学生、教材、方法手段，简称"课堂教学四大要素"。现代教学论认为课程资源与课程密不可分，没有课程资源就没有课程。但并不是所有的资源都是课程资源，只有那些真正进入课程，并与教育教学活动联系起来的资源才是课程资源。

一、课程资源的概念

泰勒在《课程与教学的基本原理》一书中，用"资源材料"这一概念来表述课程资源，他认为有利于形成单元的资源材料包括书籍和其他参考资料、幻灯片、广播节目、图片、录音等。[1] 同时，泰勒认为教学活动资源的范围很大，凡有助于创造学习动力、领悟目标、恰当的课业、自强、奖赏、反馈和鼓励、循序渐进以及转化等学习环境的资源，在制订教学活动的计划时都应加以利用。[2]

近年来，我国学者对课程资源的含义进行了深入研究。顾明远在《教育大辞典》一书中指出，课程资源为设计课程和制订教学计划服务的各种可资利用的途径、方法。[3] 吴刚平认为

---

[1] 泰勒.课程与教学的基本原理：英汉对照版[M].罗康，张阅，译.北京：中国轻工业出版社，2008：91.

[2] 江山野.简明国际教育百科全书：课程[M].北京：教育科学出版社，1991：113.

[3] 顾明远.教育大辞典：增订合编本[M].上海：上海教育出版社，1998：902.

广义的课程资源指的是形成课程的因素来源与必要而直接的实施条件。[1] 褚慧玲认为课程资源是指在课程实施过程中对学生进行学校教育的一切素材，课程资源不仅包括校内外的硬件，还应包括校内外的无形部分——软件。[2] 徐继存等认为课程资源是指在课程设计、实施和评价等整个课程编制过程中可资利用的一切人力、物力和自然资源的总和，包括教材以及学校、家庭和社会中所有有助于提高学生素质的各种资源。[3] 肖川在《教师：与新课程共成长》一书中指出，凡是有助于学生的成长与发展的活动所能开发与利用的物质的、精神的材料与素材，都是课程资源。[4] 范兆雄认为课程资源是指可能进入课程活动，直接成为课程活动内容或支持课程活动进行的物质和非物质的一切。[5] 范蔚认为课程资源是指富有教育价值的、能够转化为学校课程或服务于学校课程的各种条件的总称。[6] 鲍森芳认为课程资源是指课程开发与实施的主体在开发与实施课程的过程中可资利用的资源系统，它是课程开发与实施所必备的支持和保障系统。[7]

由此可见，当前既没有形成统一的课程资源概念，也没有形成对课程资源明确的界定。目前比较一致的认识是从广义和狭义两方面界定课程资源。广义的课程资源是指在课程开发过程中一切可资利用的、有利于实现教育目的的资源。从资源形态来说，它涉及物质层面、观念层面以及制度层面的校内外各种资源。从课程开发的全过程来说，它把课程目标、课程内容、教学活动以及课程评估等都视作课程资源。狭义的课程资源是指有利于学校课程实施的各种地域性素材。它有如下四层含义：

（1）学校课程包括国家课程、地方课程和校本课程。

（2）课程实施既包括国家课程的实施，也包括地方、学校单独开发的课程的实施。

---

[1] 吴刚平. 课程资源的开发与利用 [J]. 全球教育展望，2001（8）：24-30.

[2] 褚慧玲. 重视课程资源的开发和利用 [J]. 中小学管理，2001（12）：10-11.

[3] 徐继存，段兆兵，陈琼. 论课程资源及其开发与利用 [J]. 学科教育，2002（2）：1-5，26.

[4] 肖川. 教师：与新课程共成长 [M]. 上海：上海教育出版社，2004：143.

[5] 范兆雄. 课程资源系统分析 [J]. 西北师大学报（社会科学版），2002，39（3）：101-105.

[6] 范蔚. 实施综合实践活动对课程资源的开发利用 [J]. 教育科学研究，2002（3）：32-34，47.

[7] 鲍森芳. 基础教育课程改革中课程资源开发研究 [D]. 西安：陕西师范大学，2007：5.

（3）"地域性素材"则是指课程内容层面上的地域文化教育资源。

（4）比起仅依托教材，课程资源对课程目标的达成、教育目的的实现更有效。

总体来说，"课程资源是课程设计、实施和评价等整个课程编制过程中可资利用的一切人力、物力以及自然资源的总和"。这一定义包含了课程编制各个环节所要利用的课程资源，包含了人力、物力以及自然资源等主要课程资源类型。这一定义在概念的外延和内涵上都比较明确。[1]

二、农村中学生物学课程资源特点

农村、农业、农民是中国的关键问题。生物科学技术的进步指导着农业科学和农业生产的发展。生物学是与农业科学、农业生产和农村建设关系最密切的学科。如何开发利用农村丰富的生物资源为农村学校所用，探索适合农村特色的生物学课程资源，是一个具有普遍意义的现实问题。[2]

（一）生物学的"天然实验室"[3]

农村地区地域广袤，拥有各类生态系统，高山、峡谷、丘陵、盆地、森林、水系中蕴含着丰富的自然资源；同时，农村地区开展的特色种植业、畜牧业、林业也无疑为当地中学生物学教学准备了丰富而难得的生物学课程资源。农村学生家庭中或多或少都参与了种植业、畜牧业或林业，有些农村家庭也拥有丰富的家庭酿酒、制作泡菜等与生物学密切相关的生活常识，学生在这样的家庭环境和社会环境中成长，耳濡目染，积累了不少农业生产方面的知识，这就给学生利用生物学知识参与家庭事务的讨论提供了机会。

通过农村生物学的"天然实验室"，开发各种能够利用农村自然资源的生物学课题，在农村生产生活实践活动中培养学生的问题意识，鼓励并引导学生根据自己的兴趣爱好，利用所处的生活环境设计探究性课题，重

---

[1] 段兆兵，等.课程资源开发与利用：原理与策略[M].芜湖：安徽师范大学出版社，2011：30-31.
[2] 钟晓梅.农村高中生物课程资源的开发和利用初探[D].武汉：华中师范大学，2011：6.
[3] 同[2].

点关注学生发现事实、独立思考、勇于克服困难的科学态度和科学精神。生物学课程资源的开发和利用过程使学生走向自然，开展农业生活生产实践探究，学以致用。

（二）条件性课程资源有限[1]

根据课程资源的分类，条件性课程资源指作用于课程却并不直接形成课程本身，也不是学生学习和收获的直接对象，但它在很大程度上决定课程实施的范围和水平。生物学课程资源的开发与利用要符合知识、技能、活动方式与方法、情感态度与价值观的要求，要根据教学内容和教学需要综合利用，要最大限度地为课堂教学服务，但直接决定课程实施范围和水平的人力、物力和财力，时间、场地、媒介、设备、设施和环境，以及对于课程的认识状况等条件性课程资源也同样不能忽视，但在现实中存在以下矛盾。

矛盾一：一些农村地区位置偏远，经济相对落后，学校教育经费时常不到位甚至不足，一些必要的现代化教学基础设施不完善。生物学作为一门实验学科，对人力、物力和财力的要求远大于其他学科。

矛盾二：农村地区丰富多样的自然资源为生物学教师开发利用生物学课程资源提供了素材，但这要求教师拥有更为扎实的专业化知识，掌握先进的现代教育教学理念，运用现代教育技术，以培养学生多样化个性的成长。然而，农村中学信息资源闭塞，学校办学理念相对落后，农村教师的专业素质发展相对滞后，进修学习机会相对较少，聘请教育学家、课程专家来校指导的机会也较少。

矛盾三：国家对农村产业结构及农业内部结构的调整，不仅形成了高产、优质、高效的农业，农村经济还出现了多元化的格局，农、林、牧、副、渔等都得到不同程度的发展。农业需要什么样的人才，学校就要培养什么样的人才。中学教学不应把培养服务农村的人才的责任完全推卸给职业技术学校，让学生只是简单接受知识、应付考试，而忽视学生生物学实际应用能力的培养。长期应试教育、升学"跳龙门"的教学目标与以农为

---

[1] 钟晓梅. 农村高中生物课程资源的开发和利用初探[D]. 武汉：华中师范大学，2011：6-7.

本、服务农村的农村经济建设理念之间存在矛盾。

（三）地方性[1]

我国幅员辽阔，东西南北动植物物种资源差异较大，使得农村生物学课程资源具有区域性差异。

（四）丰富性[2]

我国自然资源丰富，自然环境差异较大，广大农村地区为学生提供了丰富的自然资源，如树林、草地、农田、菜园、小溪、水库等；农村的农业生产、畜牧养殖、病虫害防治等应用技术，为学生提供具体的动手实践机会。生物学教材中，如作物的栽培与管理、品种的优化与选育、动物的饲养与管理、食品的储存与生产加工等知识，与农村生产生活有密切联系，农村中学在这些方面教学具有独特的资源环境优势。农村中学生物学教学应利用农村自然资源的丰富性，密切联系生产生活实践，对当地的生物学课程资源进行深入挖掘。

（五）潜在性[3]

课程资源无论是在结构、形态上，还是在功能、价值上，都具有潜在性，生物学课程资源在设计之前已经存在具有转化为学校课程或者支持课程实施的可能性，但由于现实课程条件和要素的局限，必须加以筛选或转化，才能发挥课程作用和教育价值。农村学校由于地理位置、规模、性质、办学水平、师资力量的不同，使得其生物学课程资源的开发程度不同。教师可以挖掘更多的课程资源，在教学中带领学生开展植物扦插嫁接、苗圃培养、动物饲养管理等实践课程，培养学生勤于动手、善于思考的能力；教师要善于发掘身边的自然环境资源，积极组织学生参与调查、讨论、探究，以提高学生各方面的能力。

三、农村中学生物学课程资源分析框架

对课程资源进行分类，就是建立课程资源的次序和系统。具体地讲，

---

[1] 徐孝均. 农村高中生物课程资源的开发与应用 [D]. 武汉：华中师范大学，2013：9.
[2] 同 [1]：9-10.
[3] 同 [1]：10.

就是要把众多的课程资源，按照一定的标准和根据归属到一起，又按照某些不同的特点，把它们区分开来，以便更好地认识和掌握它们。[1]

生物学课程资源是课程资源的一个子集。结合生物学学科的实际情况，我们认为，生物学课程资源是指生物学课程设计、实施和评价等整个课程编制过程中可以利用的物质和非物质资源的总和，主要包括教材、教师、学生以及学校中所有利于实现课程目标、促进学生全面发展的各种资源。

要正确了解生物学课程资源，更好地开发和利用农村中学生物学教学课程资源，必须对生物学课程资源进行清晰准确的分类。按照生物学学科特点以及农村生产生活特征，从性质、空间、主体、载体等方面，对农村生物学课程资源进行分类，帮助我们建立起农村中学生物学课程资源的基本分类框架（见表2-1）。

表2-1 农村中学生物学课程资源的基本分类框架表

视角	类型	表现
性质	生产资源	生产工具、物种、物产等
	生活资源	家庭、社区、机构、聚落、行业等
空间	校园资源	图书、师资、设施、场所等
	周边资源	人文、生活、历史、科技等
主体	教师资源	经历、经验等
	学生资源	经验、问题、创意、交流等
载体	线下资源	非数字化的资源
	线上资源	图片、文本、视频、音频、动画等

我们认为，农村中学生物学课程资源的开发，应立足于农村生产生活实际，重点关注校园及周边、教师与学生以及信息化课程资源方面的开发与利用。

（一）关注农村生产生活中的资源

农村中学生产生活资源丰富。有丰富的自然资源，如动植物、微生物，

---

[1] 徐继存，段兆兵，陈琼. 论课程资源及其开发与利用[J]. 学科教育，2002（2）：1-5，26.

以及由它们形成的食物链；还有丰富的社会资源，如食品加工厂、农场、林场、医院等。这些资源都可以开发为生物学课程资源，服务于生物学教学活动。

（二）关注校园及周边的资源

校内课程资源包括学校的各种设施场所、各类活动，比如教室、图书馆、生物实验室、生物园，以及各种与生物学有关的社团活动、比赛、讲座等。此外，校园文化、班级的学习氛围、教师的教学风格、学生的学习方式，以及校园网上的有关信息、校园中的生物也是学校的课程资源[1]。

在校园周边也有很多生物学教学中可资利用的课程资源，包括家庭、社区以及整个社会中可以利用的一切教学设施和条件。有可以作为生物学教育的间接社会资源，如医院、农场、专业户等；有日常生活和生产中的素材，如在教师的带领下，调查绿化植被、参观大棚蔬菜栽培等。[2] 学生家长也是重要的课程资源，家长的文化水平和价值观念以及对孩子的教育培养方式，会作为课程资源对孩子产生潜移默化的影响。网络化资源主要是指以多媒体与计算机为代表的各种网络和传媒所承载的信息资源。

（三）关注教师与学生资源

教师本身就是重要的课程资源。教师是课堂教学实施的主体，是一切教育活动的主体与主导者，是一切教育行为的实践与变革者。立德树人的根本任务，学生核心素养的培育，都需要通过教师在教学活动中达成，教师作为课程资源的重要性毋庸置疑。并且，教师还是开发利用课程资源的主体。教师决定着课程资源的搜集、筛选、开发、利用，是课程资源的主要体现者和实际应用者。因此，必须强化教师的课程资源意识，帮助教师树立新的课程资源观。段兆兵指出，课程资源观直接影响人们认识和开发课程资源的积极性，也影响课程资源开发的程度和效果。教师需要建立新的课程资源观，意识到教材不是课程资源的唯一来源，在开发利用好教材

---

[1] 朱萍，余群英. 学校生物课程资源的开发与利用研究 [J]. 中学生物学，2007，23（9）：27-29.
[2] 仇宝军. 中学生物课程资源的开发和利用初探 [J]. 中学生物学，2006，22（1）：58-60.

这个基础课程资源的同时，要重视开发利用其他课程资源对课程实施的价值，认识到课程资源的开发利用也是教学过程的一部分，充分认识和开发校内外有价值的潜在教学资源。[1]

学生同教师一样，既是课程资源，又是课程资源的开发者。学生是课程活动中的要素，学生的思想意识、知识水平、身体状况、情感状态和经验水平等都是课程活动中的基本资源。学生参与课程活动过程中的表现又是教师的生本资源，也是对教师所利用的课程资源的反馈。在信息化社会中，学生可以根据自身的需求，通过书籍、报纸、互联网等多个途径自主开发、探索有利于自身学习的课程资源。在这个过程中，教师应该给予必要的指导，调动学生的积极性、主动性和创造性。[2] 教师与学生资源的内发性、生成性和创造性对课程目标的实现产生了积极的促进作用。[3]

（四）关注信息化课程资源

信息化课程资源是一个完整的资源体系，整体上包括硬件资源和软件资源两部分。硬件资源指信息技术物资设备、设施，主要是计算机教室、多媒体教室、校园网、电子备课室、数字图书馆等。软件资源是直接承载教学信息的资源，包括多媒体素材、课件等。信息技术在教育教学中的应用给教学资源带来了深刻的变化，计算机、网络等以信息技术为基础的资源支撑作用正日益显现，在此背景下农村中学开发和利用信息化课程资源显得尤为重要。

四、生物学课程资源筛选机制

虽然农村中学生物学课程资源较为丰富，但如果不加选择地利用，就难以达到教学目的，甚至适得其反，只有筛选出恰当的有价值的课程资源，才能达到预期的效果。

课程资源的筛选要遵循两个原则：优先性原则和适当性原则。优先性

---

[1] 段兆兵.论课程资源开发与教师专业成长[D].兰州：西北师范大学，2003：19-21.
[2] 鲍森芳.基础教育课程改革中课程资源开发研究[D].西安：陕西师范大学，2007：11-12.
[3] 余文森，吴刚平，刘良华.关注资源、学科与课堂的统整[M].上海：华东师范大学出版社，2005：15.

原则，即优先精选对学生终身发展具有决定意义的课程资源。适当性原则，即既要考虑典型或普通学生的共性情况，又要考虑特定学生的特殊情况，此外还要考虑教师群体的情况。生物学课程资源至少要经过三个筛子的过滤筛选才能确定其开发价值。[1]第一个筛子是课程目标，以课程目标为标准，认真分析与课程目标有关的各种资源，识别筛选出能够使课程目标有效达成的资源作为备用的课程资源。第二个筛子是学习理论，即课程资源要与学生学习的内部条件相一致，符合学生身心发展的特点，满足学生的兴趣爱好和发展需求。第三个筛子是教学理论，即课程资源要与教师教学修养的现实水平相适应。[2-3]

第二节　农村中学生物学课程资源的建设机制

随着我国基础教育课程改革力度的不断加大，课程资源的重要性越来越凸显。课程实施的范围和水平，一方面取决于课程资源的丰富程度，另一方面取决于课程资源开发利用的水平，也就是课程资源的适切程度，可以说课程资源的丰富程度和适切程度决定着课程目标的实现范围和实现水平。

课程资源具有多样性、广泛性、独特性和时效性等特点，这就使得课程资源可以成为教学活动的有益补充，有助于更好地实现教学目标。课程资源的丰富度在某种程度上可以决定课程目标的实现水平，更可以决定学生学习方式的多元化程度。学生在面对多种课程资源时，为自主构建知识，采取自主、探究、合作等多种学习方式，提升了学习能力。而自然和社会类的课程资源，又给学生提供了较多的参与社会实践的机会，提升了学生的人文素养和实践能力。从最新修订的高中课程标准的实施建议中可以发现，以核心素养为导向的学科教学倡导"学科活动""深度教学""问题

---

[1] 吴刚平.课程资源的开发与利用[J].全球教育展望，2001（8）：24-30.
[2] 黄建军.农村生物课程资源的开发与利用[D].石家庄：河北师范大学，2009：12-13.
[3] 同[1].

路径""任务导向"等教学方式和策略，这些教学方式和策略都需要在与之相匹配的丰富而有效的课程资源的支持下，才能有效实施，达到引领学科教学走向核心素养的育人目的。

一、农村生物学课程资源建设应遵循的基本原则

课程资源的开发，实质上就是探寻一切有可能进入课程，能够与教育教学活动联系起来的资源。[1] 课程资源需要经过教师与学生在教学实践中的运行才能够实现其教育价值，也就是课程资源的价值体现在其被利用的过程中。开发的过程本身包含着利用，而利用的过程也同时存在着开发，不能孤立地去进行课程资源的开发或利用，而是将开发与利用紧密结合。因此，对于课程资源的开发，首先，应该明确教材作为最基本的课程资源，蕴含着极为丰富的课程资源，具有很强的指导意义，应该大力重视教材的建设。其次，要发挥教材在教学中的重要作用，但是也应该注意到教材不是唯一的课程资源，其时效性和适应性不强，与农村的实际存在一定差距，需要教师结合生物学课程标准开发利用适合本校特点和学生特点的多样化课程资源。最后，教师在课程资源中的位置也是非常重要的，教师本身就是课程资源，同时教师也是课程资源开发的主体。开发利用生物学课程资源的过程应该遵循以下原则。

（一）开放性原则 [2]

要尽可能开发与利用有益于教育教学活动的一切可能的课程资源。课程资源开发与利用的开放性包括类型的开放性、空间的开放性和途径的开放性。类型的开放性，是指不论以什么类型、形式存在的课程资源，只要有利于提高教育教学质量和效果，都应是开发利用的对象；空间的开放性，是指不论是校内还是校外的，只要有利于提高教育教学质量，都应加以开发和利用；途径的开放性，是指课程资源的开发与利用不应局限于某一种途径或方式，而应探索多种途径或方式，并且能够尽可能地协调配合使用。

---

[1] 徐继存，段兆兵，陈琼. 论课程资源及其开发与利用 [J]. 学科教育，2002（2）：1-5，26.
[2] 同 [1].

（二）优先性原则[1]

农村具有先天的地域与环境优势，为生物学课程资源的取材提供了广阔的空间，使农村生物学教育更加贴近农业生产。考虑到不同地域、文化、民族的差异，我们不应追求课程资源开发的种类、数量、形式的统一，而要因地制宜、就地选材，体现地方特色。对本地区的周边资源加以开发利用，重视具有农村特色的资源，增强培养的针对性，切实做到学有所用、学为所用，更有益于为当地农村的产业建设培养应用型人才。农村学校可以将大自然、果蔬冷藏库、种养基地、当地农产品加工厂开发为课程资源，结合实际教学进行系列实践活动。对本土资源的开发既可以节省经济支出和人力投入，又可以提供学生喜闻乐见的事物，在较短的时间内，寻求并达到最理想的效果。

（三）适应性原则[2]

课程资源应从有利于学生学习发展的角度出发进行开发建设，坚持以人为本。课程资源的开发需要关注学生的需求。首先，应该考虑学生需要学习的主要内容；其次，考虑他们现有的知识、技能和素质以及能够提供的条件性课程资源背景，以适应不同层次的学生；最后，学校应该切合当地的经济发展需求，结合当地情况。"兴趣是最好的老师"，在进行课程资源的开发时，应注重课程资源的趣味性，有趣的生物学课程资源可以使学生积极参与课堂活动，激发学生继续学习，使学生乐于探究、善于探究，感受学习生物学的乐趣。

（四）合理性原则[3]

国家课程教育实施中，教师往往将课程教育局限于课本、课堂、校园，一定程度上阻碍了学生对课本、课堂、校园外知识的获取。农村地区的学生更贴近自然，更有利于实现生物学课程资源开发利用的合理性，而农村广大地区为农村学生提供了走向自然、走向社会的时间和空间。

---

[1] 徐孝均. 农村高中生物课程资源的开发与应用 [D]. 武汉：华中师范大学，2013：11.
[2] 同 [1].
[3] 同 [1]：12.

教师可以对教材中的一些实例进行选择性替换；改进或者替换实验所用的材料，选择当地比较常见的植物或者动物；拓展丰富教材上安排的活动，带领学生到当地工厂、种植基地参观。当然，并不是所有的资源都可以作为生物学课程资源，必须考虑其蕴含的价值与实际意义，有些资源必须用批判的精神加以摒弃，或者是作为反面案例进行辩证分析。

（五）经济性原则[1]

课程资源的开发与利用要尽可能用最少的开支和精力，达到最理想的效果，具体包括开支的经济性、时间的经济性、空间的经济性和学习的经济性。开支的经济性，是指用最省的经费开支取得最佳效果，尽可能开发与利用那些不需要多少经费开支的课程资源。时间的经济性，是指应尽可能开发与利用那些对当前教育教学有现实意义的课程资源。空间的经济性，是指课程资源的开发与利用要尽可能就地取材，不应舍近求远，好高骛远，校内有的不求诸校外，本地有的不求诸外地。学习的经济性，是指尽可能开发与利用能激发学生学习兴趣的课程资源。如果引入教育教学活动的课程资源晦涩难懂，不仅达不到预期的目的，反而可能加重学生的学习负担。

农村生物学课程资源的开发要结合当地的实际情况，做到经济可行。农村地区教学硬件设施相对城市比较落后，课程资源开发的人力、物力、财力匮乏，因此农村学校在开发课程资源的时候，要考虑这一现实问题，保证课程资源开发具有可行性。同时需要注意开支问题，开支既包括资源开发的经济成本，也包括教师、学生的精力投入成本。农村学校在开发课程资源的时候，应尽可能挖掘身边对教育教学有实际意义的资源，量力而行，降低投入，避免影响正常的教学效果，否则得不偿失。

（六）针对性原则[2]

课程资源的开发与利用是为了课程目标的有效达成，针对不同的课程

---

[1] 徐孝均. 农村高中生物课程资源的开发与应用 [D]. 武汉：华中师范大学，2013：12.
[2] 陈智博. 中学生物课程资源开发与利用初探：理论、现状与对策 [D]. 长春：东北师范大学，2003：10.

目标应该开发与利用与之相应的课程资源。一般来说，每一种课程资源对于特定的课程具有不同的作用和功能，也就是说，每一门课程都有自己的"特效"资源。因此，不同的课程目标就需要开发与利用不同的课程资源。但是，由于课程资源本身的多质性，同一种课程资源又可以服务于不同的课程目标，所以，课程资源的开发与利用就必须在明确课程目标的前提下，认真分析与课程目标相关的各种课程资源，认识和掌握其各自的性质和特点，这样才能保证开发与利用的针对性及其效果。

（七）创新性原则

尽管课程资源多种多样，但是相对于不同地区、学校和教师，可开发与利用的课程资源具有极大的差异性。因此，课程资源的开发与利用没有固定的模式，不应强求一律，而应从实际出发，发挥地域优势，强化学校特色，区分学科特征，展示教师风格，扬长避短，突出教师的个性和创新性。课程资源的开发与利用本身就是一项极具创造性的实践活动，没有了创新性，课程资源的开发与利用就会流于机械主义和形式主义，就会陷入照搬、照抄固有的方法，失去课程资源开发与利用的意义。并且，随着时代的进步和教育的发展，课程资源也需要不断创新。在开发利用的思路、手段、形式和内容上都要不断推陈出新，新的信息技术手段也需要及时运用。创新型的课程资源对于培养创新型人才也是极为重要的。

（八）生本性原则

课程资源开发利用的最终落脚点是学生，生物学课程标准也明确要求教育要以人为本。因此课程资源的开发利用要以有效激发学生的学习积极性和促进学生学习发展的有效性为起点和落脚点，要认真了解学生已有的知识水平、认知结构、学习特征、心理特点、社会阅历和个体差异等，从学生的角度出发筛选和创造课程资源。在开发利用课程资源的过程中，要从学生的兴趣出发，使学生由知识的被动接受者转变为知识的主动构建者，使学生成为课程活动的主人，实现培养学生核心素养的育人目的。

（九）适度性原则 [1]

在开发课程资源上，存在着开发的广度与深度的问题，即需要考虑从课程资源中选择什么样的对象、提取什么样的内容以及内容所涉及的范围和呈现的方式等问题。一般而言，针对不同的目标，对课程资源开发的策略有所不同。课程资源开发的目的是提高课程实施的效果，促进学生的发展，而不是为了开发资源而开发资源。因此，不是说课程资源开发得越多越好，越复杂越好，而是要适度。要以实现课程目标，促进学生发展，适应学生的年龄特点、认知能力和教师的教学能力为度。

二、生物学课程资源开发的制约因素 [2]

课程资源的开发会受到某些因素的制约，只有全面了解和认识这些制约因素，才能有的放矢，避免不利因素的影响。总的来说，制约课程资源开发的因素有以下三个方面。

（一）课程资源的物质条件

课程资源的物质条件包括一切有形的、与课程实施有关的物质保障。如最基本的场地、教学设施设备、构建的教学环境以及书本等。这些物质条件是师生之间教学活动得以开展的基础和前提条件，不具备充足的物质条件，无疑会影响课程实施。同样，课程资源内容的开发也不例外。反之，如果具备了充足的物质条件，教学活动获得了基本的前提条件，师生才有可能进一步开发条件性课程资源，并为素材性课程资源的开发创造更大的灵活性和空间。

（二）某些传统的课程制度和课程观

长期以来，我国教育界一直将课程内容视为国家规定学生必须掌握的知识内容，而学校对课程资源开发的认识往往局限于对教材的修改、更新、引进上。这样就放弃了大量鲜活的课程资源，使课堂教学枯燥乏味，过于

---

[1] 肖国刚，胡海燕.试论课程资源的特征及相应的开发原则 [J].内蒙古师范大学学报（教育科学版），2003，16（5）：117-119.

[2] 陈智博.中学生物课程资源开发与利用初探：理论、现状与对策 [D].长春：东北师范大学，2003：11-13.

抽象化，不利于学生对知识的理解和掌握。另外，教师作为课程资源开发的一支重要力量没有得到应有的重视。因此，我们不得不承认某些传统的课程制度和课程观束缚了当前的课程资源开发。

（三）教师的个性化和专业化

兼具了条件性与素材性两种课程资源性质的教师在课程资源的开发中起着主导性和决定性作用。教师的素质状况，如个性化、专业化程度，决定了课程资源的识别范围、开发与利用的程度以及发挥效益的水平。个性化的教师实质就是有独到见解的教师。由于有个性化的思维方式、价值观念和教育思想，这些教师能在课程资源的开发过程中不断吐故纳新，抓住每个创新、开拓的机会，吸取经验，形成自己独特的课程资源开发的视角和方法体系，推动课程资源内容开发的良性发展。另外，教师的专业精神、专业知识和专业技能也是影响课程资源开发的重要因素。课程资源内容的每一次开发都是一次创造和探索。所以，要保证课程资源内容的成功开发，教师必须具备扎实的专业素养和牢固的专业基础。

三、课程资源开发利用的策略

当前农村中学生物学教师课程资源建设能力还存在一定的不足，部分教师具有建设课程资源的意识，但是课程资源建设的效果与质量不够理想。为了更好地促进农村教师课程资源建设能力的提升，主要从教师、学校这两方面提出以下几点建议。

（一）农村生物学教师方面

生物学教师既是最重要的课程人力资源，也是其他各种课程资源的开发、组织、协调和利用者，已有资源能否被利用、利用程度和效果都直接取决于生物学教师，所以必须保证教师教育理念、专业知识、教学技能等正确新颖。处在转型期的生物学教师需要适应很多大的转变：传统的知识传授者向课程设计者、活动组织者及情境创设者等转换；单一的教学环境向网络化、开放型转换；大统一性教育向因材施教型转换；对学生由"教书"向"素质培养"转换；教师在能力上许多方面还有待提高；教师原有的生物学知识结构需要改进才能适应课程改革和生命科学发展的需要。[1]

教师要具有终身学习的意识，学习先进教育理念，完善自己的知识系统。生命科学作为 21 世纪的带头学科，知识更新的速度越来越快，对生物学教师能力的要求也不断提高。农村教师作为农村整体知识水平提高的推动者更是农村建设的有效推动力量。课程资源的建设涉及的范围比较广，强调学科之间的融合。生物学与数学、物理学、化学等学科间的联系日益密切，要求农村中学生物学教师应具备相应的基础知识。为有效应对各学科资源的整合，教师应广泛、全面地学习相关的科学文化知识内容。[2]

课程观以及课程资源意识影响教师在开发和利用课程资源过程中的价值取向，教师要具备敏锐的课程资源开发意识，善于捕捉生活中的生物学课程资源，加强理论与实际的结合，在具体的课程资源建设实践中积累经验。

另外，由于农村物质条件的限制，课程资源的建设仅凭教师一己之力无法取得良好的效果，难以脱离与他人的合作。因此，教师应通过多种途径与其他教师进行交流和资源的共享。农村教师接触教育教学专家的机会比较少，因此要认真对待有关培训，抓住和珍惜与课程专家或者教研员之间交流学习的机会，遇到困难主动请教，化专家的力量为自己的力量。

（二）农村学校方面

部分农村中学对生物学课程不够重视，与之相应的课程资源建设未得到较多的关注，存在着生物学教师非相应专业出身或者生物学教师课程任务繁重等问题，导致生物学教师缺乏课程资源开发的能力与精力。同时，由于学校的制度、政策、财力和物力等方面的原因，教师课程资源开发的效果受到了限制。

学校应尊重教师课程资源开发的权利并给予一定的支持。我国实施三级课程管理制度，提倡教师积极开发利用课程资源，赋予教师课程资源开

---

[1] 马林慧,贺毓,闫白洋,等.生物学教学中课程资源的开发和利用[J].生物学教学,2005,30(5): 53-55.
[2] 孙晴.生物教师课程资源开发能力的现状及对策研究[D].曲阜：曲阜师范大学，2018：42-43.

发的权利。学校应为教师提供一个轻松的环境，在制度和思想上支持教师进行课程资源的建设。由于农村学校具有独特的生物环境、资源优势，学校可以结合当地实际，开展有关的校本培训，帮助教师提升课程资源建设的能力，促进教师的专业发展。

学校可以设置一定的专项资金用于支持教师进行课程资源的建设，为教师进行课程资源的开发建设提供财力保障。校外课程资源的开发难度大于校内课程资源的开发，需要学校与当地的教育部门和相关部门沟通。加强与当地农、林、牧、渔业有关人士以及企业机构之间的合作，帮助教师与校外的实体单位搭建桥梁，为教师开发建设课程资源提供一个良好的平台。

课程资源的开发与利用不仅是教育专家和课程专家需要认真研究的问题，更是每一位教师时刻面对并要解决的问题。面对课程标准提出的新要求，广大生物学教师既要成为课程的成功实施者，又要成为教育课题的研究者，结合教学实践合理开发、有效利用课程资源是时代赋予教师的使命。在今后的教育教学中，需要广大科研型教师不遗余力地进行探索、研究，边学习、边研究、边实践，不断增强对课程资源开发利用的认识，获取较高层次教育科研成果，形成自己独特的教学风格。只有这样才能应对新形势下对教育所提出的挑战。课程资源开发和利用对于我们来说是一个全新课题，课程资源开发将伴着教师的专业化发展越走越远。[1]

第三节　开发与利用农村生物学课程资源的途径与策略

课程资源开发与利用的策略是指在一定的课程思想指导下，为达成预定的课程目标而构建的一套关于如何开发和利用课程资源的理想意图及实施方案。在农村生物学教学中，对教学资源进行开发利用，可以丰富学生的学习内容，使教学可以跟上时代发展的脚步，对学生综合素质与学习能

---

[1] 苗喜林. 开发利用生物课程资源促进教师专业发展 [J]. 生命世界，2009（7）：85-86.

力的培养具有促进作用。在教学中，对生物学课程资源进行开发，可以满足生物学课堂教学要求，有利于生物学教学目标的实现。此外，教学资源的增加，可以改变传统枯燥的教学模式，对学生学习发展具有促进作用。[1]

然而，农村中学生物学课程资源的开发与利用不是一朝一夕的事情，需要长期的理论积累和实践积累，更需要多方的相互配合协作。在开发课程资源的过程中要注意运用适当的策略，掌握正确的方法，才能达到理想的效果。

一、加强农村教师自身专业发展，提高专业化水平

教师作为课程资源开发的实体承担者，其自身认知能力和专业素养的提高是课程资源有效开发利用的前提条件，因此，农村中学生物学教师参加课程资源理论培训显得尤为重要。当前部分农村教师的教育理念、课程资源的观念意识与素质教育不相适应。首先，教师需要改变传统的教学理念，要认识到课程资源的重要性，并且积极参与课程资源的开发和利用。其次，教师还需要多参加继续教育、观摩课等活动，通过不断学习来提升自身的专业水平。

农村教师参加高水准优质课比赛的机会可能比较少，所以可以通过观摩优质课视频、参加中学教师继续教育培训等方式让农村教师了解课程资源的作用，也可以聘请学科专家为教师进行专门的课程资源开发利用专题培训指导，教育部门可以组建课题研究小组，提供信息化资源共享、合作交流的平台，为农村教师提供更多的学习提升机会，强化教师的自主专业发展，拓宽农村教师的知识面。

二、挖掘教师和学生中的课程资源

教师自身丰富的知识经验也是重要的课程资源。每一位优秀的教师都是"一本百科全书"。生物学是与生活联系密切的学科之一，生物学教师只有集理论与实践知识于一身，才能很好地胜任这一教学工作。每位教师

---

[1] 赵月祝. 试析农村生物学课程资源的开发与利用 [J]. 课程教育研究，2019（39）：176.

自身的成长、求学经历，以及人格、情感价值观等都会对学生产生潜移默化的影响，因此教师也应注意对自身的开发利用。

苏联教育家苏霍姆林斯基曾反复强调：学生是教育最重要的力量，如果失去了这个力量，教育也就失去了根本。因此学生不仅是教育的对象，更是宝贵的课程资源。学生并不是空着脑袋进教室的，他们头脑中可能已经具备部分与所学内容有关的经验知识，学生资源是课程资源的重要组成部分，不容忽视。

在农村地区，很多学生都下地干过农活，种植过各种各样的农作物，在家饲养过各种家畜。对植物光合作用和呼吸作用的实际应用在生活中时常可见，教师在讲授这部分知识时，可以让家长是做水果、蔬菜生意的学生在课堂上给大家分析蔬菜、水果保鲜技术与植物光合作用和呼吸作用的联系，说说自己对这部分知识的理解；在讲到"种子的萌发"这一内容时，首先播放学生非常熟悉的农民春耕播种的视频片段，然后让学生能够顺利地找出种子萌发所需要的条件，这样就能够很好地引起学生对这节课的兴趣。[1]农村学生的这些经历都是农村生物学课程的无形资源，能够使生物学课程与现实生活紧密联系在一起。农村家庭中种植的农作物、饲养的家禽家畜都是很好的课程资源。家长在讨论植物栽培、牲畜饲养、防治病虫害时，学生会耳濡目染，在无形之中积累大量的感性知识。有的学生甚至可以亲身体验栽培植物、饲养动物的过程，从而从内心深处去接受和理解这些知识。[2]

三、校内生物学课程资源优先开发利用

在各种课程资源中，学校提供的课程资源居首位，充分利用校内的课程资源是促进生物学课程资源开发的首要任务。就生物学课程而言，除各科通用的课程资源外，还应当设置足够的生物学实验室及相应的仪器设

---

[1] 周丽君.从生活中来 到生活中去：农村生物课程资源的开发和利用[J].课程教育研究，2019（2）：186.

[2] 刘伟，张秋菊，李艳臣，等.生物学课程资源开发的路径解析[J].通化师范学院学报（自然科学），2016，37（2）：59-61.

备，配备生物学图书及报刊、教学挂图、投影片、音像资料和教学软件等。

生物园是学生进行探究活动的重要场所之一，可利用这块"阵地"让学生学习植物栽培方法，了解植物形态学的基本知识，进行植物的有性生殖和无性生殖实验、遗传学小实验，探究各类微型生态系统的组成，开展小动物的饲养繁殖与观察等活动，还可让学生成为生物园的主人，在使用这一课程资源的同时，也参与这一课程资源的建设、管理和维护。[1] 农村学校可能在生物园的创建上有所不足，但其固有的校园绿化设施为学生提供了良好的生物学资源平台，教师可以定期带领学生参观校内植物的生长状况和生长周期，植物上出现的病虫害为学生提供了动物实验模型，借此机会，教师可以教授学生有关病虫害的防治处理工作，这样既美化了校园环境，又丰富了学生的生物学实验课程，做到劳动、学习两不误。

四、注重当地自然和社会资源的开发和利用
（一）自然资源的开发利用

自然环境资源是生物学课程资源的重要组成部分，广阔的自然界更是生物学教学的天然实验室，依靠自然界可以开展许多科学探究活动。教师在进行生物学课程资源开发时，应充分了解本地区自然环境资源的基本状况和特色优势，充分利用本地的自然环境，开发具有地方特色的生物学课程资源。[2] 农村自然资源有着丰富性和多样性的特点。有些地方处于国家自然保护区，物种丰富，堪称生物物种的天然"资料库"和"基因库"，是生物学课程资源的重要组成部分；植被多样，形成森林、湿地等生态系统，是研究生物物种及遗传的多样性、生态的多样性的宝库。有的地方土地荒漠化严重，环境污染严重，是调查探究环境问题的平台。[3]

有的农村学校门口就有农田，不远的地方就有山和海，这些都是可以利用的资源，可以让学生进行实地实验。学生可以将家庭、山林、农田等

---

[1] 谷晓菲. 中学生物课程资源的利用与隐性课程的开发 [J]. 中学生物教学，2004（Z2）：10-11.
[2] 张建红. 生物课程资源开发中应注意的几个问题 [J]. 教育实践与研究（B），2013（8）：66-67.
[3] 钟晓梅. 农村高中生物课程资源的开发和利用初探 [D]. 武汉：华中师范大学，2011：29.

作为临时实验室。[1] 如利用农村的庭院等来养蚯蚓，对果树施肥、除虫、嫁接、整枝修剪，这些既有利于学生养成良好的劳作习惯，又可以提高学生的动手能力、观察能力和实践能力。充分挖掘生活中的生物资源，可以弥补学校固定实验室场地和器材的不足；开发农村特有的流动生物学实验室，可以为每个学生参与动手实验提供物质基础。同时，由于学生个体的差异性，开放实验室可以为不能在课堂上按时完成学习任务的学生提供学习机会。

虽然农村学校的实验设备不如城市学校，但是如果生物学教师可以充分利用农村生活中常见的物品替代实验用品，可以有效解决实验配备不足的问题，也更益于培养学生的思维变通能力、动手实践能力和资源节约意识。如绿叶在光下制造淀粉的实验，教师可以用番薯藤代替天竺葵，用碘酒代替碘。这些材料不但在农村到处可找到，而且番薯藤叶大而肥厚，实验现象较明显，学生在家里也可以完成。

（二）社会性资源的开发利用

每个地区都有独特的社会性资源，尤其是农村地区。如：防疫站的工作人员可以给学生讲解动物的免疫过程；参观酒厂、食品加工厂，可以帮助学生理解微生物工程应用；每年的爱鸟周及植树节可以邀请林业专家宣传如何保护森林树木及鸟类资源；学生可以从动物饲养员那里了解动物的生长习性，可以从花农那里了解花卉的市场销售及激素的使用；[2] 等等。

学校可以组织学生到附近蔬菜园地、大棚温室、苗圃、动物养殖场等生产基地参观。教师可以引导学生利用所学的生物学知识去解释、解决日常生活中出现的问题。在农村生物学教学过程中，学习"根的吸收作用"时，可以介绍滴灌、喷灌、各种新型肥料的使用技术；学习"光合作用"时，可以介绍大棚蔬菜种植中的二氧化碳补充、冬季农作物开发技术；学习"真菌"时，可以介绍平菇栽培技术；学习"生物与环境"时，可以介

---

[1] 方晓清.有效利用农村课程资源促进高中生物教学 [J].科学咨询（教育科研），2019（21）：147.

[2] 何国华.高中生物课程资源的开发与利用的实践研究 [D].南昌：江西师范大学，2007：9.

绍作物果树套种技术、生物防治等种间关系的应用；等等。可以让学生利用新知识、新技术在农田做实验，锻炼他们的动手能力。[1]

显然，这些围绕生物学实用知识而开发出来的课程资源，锻炼了学生应用知识的能力，成为课堂教学的重要补充。除此之外，教师还应充分挖掘当地现有的校外课程资源，有针对性地组织学生参与一些实践活动。例如，学习"无土栽培"后带领学生前往当地的蔬菜基地参观；学习"发酵工程"后鼓励学生到当地的味精厂、啤酒厂进行实践；学习"培养基的配制原则与种类"后让学生到当地的生物学研究所亲自操作。这些都可以使学生在实践的过程中，自觉地把间接的理论知识与直接的感受和体验结合起来，不仅让学生与生活、与社会的联系更密切，也满足了他们多方面发展的需要。[2]

利用农村资源，让学生主动关心地区的发展，这也非常符合"科学技术与社会"（STS）的教育思想，有利于提高学生的生物科学素养和人文素养。这样既丰富了学生的实践知识，又激发了学生的学习激情，同时也为农村当地经济发展培养了大批切合农村实际生产的初级技术人才，为振兴农村经济建设奠定了坚实的基础。[3]

（三）加强家庭课程资源的开发利用

学生在家里自主活动的时间最长，而很多生物学知识都和生活密切相关。农村地区更贴近大自然，自然赋予了农村学子丰富的天然实验平台，农村家长是天然实验室的优秀实验工作人员，在与大自然的长期磨合中，农村学生家长有着丰富的实践经验，可以教授学生扦插、嫁接的知识技能。教师可以带领学生实地参观当地的经济作物、果园菜地，参观的同时可以邀请农业技术员或资历深厚的农民进行现场讲解，当场传授学生应用技术。

---

[1] 陈智博.中学生物课程资源开发与利用初探：理论、现状与对策[D].长春：东北师范大学，2003：37.

[2] 邢京荣，张新力，赵吉祥.生物课程资源的开发、整合与利用[J].中国教育技术装备，2006（9）：14-17.

[3] 方晓清.有效利用农村课程资源促进高中生物教学[J].科学咨询（教育科研），2019（21）：147.

现场观摩学习比枯燥的课堂教学更能打动学生，对拓展学生的学习思维及创新能力有一定的帮助。

（四）重视信息技术对课程资源的开发和利用

当今的时代是信息时代和网络时代，计算机、网络已经基本普及，随着计算机应用技术的发展，信息化课程资源也越来越丰富。生物信息技术课程资源主要包括网络资源和多媒体课件资源两方面。进行生物学课程资源的开发要利用好网络资源和多媒体课件资源。

网络资源包括互联网资源和校园网资源，它时效性强、互动性好、链接丰富。学校开发和利用网络资源能突破传统课程的不足，满足个性化的教和学，为学生兴趣的发展和自主学习创造了很好的平台，在相当程度上突破时空的局限。随着"三通两平台"的实现，互联网和多媒体技术已经在农村学校得到了广泛应用。在日常的教学中，教师可以定期带领学生上网浏览。可以引导学生围绕某一"主题"或"问题"，在网上搜集相关的信息；也可以给学生推荐一些优秀的网站、论坛，鼓励学生在阅读的同时积极地参与讨论，发表自己的见解和想法。网上充足的信息可以使思路更开阔，网络便捷的交互性可以使交流更及时、开放。只有认识了时代，把握了时代脉搏，观察社会中的敏感话题，才能开发好课程资源；只有充分利用网络资源，学生获得的知识才会更加贴近生活，更加丰富多彩。[1] 利用网络资源丰富和完善生物学教学资源库建设，可以促使一线教师参与教学软件的开发，改善教学软件开发与利用割裂的局面[2]，使课件制作如虎添翼，教学材料如生物学图片、资料、课件等日臻完善，可选择性广，提高生物学课程资源的开放性和使用效度，节省教师制作课件的精力；有利于创设生物学课程独特的课堂教学情境，丰富生物学课堂教学的内容，激发学生学习生物学的兴趣和探索科学的热情，加深对教材内容的理解。如讲授"减数分裂与生殖细胞的形成"时，将有关生殖细胞结合的内容制成Flash 动画演示，可以大大增加有关理论内容的直观性，有助于学生对重

---

[1] 张学文.农村小学课程资源开发和利用的一些探索 [J].学周刊，2020（9）：183-184.
[2] 李雪梅.Internet 网络资源在教学中的应用 [J].生物学教学，2003，28（6）：44-45.

点内容的理解。各种媒体上关于生物科学发展的信息在教科书中不可能及时而全面地反映，师生可以充分利用报纸、杂志、广播、电视、互联网等这些媒体资源，如将关于环境问题、生物的多样性问题、营养和保健问题等方面的报道，作为学生课堂讨论的素材，时效性强，容易引起学生的关注。[1]

现代教育技术手段有其独特的技术优势，多媒体课件表现力强、交互性好，能增强学生的直观感受，解决微观生物学难教难学的问题。在生物学理论课的学习中，对于微观的或抽象的知识，如细胞结构、遗传物质和遗传规律等内容的教学，教师单靠语言和文字描述很难使学生充分理解，但如果借助现代教育技术手段，设计、编制成质量较高的生物学课件，将有助于学生把抽象的问题形象化，使生物学教学过程更具直观性和生动性。在生物学实验的教学中，对于特殊的实验，如细胞分裂分化过程、植物根对水的吸收等用普通方法难以操作的实验，以及需要学生反复观察的实验、错误操作结果的展示等也可以借助现代教育技术手段，把实验过程的全部或部分制成课件进行实验教学。[2]

另外，虚拟现实技术的模拟仿真功能更强大，使学习者产生身临其境的感受。教学中，教师可以将此技术用于虚拟演示某些实验，如演示动物的解剖实验，既体现了对生命的尊重，又克服了仪器、材料、设备、资金等问题；既让学生学习了生物学知识，还丰富了实验过程中学生的情感体验，有时甚至比现实条件下的学习效果更好，因为许多过程性的、可见度差的实验现象可被更好地观察。[3]

（五）加强校际合作，实现资源共享

由于农村中学某些条件的限制，课程资源开发能力有限，开发的课程资源相对比较片面，有些不具有针对性，不能达到理想的效果，因此，可

---

[1] 邢京荣,张新力,赵吉祥.生物课程资源的开发、整合与利用[J].中国教育技术装备,2006(9):14-17.

[2] 仇宝军.中学生物课程资源的开发和利用初探[J].中学生物学,2006,22(1):58-60.

[3] 马林慧,贺毓,闫白洋,等.生物学教学中课程资源的开发和利用[J].生物学教学,2005,30(5):53-55.

以考虑进行农村地区校际的合作以及城市学校与农村学校之间的交流，实现生物学课程资源的共享，使资源利用最大化。

调查分析农村当地各类生物学课程资源情况，对这些生物学课程资源进行归类，使学校教师和学生系统了解本地区生物学课程资源的开发和利用情况，从而有意识、有计划地进行协作开发和利用。有的学校专门培养草履虫，有的学校专门培养果蝇，有的学校专门养花，通过校际共享，使这些资源得到充分利用。素材性课程资源因有不易损耗且利用越多越增值的特点，让这些课程资源实现校际的共享是提高其利用率的有效方法。

城市学校在生物学课程资源开发利用的很多方面都优于农村学校，因此要充分利用对口学校一帮一的作用。双方学校还可以互派教师，支援学校选派具有丰富实践经验和课程开发利用能力较强的教师到受援学校进行一段时间的现场指导，结合受援学校的情况，进行示范性的课程开发；而受援学校的教师到对口的支援学校进行相应时间的观摩、学习，掌握课程资源开发和利用的理论与技能。这样既可以减轻由于教师外出培训或离职进修而使农村学校教师不足的情况，又弥补了农村学校教师课程资源开发利用经验的不足。[1]

利用计算机及网络则是实现课程资源共享的捷径。比如整合并建立课程资源数据库，其中包括各种教案、课件、生物学学习资料；推荐、介绍科普信息和网站，学生的优秀作业和探究性论文等。通过拓宽校内外课程资源及其研究成果的分享渠道，提高课程资源的使用率，增加校际教师之间的交流机会，实现课程资源的可持续、重复的利用。

（六）建立完善的课程资源开发利用政策体系

当地教育部门、学校管理者首先要根据自身对课程资源开发利用的认识，有针对性地制定出相应的管理政策，强化教师培训及教师的课程资源意识，鼓励教师积极开发课程资源并制定一定的奖励制度，调动教师的积极性。传统的教育理念只是将教师作为课程的具体实施者，并未体现教师

---

[1] 傅和玉.开发农村校本生物课程资源提升科技创新素养[J].北京教育学院学报（自然科学版），2008，3（5）：33-36.

在教育改革中的专业自主性，要建立完善的开发体制，发挥教师的主体性，引导农村教师积极开发具有地方特色、适合当地教学的生物学课程资源。

加大对农村地区教育经费的投入，光靠国家扶持是不够的，农村地区要鼓励当地的民营企业多为农村教育建设提供必要的支持，有资金的企业可以提供经济支持，有特色的企业可以提供教学材料支持。比如，养殖企业可以为学校提供专业技术讲解，种植药材作物的企业可以为学生提供药用实验材料，等等。教育管理者要多方面筹集教育资金，以保证课程资源开发利用的资金需求落实到位。

在许多农村学校的校长和教师的心目中，教育的决策者和专家是课程开发的主体，广大教师只是课程的执行者和实施者，这就束缚了教师参与课程改革的积极性。从体制上保障学校和教师开发课程的专业自主权，发挥他们的主体性，就成为课程资源开发中的关键性问题。为此，要通过制度建设，引导农村教师积极开发具有本地农村特点、适合学校教学和学生发展需要的课程资源。这也就是要鼓励每个教师积极参与课程资源的开发。

第三章

农村生产生活中的生物学课程资源

农村具有特定的自然景观和社会经济条件，也是从事农业生产为主的劳动者聚居的地方，其独具特色的集镇、村落，丰富多样的农业产业，各种农场（包括畜牧和水产养殖场）、林场、园艺和蔬菜生产基地等为中学生物学教学提供了天然的课堂和取之不尽的教学资源。一段民俗、一种现象、一个做法，或许能让学生体悟生物学概念、规律与原理的内涵，激发学生的学习兴趣，使学生感悟人与自然之和谐。这其中的关键在于教师如何选择合适的资源，并将合适的资源应用到合适的教学环节之中，引发学生的思考，启迪学生的思维，培养学生的能力。对教学资源的利用与挖掘能力，对学习活动的设计能力，既是教师教学能力的重要组成，也是新时代对中学生物学教师的基本要求。

第一节　农业生产中的课程资源

我国的农业分为三大领域：植物种植业、动物养殖业和食用菌栽培业。种植业称为"绿色农业"，海水养殖业称为"蓝色农业"，而食用菌栽培业则属于"白色农业"，来自农村的学生或多或少会接触到这几大领域。因此，教师在实际教学中要充分发挥农村的优势，从农业生产中挖掘出尽可能多的生物学课程资源，为学生创设良好的学习条件，促进学生主动学习，提高学习效率。

一、种植业中的课程资源

种植业中蕴藏着丰富的生物学知识，在教学过程中教师可以让学生在实践探究活动中感受学习知识的乐趣，随着学生知识量的增加和视野的开阔，教师可以向学生传授现代种植业中涉及的生物学知识与技术，为培养学生对生物学的浓厚兴趣打下坚实的基础。

教师可以组织学生定期到农村学校周边的果园、种植园等参观学习。比如，在生产实践中，人们经常利用植物的无性生殖来栽培农作物和园林植物，为了学习和掌握扦插、嫁接的知识和技能，可以在果园扦插和嫁接时带领学生参观，也可以请经验丰富的扦插和嫁接师傅传授方法，让学生初步领会扦插和嫁接技术。与教师在教室里空洞地灌输知识相比，在果园中通过实践学习知识、技术，会让学生更好地接受和内化知识。其实除了扦插、嫁接等知识，在农村作物种植生产过程中还会涉及其他很多生物学知识，教师要掌握这些知识并选择合适的时机向学生渗透。

（一）作物种植播种中的生物学知识[1]

1. 播种应当适时

不同的季节温度不同，光照强度和光照时间也不同，不同植物在正常生长期对光照的需求不同，而不同植物中酶的最适温度不同，有的是长日照植物，有的是短日照植物，长日照植物和短日照植物分别需要不同的光照时间诱导花芽形成。将实践知识与温度对酶活性、植物光合作用的影响等方面的生物学教学相联系，能加深学生对酶活性的影响因素、光照对光合作用的影响以及花芽分化的环境条件等知识的理解，提高学生的学习兴趣，并为学生今后从事相关产业做知识储备。许多作物是春季播种，也有夏季或秋季播种的作物，例如：秋种小麦（冬小麦）夏种薯。

2. 播种前要选种

农业生产要求种子具有优良的品种特性和种子特性，种子的饱满程度就是一个重要的考量因素，因为饱满种子中子叶或胚乳贮存的有机物更多。种子萌发生长出幼叶前几乎不能进行光合作用合成有机物，但其生命活动仍在进行，呼吸作用会消耗储存的有机物。因此，饱满的种子所生的幼苗更健壮，更有利于生长。将以上知识与植物个体发育中胚和胚乳的相关知识联系，分别以大豆和玉米的种子实物为例讲解植物个体发育过程和种子的结构功能，学生对知识的理解和学习就直观和容易多了。选种一般用密度为 1.1 g/cm^3 的盐水，有经验的农民没有密度计时，都是将溶解的盐水放到容器中，然后放入少许种子进行选种。如果种子全沉下去，可能是盐水浓度不够，需要继续加盐；如果大部分种子漂在水面上，说明盐水浓度过大，需要加水稀释，加水时要慢慢加，直到大部分种子在容器底部为止。另外，如果盐水连续使用，一些盐分会被种子带走，应及时补加适量的盐，防止因盐水浓度降低而影响选种质量。

3. 播种前应松土

种子的萌发和幼苗根系的生长需要充足的氧气，通过松土能增加土壤的含氧量，促进种子萌发及萌发后植株幼苗根系的有氧呼吸。植物通过有

---

[1] 龚宇. 农业生产中的生物学知识 [J]. 科学咨询（教育科研），2014（4）：44-45.

氧呼吸释放大量的能量，有利于细胞分裂、种子萌发和生长。将这些知识与细胞呼吸、种子萌发的条件相联系，可让学生更好地理解有氧呼吸需要氧气并释放能量，以及了解种子萌发的必要条件。

4. 播种后及时浇水

水分是构成植物体的主要成分，浇水有利于种子吸水，增加种子的含水量，尤其是自由水的含量，使种子新陈代谢更旺盛，解除休眠，及时萌发。另外，水分作为良好溶剂能够促进无机物和有机物在植物体内的运输，同时能够参与植物各项生命活动。将这些知识与水的存在形式（分为自由水和结合水，自由水的含量增加能促进新陈代谢的作用），以及光合作用和呼吸作用相联系，有利于学生学习水对生命作用的相关知识，甚至对农业生产有实际指导意义。有经验的农民赶在下雨前及时播种，如果赶上连续干旱会及时浇水，就是运用这一原理。

（二）庄稼及经济作物种植方式中的生物学知识

1. 有性生殖

植物常见的有性生殖方式是用种子来繁殖，如水稻、玉米、小麦、大豆和一些蔬菜等都是如此。种子中有胚，胚来自受精卵，受精卵来自花粉中精子与卵细胞的结合。袁隆平团队研发的杂交水稻产量高、价值高，可以说明有性生殖中遗传物质是来自父母双方，并继承了双亲的优良性状，增强了变异性和适应性。

2. 无性生殖

植物的无性生殖方式有很多种，如块茎种植、扦插、嫁接等，把这些知识与实际教学紧密结合，能够使教学效果大放异彩。

（1）块茎种植。

有些作物可以通过营养繁殖等无性生殖的手段进行繁殖，如土豆、红薯、甘蔗、藕、大蒜、生姜等是用块茎繁殖后代。这种繁殖方式能保持亲本的优良性状，繁殖速度快，能连续留种。这与细胞有丝分裂相联系，有助于理解有丝分裂中亲子代保持染色体和DNA的稳定，以及遗传稳定性的相关知识。

（2）扦插。

扦插是无性生殖的主要方式，一般多用枝插、叶插。水果、花卉等植物通常利用无性生殖手段，如常见的玫瑰、月季等多采用扦插的方法繁育。插苗时应带芽，且只能形态学上端朝上，形态学下端朝下，不能倒插。这与植物的芽能产生生长素，生长素有促进扦插枝条生根的作用，且生长素的运输是极性运输，只能从形态学上端向形态学下端运输有关。将这些知识引入课堂既有利于学生理解生长素的相关知识（如生活、生产中植物的顶端优势和顶端优势的解除在生产和园林造型的应用知识），提高学生的学习兴趣，又能指导生产实践。

（3）嫁接。

嫁接繁殖是指把一种植物的枝条或芽接到其他带根系的植物体上，使其愈合生长成新的独立个体的繁殖方法。嫁接繁殖能保持植物优良品种的性状，加速植物生长发育，提前收获，增强植物适应环境的能力等。嫁接时要保证嫁接苗的存活，务必要使接穗和砧木的形成层紧密结合。将这些关键知识点拓展于课堂之中，能够教会学生一些实用的生物学技术，增强学生的科学素养和实验动手能力。

3. 移栽

农业生产上对经济作物和蔬菜等育苗的移栽很常见，移栽幼苗时选择阴天并且去掉部分枝叶、根部带"老娘土"（原生长地的土壤）会大大提高成活率。选择阴天和去掉部分枝叶是为了减弱蒸腾作用，保持植物体内水分平衡。阴天蒸腾作用弱，刚移栽的幼苗根部吸水能力还很弱，如果遇到很强的阳光，地上部分就会大量地蒸腾散失水分，水分的失衡会使幼苗难以成活。叶片是植物蒸腾作用的最主器官，去掉部分枝叶也能够减弱蒸腾作用。带土移栽就是把苗床上根部附着的土壤一并移到大田，因为移栽幼苗的根部很细，尤其是根毛，细如毛发，很容易受损伤，而带土移栽可较好地保护根系，提高成活率。[1]

将这些与根的结构、植物主要靠根的根尖成熟区吸水以及根吸水的方

---

[1] 张领. 农业生产中的生物学知识 [J]. 生物学教学，2015，40（7）：77-78.

式是自由扩散等知识相联系，既有利于提高学生的学习兴趣以及加深学生对根的结构和功能以及水的吸收、利用和散失知识的理解，又能让学生将知识运用于生产和生活实践中，从而达到理论联系实际的目的。

4. 轮作、间作、套作

轮作是在同一块田地上有序地在季节间和年度间轮换种植不同作物或复种组合的种植方式。轮作有利于均衡利用土壤养分和防治病、虫、草害，能有效地改善土壤的理化性状，调节土壤肥力。一茬有两种或两种以上生长季节相近的作物，在同一块田地上成行或成带（多行）间隔种植的方式就是间作。间作使植物充分利用光能，提高光能利用率，从而增产增收。套作为在前季作物生长后期的株、行或畦间播种或栽植后季作物的种植方式。套作的主要作用有：争取时间以提高光能和土地的利用率，提高单位面积产量，有利于后季作物适时播种，缓和用工矛盾和避免旱涝或低温灾害。套作应选配适当的作物组合，调节好作物田间配置，掌握好套种时间，解决不同作物在套作共生期间互相争夺日光、水分、养分等矛盾，促使后季作物幼苗生长良好。将这些农业生产中的知识与实际教学相联系，既能丰富学生的课外知识，又能为学生将来从事类似的农业生产奠定基础。

（三）庄稼生长过程中田间管理的相关生物学知识

1. 适量浇水，适度施肥

农谚有云"有收无收在于水，收多收少在于肥"，水和肥对农作物的生长和结实发挥着关键的作用。浇水要适量，不同植物对水的需求不同。如君子兰等是肉质根，浇水过多会导致土壤中缺氧，使根的有氧呼吸减弱，而无氧呼吸产生的酒精会对根细胞产生毒害作用，导致君子兰烂根死亡。将以上例子引入课堂，既加深了学生对水和呼吸作用的知识的理解，又提高了学生的学习兴趣。

植物生长需要施肥，肥料的作用主要是给植物生长提供无机盐，每一种无机盐的作用不同，在植物生长的不同时期，需要的无机盐的含量也不相同。同时，施肥时也要浇水，这是因为植物的根是以离子形式吸收矿物质元素。施农家肥要腐熟就是因为植物不是吸收有机物，而是吸收其分解后的矿物质元素。施肥过多会导致肥料的浪费、"烧苗"，甚至污染水体等，因此，在施肥时必须视其具体情况。如叶类蔬菜需多施氮肥，收获种子和果实类庄稼需多施磷钾肥。将这些晦涩的生物学知识与生产实践联系起来，既有利于学生理解知识，又能让学生认识到施肥不当会造成浪费，提高生产成本，甚至造成环境污染，农业生产中应做到少肥高效。

2. 中耕松土，正行通风

在传统农业生产中，中耕松土通常指锄地，就是农民用锄头等工具疏松土壤，使土壤多孔通气。中耕松土对作物的生长有以下好处。

（1）增强土壤通气性，使根得到充足的氧气，利于根部的呼吸作用，使根部生长旺盛。

（2）多数土壤微生物在生态系统中属于分解者，增强土壤通气性利于好氧微生物的活动，从而促进有机物分解成无机物，利于作物的吸收利用。

（3）田间杂草是影响作物生长的生物因素，即杂草和庄稼存在竞争关系。中耕松土的同时清除田间杂草，可减少杂草与作物争夺水肥的矛盾。[1]

正行通风也是为了增加空气流动，增大二氧化碳浓度，进而增强光合作用，使农作物增产。

将以上知识与光合作用联系，有助于学生理解生产中的现象，以及二氧化碳是光合作用的原材料，其浓度大小会影响光合作用。

3. 摘除顶芽，除去老叶、黄叶和徒长枝

植物的生长具有顶端优势现象。顶芽产生的生长素总是向下运输，常常在侧芽附近积累，由于侧芽对生长素浓度比较敏感，因此它的发育受到了抑制。要使侧芽长成枝条，就必须摘除顶芽。芝麻、棉花、多数果树、花卉等都需要打顶以促进侧芽生长。有时，为减少营养物质的流失，使营养集中供应目标果实或叶片，也要去除顶芽。例如烟草，当植株长到一定高度时，为使营养物质集中积累在收获叶片中，不但要摘除顶芽，还要摘

---

[1] 张领. 农业生产中的生物学知识 [J]. 生物学教学，2015，40（7）：77-78.

除侧芽。[1]

同时，也要及时除去下部老叶、黄叶和徒长枝，因为其光合作用弱，而呼吸作用还在消耗，所以除去后能增大净光合作用，使有机物的积累增加，促进生长而增产。

这些知识的拓展，既有利于增加学生的生产经验、提高学生的生产技能，为其将来从事农业、花卉、苗圃等行业的工作打基础，又能使学生将总光合作用、呼吸作用、净光合作用这些难点知识联系在一起，融会贯通。

4. 农药治虫后患大

在农田生物和人构成的食物链中，人往往是食物链的终点。向作物等田间生物喷施农药后，有毒物质会随着食物链而累积，营养级别越高的生物，体内积累毒素等有害物质越多。因此，如果在作物上施用农药，积累有害物质最多的往往是位于食物链终点的人。另外，使用农药虽然短期内能起到很好的杀虫作用，但从长远来看，农药的效果会越来越差。因为生态系统本身的自动调节能力使其处于一种平衡状态，使用农药迅速杀死大量害虫，生态平衡很容易遭到破坏，害虫的天敌或因食物减少或因被毒死而数量锐减。在食物链中，越高级的动物数量越少，其减少后恢复正常数量的过程越慢。而天敌的减少，反过来会导致害虫数量的增加。所以，使用农药杀除害虫，最终可能导致害虫"越杀越多"，出现恶性循环。根据达尔文的自然选择学说，经常使用农药的田间环境会选择具有抗药性变异的害虫个体。当害虫抗药性变异个体适应了有农药的环境，这样的个体就容易生存下来，经过多代的选择，害虫的抗药性越来越强，再使用同样的农药杀虫，效果会大大降低。

随着人们生态环境保护意识的增强，生物防治备受关注。生物防治是利用生物物种间的相互关系，以一种或一类生物抑制另一种或另一类生物，从而降低杂草和害虫等有害生物种群密度的一种方法。它的最大优点是不会对环境造成污染，这是农药等非生物防治方法所不能比的。例如，小菜蛾的天敌蜂特别小，用放大镜才能看见。它会把卵产在小菜蛾的幼虫体内。

---

[1] 张领. 农业生产中的生物学知识 [J]. 生物学教学，2015，40（7）：77-78.

当蜂卵孵化成幼蜂时，幼蜂便会吃掉小菜蛾的幼虫。生物防治大致可以分为以虫治虫、以鸟治虫和以菌治虫三大类。例如，利用啄木鸟防治松毛虫，利用麻雀防治蝗虫，利用瓢虫捕食蚜虫等。

5. 杂交作物不留种 [1]

农业生产上利用杂交优势的原理培育的杂交种很多，最常见的如玉米、水稻等。杂交种需每年繁育，农民不能将杂交种再留种使用，原因是杂交种的下一代存在性状分离。根据孟德尔的分离定律，杂交种的基因型是杂合子（用 Aa 表示），其下一代就会分离出 AA、Aa、aa 三种基因型，出现显性性状和隐性性状比为 3∶1 的两种表现型。这种性状分离会使种出的庄稼参差不齐，性状差别很大，造成严重减产。在绿化工程中也不乏常常利用杂交优势的原理培育绿化、美化环境所需要的植物草种或花种。

（四）收获储存中的生物学知识

粮食、蔬菜、水果通过光合作用积累了丰富的有机物，对它们的储存需要降低呼吸作用，延缓有机物的分解。对于果蔬而言要低温、低氧、保湿，而粮食储存要低温、低氧、干燥。在学习及运用知识时可以举生活中的实例。例如，用地窖储存大白菜，用冰箱存储蔬菜，把蔬菜包上保鲜膜再放入冰箱，秋收的玉米棒子存放在通风良好的苞米楼子里。另外，有些水果和蔬菜还可以晒干储存、秘制储存。这些都是农村学生熟悉的生活经验，与温度对酶活性的影响，水对代谢的影响，以及温度、氧气浓度对细胞呼吸的影响因素联系起来，既让知识更加鲜活立体，又加深了知识与生活的联系。

二、养殖业中的课程资源

（一）禽畜养殖类

农村生物学教学中，对于动物特别是家禽家畜的研究难度相对较大。一是因为农村的家禽一般圈养，动物的某些习性难以流露或表现出的"习性"与实际不符；二是因为农村家庭中饲养的家畜特别是马、牛等大型动

---

[1] 张领. 农业生产中的生物学知识 [J]. 生物学教学，2015，40（7）：77-78.

物较少。但是农村分布有大量的动物养殖场，主要养殖猪、鸡、牛、羊、兔等禽畜，教师可以组织学生到周边动物养殖场进行观察研究。以养鸡场为例，参观学习的内容包括圈舍建造、品种选择、饲养技术、饲料配置、幼崽养殖、疫苗注射、常见疾病预防与治疗、养殖周期、粪便处理、销售渠道等，许多知识可以跟生物学课堂学习内容相互印证。选择动物进行研究时，要选择刚出生（不管是胎生还是卵生）的小动物（雌雄都有）跟踪研究，直到动物基本成年（能够繁殖下一代）。不同生长阶段、不同品种的动物其饲养方式也有差别，如：雏鸡与成年鸡，肉用鸡与蛋用鸡，它们的饲养方式都不同。教师应提醒学生细心观察，用心研究，体会科学技术在饲养、管理、预防疾病等领域的重要作用。考察次数可根据研究需要而定，考察过程中还应注意与饲养人员的交流。通过学生的亲身经历与动手实践，可以大大增强学生的探究能力和生物科学素养。

（二）水产养殖类

很多农村地区会有淡水水产养殖基地，如淡水鱼、淡水虾、淡水蟹等养殖基地。当讲到有关鱼类的知识时，比如探究鱼是怎样生活的，可以组织学生到淡水鱼养殖基地参观、考察交流。在基地，学生会有机会仔细观察鳙鱼、鲢鱼、草鱼、青鱼、鲤鱼、罗非鱼等多种多样的经济鱼类。在参观之余也可以请淡水鱼养殖师傅传授养鱼技术，从而了解各种鱼的放养密度、食料情况、水质要求以及如何防治鱼类疾病的知识等。在探究鱼类的运动和呼吸方式时，教师可以引导学生思考"如果陆生动物（包括人类）到水中生活会遇到哪些问题？鱼类等水生动物是如何解决这些问题的？鱼的外形是否有利于克服在水中运动的阻力？"等问题。在此情境下，学生思考、回答问题的热情会高涨。在之后的课堂教学中，教师可以取一条活鱼放在装有清水的玻璃缸中，用演示实验来探究鱼的呼吸，让学生仔细观察鱼的口和鳃盖后缘交替张合的动作，并思考口和鳃盖后缘为什么不是同时张开（或闭合）。之后，教师再带领学生一步步了解鱼的形态结构特征。有了参观学习的经历，学生对该部分知识的印象会更加深刻。[1]

---

[1] 李亚文.农村生物教学资源的开发利用[J].广东教育（综合），2007（2）：40-41.

(三)家庭饲养类

有些学生的家中可能会饲养一些小型品种的动物,如家蚕、蚂蚱等,教师可以提前了解,当涉及教学内容时,可以及时开发利用。例如,假如有学生家中饲养家蚕,当学习到"昆虫的生殖和发育"时,教师可以安排同村的学生组成兴趣小组观察家蚕的生殖与发育情况。在观察之前,教师要做出明确的要求:观察的时候要细致,记录家蚕一生经过的几个发育阶段,每个阶段的家蚕有哪些主要的特征。最后,要求每组都要撰写探究报告。探究活动结束后,教师要及时组织学生进行同组自评和小组互评。之后,教师要对探究活动的情况进行总结,表扬起示范作用的兴趣小组和在活动中最具严谨科学态度的学生,激发学生对探究活动的兴趣和热情。再比如,当探究"蚂蚁的行为"时,可以让学生在课余时间找到房前屋后的蚁穴连续观察一周,记录所观察到的蚂蚁的各种行为,尤其是觅食行为,并撰写报告。经常让学生参与这些课外实践活动,可以提高学生的应用实践能力。[1]

三、食用菌栽培业中的课程资源

食用菌是一类可供食用的大型真菌,常见的人工栽培品种有木耳、银耳、猴头菇、平菇、香菇、金针菇、灵芝等。教师可以带领学生到农村一些有特色的生态产业,如香菇、平菇等食用菌生产基地参观学习,也可以在课堂上把相关的生物学知识予以拓展,这样既丰富了课堂教学内容,又使科学技术与社会生产紧密联系。

(一)食用菌的营养价值

食用菌的营养成分介于肉类和果蔬之间,一般食用菌所含的蛋白质按干物质计约为30.25%,按鲜菇计约为4%,是叶菜类、茄果类和根菜类等常见蔬菜的3~6倍。食用菌蛋白质被人类利用的吸收率达75%,而大豆蛋白质的利用率只有43%。食用菌含有多种维生素,如B族维生素、维生素C等,特别是维生素B_2、维生素B_{12}、麦角甾醇、烟酸等的含量比

---

[1] 李亚文.农村生物教学资源的开发利用[J].广东教育(综合),2007(2):40-41.

其他食品高得多。每100 g鲜菇中含有0.5～1.2 g人体需要的无机物质，这是蔬菜的2倍，特别是钾、磷含量较高。食用菌所含有的钙、铁、锌等元素易被人体吸收。

食用菌还有独特的鲜味和香味。一般认为食用菌的鲜味源于多种游离氨基酸，如谷氨酸、天冬氨酸等。

将以上的生物学知识与食物中的营养物质、人类对真菌的利用等课程相联系，在丰富学科知识的同时，又能帮助学生树立健康积极的生活态度。

（二）食用菌的营养方式

所有食用菌都属异养型生物，营腐生或寄生生活，靠分解外界有机物获得营养。教师可以利用校园周边农户食用菌栽培的有利时机，主动与农户联系，带领生物学兴趣小组开展"食用菌拌料—装袋—灭菌—接种—管理—采摘—销售"系列活动，让食用菌栽培农民走进课堂，向学生传授食用菌栽培相关知识和操作要领，现场解答学生关于食用菌生产的疑问。这样不仅调动了学生学习生物学的兴趣，丰富了教学内容，还培养了学生热爱家乡、关心"三农"的积极情感。[1]

（三）食用菌的生态地位

食用菌在大农业的生态结构中占有十分重要的地位。大规模地利用各种廉价的基质和废物来生产食用菌，已被确认为是通过生物的作用，将粗纤维转化为人类可以食用的优质蛋白的一条重要途径。据联合国粮农组织提供的报告，仅农作物秸秆，全世界每年产量就有23.53亿t；用^{14}C测定，通过光合作用，全世界生成有机物约2000亿t，其中只有10%的有机物被转化为人类或动物可以食用的淀粉和蛋白质，其余都以粗纤维的形式存在，任其在大自然中自生自灭。

食用菌的代料栽培是指利用各种有机物代替段木栽培木腐性食用菌的一种栽培方式。可以用于食用菌栽培的代料有很多，如锯木屑、农作物秸秆、棉籽壳、甘蔗渣等。在这些废物废料中，含有各种碳源、氮源、矿物质以及各种微生物的菌体及代谢产物。利用这些废弃物质栽培食用菌，可

---

[1] 沈加德. 基于农村中学生物课程资源开发及利用研究 [J]. 中学生物学，2016，32（9）：73-74.

以减轻甚至消除环境污染，这不仅是一项农业生产，而且是一项变废为宝、化害为利的资源有益转化的生态和社会工程。

将这些知识扩充于课堂上，有助于学生了解生物资源状况和生物科学技术发展状况，关注生物学相关的社会问题，帮助学生树立热爱自然、理解人与自然和谐发展的意义，提高学生的环境保护意识。

四、种养业中的生物学知识应用

（一）呼吸作用与农业生产

呼吸作用一直是考试的重难点，学生不易掌握其原理及应用。因此，教师应充分利用农村资源，通过具体的农业生产实践来具体分析。在学习呼吸作用之前先布置下列问题：①秋天收玉米之前，很多农民为什么要摘除一些变黄的老叶？②水稻的种植过程中为何要定期排水？③水果和蔬菜有哪些储存方法？④粮食的储存方法和储存原理是否与水果、蔬菜相同？让学生带着问题回家咨询、走访，回校分组讨论。在讲解"呼吸作用的原理与应用"时，教师让学生呈现各组讨论的结果。这样，通过农村日常生活中的事例，充分利用学生掌握的知识挖掘学习潜力，诱发内在动力，调动学生主动参与、合作学习，能促使学生以最佳的情绪状态投入到学习中，不仅达到了事半功倍的效果，而且实现了"乐学"与"会学"的有机统一。

（二）光合作用与农业生产

在讲解"光合作用原理在农业生产上的应用"时，可以联系大棚种植要经常通风换气，要合理密植，如何增加二氧化碳浓度（可以采取养一些小动物、施农家肥等措施）等。教师也可以根据教学要求，把同一乡镇的学生分在一组，方便休息日回到家里进行实地调查，分析影响光合作用的因素。主要调查内容有本地主要栽培的农作物、大棚蔬菜的种类等，目的是让学生了解农作物栽培的技术和措施。也可以通过访谈、观察等方法了解农作物栽培上的一些技术和措施。例如，提高农作物光合作用强度相关的措施有：保持一定株距和行距，保持通风；使用大棚二氧化碳发生器或多施农家肥；合理灌溉；使用复合肥。通过分析多种措施的原理和对调查结果的验证，让学生意识到平常的生活和生产实际中蕴含着很多的科学道理，要善于从熟悉的事物中学习，从而加深对知识的理解。通过与农村生产实际的结合，既丰富了课堂教学内容，又提高了学生运用生物学知识解决实际问题的能力，为学生以后的发展奠定良好的基础。

（三）植物激素与农业生产

在讲解"植物激素调节"的时候，教师可以让学生回家调查：平时家里用什么植物生长调节剂来调节植物的生长？它们的功效分别是什么？具体应用在什么作物上？通过调查，学生将更加清楚每种植物激素的功能。另外，教师还可以组织学生参观农村一线生产，通过实地参观访问，让学生了解产业生产过程中涉及的生物学知识。教师也可以利用当地盛名的作物作为例子进行讲解。例如：江苏省邳州市港上镇是银杏之乡，因"天下银杏第一镇"而远近闻名。在学习植物激素时，当教师讲到顶端优势时，可以让此镇的学生介绍银杏的形状及果实采摘的情况，其他学生讨论其顶端优势是保留还是破除，最后得出破除结论。邳州市兰陵县的一条水杉路，素有"天下水杉第一路"之称。教师可让学生根据水杉的形状、作用和保护措施，认识到要保留顶端优势。这样，通过实物、部分学生具备的原有知识、其他学生对新知的渴望，激发学生的求知欲，培养学生交流合作的能力，进而提高学生的生物学学科核心素养。

（四）受精作用与农业生产

精子与卵细胞相融合的过程叫受精。精子与卵细胞都是生殖细胞，染色体数目只有体细胞的一半，只有形成受精卵后染色体数目才与体细胞数目相同。庄稼、花卉都是绿色开花植物，主要依靠有性生殖繁殖后代。受精是通过传粉完成的，传粉方式包括自花传粉和异花传粉。异花传粉主要通过风或虫作为媒介进行传递。如果遇到连雨天，庄稼就会减产。温室里缺少自然风，传粉也会受到影响，这时就需要人工传粉，帮助植物完成受精作用。温室西红柿的沾花就是人工传粉的一种方法。教师在讲授这部分知识时，可以组织学生调查和实地观察，了解哪些植物的传粉需要人工辅助，便于日后在生产生活中应用这些知识。学生可以参加当地农民对玉米的人工传粉劳动，教师还可以组织学生参观温室西红柿、黄瓜的沾花实践活动，理解开花传粉的生理过程，加深学生对概念的理解和运用。

总之，随着农村生产的发展，将会有更多的农村生产生活中的生物学知识走进生物学课堂，需要教师去学习、借鉴和甄选，使这些课程资源更好地服务于教学。

第二节　日常生活中的课程资源

生物学教学生活化是学生发展的需要，在生物学教学过程中，教师应将生活看作生物学的课程资源，引导学生挖掘生活中的生物学课程资源。现代生活与生物学联系十分密切，特别是对于生活在乡镇、农村的学生来说，周围的环境处处存在生物科学。在教学中，生物学教师要充分利用学生熟悉的生活现象，包括自然现象、生产技术等，把它们作为生物学课程资源引入教学，这也是课程理念上的重大改革和创新。从生活出发，改变生物学课堂的面孔，拉近生物学与学生之间的距离，让学生产生学习生物学的兴趣，使生物学课程面向全体学生，是实现生物学核心素养的需要。

根据生物学教学与学生生活经验的相关性，可将日常生活中的课程资源分为课内相关与课外相关两种情况。课内相关主要是指课堂教学中教师能够根据学生需要适时为学生创造发挥生活经验的场景和空间；课外相关是指学生在教师指导下，在课外能够从个人的生活经验出发，有效地开展学习活动，这也是对课堂教学的延伸和发展。

一、生物学课内相关的课程资源

生物学来源于生活，并服务于生活。教师可以根据生物学教学内容尽可能地选择一些贴近学生生活的、常见的生物学材料，并在课堂教学中巧妙地呈现出来；也可以设计与生活密切相关的学习任务、学习情境等，拉近生物学与学生之间的距离，增添课堂教学的趣味性，改变教学枯燥无味的局面。课堂教学中生活情境所传递的信息，可以激发学生探求新知的强烈愿望，同时，引导学生把学到的生物学知识应用于生活中，解决生活中的一些实际问题，还可以让学生体会到生物学的生活性、实用性和科学性。

对于课内生活资源的开发，可以考虑从生活实际出发，生物学教师合作构建生物学课程资源库。教师从自身出发，不断丰富和提升自己的知识结构，可以通过有目的、有计划地调查、分析和归类，寻找与生物学知识学习相关的生活实例，根据教材章节建立课程资源库。具体的方法策略如下：

第一，可以根据讲授的内容设计与生活相关的问题，让学生学会运用所学知识服务生活。

比如：教学"体温调节"内容时，就可设置"春天为什么会产生春困现象""为什么男人刮胡子的时候事先用温水洗一下被刮的部位能防止刮伤"等问题，帮助学生体会和感悟体温调节这一知识。[1]在介绍植物激素在生活中的应用时，讲解乙烯催熟作用时提出问题"为什么将熟苹果和生香蕉一起密封存放比单独存放生香蕉时，香蕉要成熟得更快"。学完"光合作用"与"呼吸作用"后，询问"为什么清晨锻炼身体适宜在空旷地而不宜在树林中进行""为什么卧室不能摆放大型花卉""储存白菜为什么要倒垛（把白菜重新垛一遍）""种庄稼为什么要合理密植"等一系列生活中的常识性问题。

第二，利用贴近学生实际的生活经验进行启发式教学，帮助学生由此及彼，通过联想和比较去理解和识记知识。

例如，学习"绿色植物的呼吸作用"这一内容时，很多学生对植物的呼吸会释放出热的现象难以理解，教师可以引导学生联想生活中的情境：收获的玉米如果堆成堆，把手放进玉米堆里会有什么感觉？学生立刻就理解了，原来热量是种子在呼吸作用时释放出来的。教师继续引导：如果把手放入晒干的粮食堆里，还会明显地感觉到热吗？这说明了什么呢？根据生活经验，学生会很容易理解"种子含水量越高，呼吸作用就越旺盛，放出的热也就越多"。这时候教师继续启发：在生活中如何长时间储藏种子？有些学生根据自家收玉米后进行晾晒的经验，回答"尽快晒干"，此时教

---

[1] 张树虎.高中生物无形课程资源开发思路[J].教育研究与评论（中学教育教学），2010（10）：71-73.

学难点也就迎刃而解了。[1]

学生的生活经验不一定都是正确的，在日常生活中，人们由于缺乏某些科学性认识，常常会对相关生物学知识形成片面或错误的认识和理解。因此，在课堂教学中，教师要及时更正学生的一些经验性错误，让学生在对日常概念的思辨中积极联想思考，从而既有利于深刻理解知识，也能感受到科学的价值和知识的力量。例如，有些人身体出现小病时，认为到医院看病太麻烦，直接服用从药店购买的一些抗生素类药物比较方便，而且很快也能把病治好。在学习"生物进化"内容时，教师提出问题：这样做有什么后果？通过对该问题的讨论，联系基因突变、细菌容易产生抗药性等知识，让学生明确滥用抗生素的危害，从而使学生在日常生活中能够注意合理使用抗生素。[2]

第三，在农村当地，劳动者在劳动生产过程及生活中积累了很多谚语，不仅读起来朗朗上口，而且蕴含着丰富的生物学知识与道理。

如根据动物行为判断天气：燕子低飞要落雨；早蚯闻蝉叫，晚蚯迎雨场；雨中闻蝉叫，预告晴天到；麻雀囤食要落雪，蚂蚁垒窝要落雨；癞蛤蟆出洞，下雨靠得稳；鱼跳水，有雨来；猪衔草，寒潮到；蚯蚓爬上路，雨水乱如麻。又如根据节气判断天气及农作物播种、收获：清明早，小满迟，谷雨种棉正适时；清明晴，六畜兴；清明雨，损白果。可让学生根据这些谚语观察所反映的现象，尝试利用生物学的知识进行解释、分析，丰富课堂教学的内容。还有一些谚语，可以直接解释遗传和变异，如：龙生龙，凤生凤，老鼠的孩子会打洞；龙生九子，子子不同。可以解释生长周期的，如：马看牙板，树看年轮。[3]

第四，课程资源库的建设需要教师不断积累，及时更新，收集的生活实例需要经过教师的进一步加工才能运用到课堂中。教师可以从生活实际出发，创设与生活息息相关的问题情境，让学生在情境中学习。

---

[1] 樊妹娟. 架起生物学科与生活的桥梁 [J]. 赤子（中旬），2014（1）：355-356.
[2] 同 [1].
[3] 张利群. 华北农村地区高中生物课程资源开发和利用现状与对策：以张家口市农村高中为例 [D]. 武汉：华中师范大学，2015：19.

如果将问题创设在学生熟悉的现实情境中，特别是学生经历过的且比较关注的生活原型中，能极大地激发学生的探究欲望，提高学生学习的积极性和主动性。比如，学生在学习了人体的免疫调节和免疫防护知识后，可以让学生对自身出现感冒、过敏等症状时的感觉进行描述，并做出相关的解释。再比如，讲到诸如细胞分化的时候，可以利用某人成功捐献造血干细胞的新闻报道引导学生对造血干细胞如何治愈白血病产生疑问，从而让学生获得造血干细胞可以分化成红细胞、白细胞和血小板等生物学知识。在学习叶是进行光合作用的主要器官时，课前让学生收集各种各样的叶子，课上让学生展示交流，经过讨论得出叶的形态知识，再制成叶的横切面临时装片进行观察，总结出叶的结构。让学生在校园植物开花季节时观察花的结构；学习果实和种子的结构时收集各种果实和种子带到课堂上；学习茎的结构时，观察家中粗树干制成的砧板……当前生物学教材中的"问题探讨""知识链接"以及"科学·技术·社会"等栏目也为学生提供了大量的生活情境材料，教师在教学过程中应充分关注，加以灵活运用。在运用生活情境材料时，时刻以凸显生物学本质为目的，充实和完善教学内容。[1]

第五，生活素材不仅可以以利用问题情境以及例子的方式引入课堂教学中，还可以组织学生从生活出发，开展研究性学习。

教师平时要留心观察日常生活中的各种问题，从中挖掘丰富的开展研究性学习的课程资源。比如：蔬菜和水果中的农药残留调查，食品加工厂中各种添加成分的调查，家庭生活垃圾的分类与处理及其对环境的影响调查，家庭自来水的二次污染调查，一次性筷子使用情况调查，塑料快餐盒的使用对环境的影响调查，等等，这些都可以作为课题进行研究。生物学与日常生活关系密切，开展与日常生活相关的研究不仅可以激发学生的学习兴趣，还可以使学生认识到生命科学和生物技术在生活和社会发展中的应用及其产生的影响，并让学生学会运用所学的生物学知识分析和解决一

---

[1] 张树虎.高中生物无形课程资源开发思路[J].教育研究与评论（中学教育教学），2010（10）：71-73.

些生活、生产问题。

教师在讲课时增加生活实例辅助教学有助于学生理解生物学知识，同时也会让学生养成留心观察生活现象的习惯。教师培养学生留心观察生活中的生物学现象，待学生的知识库丰富后，在教学中便可以让学生根据学习的主题列举生活实例，让学生也加入丰富课程资源库的队伍之中。在教学中，可以利用的课程资源非常丰富，但并不是每一个知识点都适合生活化教学，在丰富课程资源库时需要特别注意，收集的素材必须经过严格的筛选，避免收入不利于学生学习或可能对学生学习造成干扰的生活实例。

二、生物学课外相关的课程资源

（一）家庭生活中的生物学课程资源

学生在家里自主活动的时间最长，而很多生物学知识都和家庭生活密切相关。在农村，有些学生的家里可能种植有大棚蔬菜，有些学生的家里可能饲养了家禽、家畜，家长平时也会谈及作物栽培、家禽家畜饲养、病虫害防治等事宜，学生耳濡目染，会积累不少生物学知识。

每个家庭中家长所具备的知识是学生学习最直接的来源。在家庭生活中，家长的言行举止会对孩子的成长产生深远的影响。每天陪伴在学生身边时间最长的是家长，对学生情况最为了解的也是家长。因此，如果家长能很好地为孩子提供生物学知识，可以让学生在生物学学习上取得事半功倍的学习效果。家长作为学生和教师之间的桥梁，能把学生最真实的学习情况反映给教师。因此，教师要与家长保持有效的联系，鼓励他们和孩子一起参与课程资源开发利用的活动，建立好每个学生的家庭联系簿。像一些家庭可能会制作米酒、葡萄酒、泡菜等，这些都与生物学教学活动密切相关。此时，教师做好调查，可以让家长配合，让学生动手操作并拍照记录，活动完成后可以让学生在班级内进行展示并分享自己的感受。有的家长可能是一些领域的专家，例如有些家长是医生，就可以让学生请家长来讲授如何预防传染病以及相关的保健措施；对于长期务农的家长，可以邀请他们来介绍某种农作物的种植方法。

学生在家庭生活中也会遇到很多实际问题，例如：如何养护家中的植物或小动物？植物能放在卧室里过夜吗？刚刚装修完的新房如何确定能否入住？如何看懂体检表、接种卡、病历？青春期是否要控制体重？等等。对此，教师可以结合自身的经验、知识储备以及教材内容，编制学生日常生活技能指南，指南中可以包括：常见植物的基础养护方法，与宠物相处的注意事项，男生和女生青春期保健常识，常见疾病的预防，老年人常见疾病的应急处理常识，意外伤害自救，科学减肥常识，家务劳动技巧（如切洋葱不流眼泪的方法），自制发酵食品，等等。例如，具体的操作技能有量体温、测血压、使用尿糖试纸测血糖、酿制果酒、制作腐乳、制作泡菜、用干酵母发面等。利用日常生活技能指南可以引导学生运用生物学知识解决日常生活问题，进行生存与生活技能训练，并让学生在应用知识的同时巩固知识。

（二）社会热点中的生物学课程资源

新时期下，农村中学生物学课程教学不应该再沿用传统的照本宣科的教学模式，生物学教师应该具有敏锐的双眼、智慧的头脑，善于感知捕捉社会热点事件，并及时将其纳入自己的教学体系中，有效整合课程资源，使教学呈现出鲜活灵动的气息。社会热点生物学知识与学生的生活息息相关，学生对社会生活中出现的问题、生命科学的进步等内容充满了好奇与疑问。帮助学生用课本知识解读课外知识，实现学以致用，在此过程中培养学生树立关注社会生活的思想观念，锻炼他们参与并处理社会问题的能力，提升他们的社会责任意识，是生物学教师应当承担的责任。社会热点事件中有很多是与生物学有关的，比如：非典、禽流感以及新冠肺炎疫情时期研究卫生防疫问题；日本大地震引发海啸时期讨论核能利用的安全性话题；能源紧张涉及节能、开发新能源等，以及克隆人、艾滋病、苏丹红、三聚氰胺、骨髓移植、牛初乳、太湖蓝藻问题[1]；环境污染地区开展环保类调研与实验；等等。对于社会热点问题的处理，教师可以从三方面进行：一是明确与生物学相关的社会热点；二是有效地将搜集到的社会热点与教

---

[1] 吴红漫.浅谈高中生物学科家庭课程资源开发与利用的有效途径[J].生物学通报，2011，46（2）：32-34.

材内容衔接起来；三是针对社会热点的性质，科学地组织教学活动。为了实现对农村中学生物学课程资源有效开发的目标，教师在平时应该鼓励学生收集并梳理社会热点信息，选用合适的教学方式培养学生的表达与沟通能力、合作与探究能力。教师如果能够抓住社会热点问题，并且适时地引入课堂教学中，可以让学生关注社会，也有助于培养学生的社会责任感。

（三）人力资源中的生物学课程资源

除教师外，学生日常生活中接触的各种各样的人也可以作为课程资源开发的一个途径，如：学校图书馆的管理员，可以向学生介绍相关的生物学书籍，介绍如何有效快速地检索资源等；有些学生家长也能提供一定的经验和技术指导；当地机构的一些工作人员，如食品质量检测、环保水质监测、大气监测、发酵牛奶、啤酒的专家等，都可以请来做报告或者给学生的探究性学习做具体的指导。

生物学课程标准倡导教育要回归生活，生活中蕴藏着巨大的甚至可以说是无穷无尽的教学资源。因此，在生物学课堂教学中教师应充分利用学生已有的课程资源，从实际出发，根据学生的认知水平引导学生探究生物学知识，构建生活化的教学活动，从而大大提高生物学课堂教学的效率。

第三节　研究与实践

生产生活中有很多现象与生物学相关，教师在教学过程中应该把学生所学的生物学知识与生活相联系，让学生认识到生物学知识是可以解释生产生活中的现象，指导生产生活实践的[1]，教师可以带领学生从看似普通的生产生活现象中去探究生物学知识。因为生物科学不仅是众多事实和理论的汇总，也是一个不断探究的过程，只有不断地参与、动手实践，才能促进学生积极思考、交流合作，最终提升创新精神和实践能力，而这些都

---

[1] 张利群. 华北农村地区高中生物课程资源开发和利用现状与对策：以张家口市农村高中为例[D]. 武汉：华中师范大学，2015：22.

可以作为宝贵的课程资源回馈生物学教学。

案例 3-01　美味腐乳的加工制作

活动背景：在高中生物学教材中的发酵食品加工的基本方法中有腐乳的制作。

活动目的：学生学会运用发酵食品加工的基本方法制作腐乳。

活动方案：

1. 教师备课：查阅有关腐乳制作过程中的操作步骤及相关原理等。

2. 学生准备：课本为既定的预习内容。除此以外，有条件且感兴趣的学生可以查阅更多的相关资料。如果学生没有查阅设备，可以利用课余时间借用教师的电脑查找资料。

3. 理论授课：通过理论授课，让学生了解发酵食品加工的基本方法，并且能够利用查阅的资料，与教师共同总结出腐乳的制作方案。

4. 材料准备：制作腐乳的材料，一部分可以让学生参与购买准备，一部分由教师完成。除此以外，教师可以多准备一些证明材料。

5. 活动过程：按计划进行腐乳的加工制作，感受发酵食品的加工方法。教师先买几块普通的豆腐和腐乳，课堂上让一名学生讲述腐乳的制作过程（让豆腐块长出毛霉→加盐腌制→加入卤汤装瓶→密封），学生提问（制作腐乳是用老豆腐还是嫩豆腐？对盐量有要求吗？），通过讨论得出答案（嫩豆腐水分过多不易形成腐乳，应该用含水量相对较少的老豆腐；豆腐和盐的比例为 5∶1，要分层加盐，随着层的增加而增加盐量）。最后，学生再根据教材内容以及教师和部分学生准备好的资料讨论卤汤的配制。

注意事项：

1. 安全问题：安全放在首位，开始操作前教师强调的首要问题应该是安全，在活动进行中，也要时刻提醒学生注意安全。

2. 目的清晰：加盐和加酒的目的是什么？要如何掌控好温度？

活动意义：通过对腐乳加工制作过程的深入探讨，锻炼了学生的生物学思维。师生之间展开了积极的互动交流，学生对于生物学知识对生产生活的影响有了全新的认识。

案例分析：本案例属于传统发酵工艺，其中需要的原料、工具都是简单易得的。所需要的菌种一半来自空气中的毛霉孢子，但是本案例为了增强实验的成功率，通过以下方法来增加毛霉孢子浓度。事先将馒头放在温暖潮湿处培养毛霉，当馒头上长出青点（青霉菌落）、黄点（黄曲霉菌落）、红点（红曲霉菌落）时，及时用镊子尖和解剖针剔除，保留白毛让其长出黑色孢子，将黑色孢子弹在加热杀菌后的豆腐块上。所需要的豆腐可直接从家里携带或者购买；所需要的调料，包括盐、酒、糖和香辛料（比如胡椒、花椒、八角、茴香、桂皮、姜、辣椒、蒜）都是家庭常用的调味品，容易获得；所需要的工具，用来铺放豆腐块的纸盒或笼屉、一次性手套、盘子、小刀、剪刀、砧板、保鲜膜、标签等，这些工具都是我们在生活中经常使用的，可由教师准备，也可以由学生准备。有一些家庭本身就会进行不同口味的腐乳的加工制作，因此也可以开发家长这一资源，由家长讲授制作过程中的注意事项效果会更佳。学生可以真正理论联系实际，发展学科核心素养。

案例 3-02　草莓的无土栽培实践活动 [1]

活动背景：草莓果实色泽艳丽，风味浓郁，维生素含量丰富，深受消费者喜爱。草莓地栽存在严重的连作障碍，土传病害严重，采用基质进行无土栽培可以很好解决这一问题，无土栽培草莓业成为我国草莓栽培的趋势。无土栽培草莓方法简单，可行性高，成本低，能够在室内进行。

活动目的：了解无土栽培的基本原理与优势。

活动方案：

1. 教师备课：查阅有关草莓的无土栽培操作步骤及相关原理等。

2. 学生准备：课本为既定的预习内容。除此以外，有条件且感兴趣的学生可以查阅更多的相关资料。如果学生没有查阅设备，可以利用课余时间借用教师的电脑查找资料。此外，在教师的指导下，学生可以请教当地

---

[1] 朱兴国，黄莉. 浅谈如何培养初中生的生物学习兴趣 [J]. 萍乡高等专科学校学报，2012，29（6）：99-100，104.

经验丰富的草莓种植户。

3. 理论授课：学生明确无土栽培的实验原理，即植物所需的无机盐和水分主要从培养液获取，基质代替土壤颗粒发挥着固着的作用。能够利用查阅的资料，学生与教师共同总结出草莓无土栽培的实践方案。

4. 材料准备：

（1）制作无土栽培的容器。可用玻璃罐头口径的塑料杯，在其下半部四周打小孔，然后塞进罐头瓶内即可。酸奶杯、废塑料油桶、冰激凌盒、洗衣粉盒、饮料瓶等可以作为容器（注意应为塑料制品，不要用铁制品）。

（2）制备无土栽培的基质。无土栽培有水培和基质培。我们认为基质培在固定植物方面比水培好，植株不易被风刮倒。根据所查资料或者咨询当地经验丰富的草莓种植户，结合农村资源可选择以泥炭块和珍珠岩为基质。

（3）根据所查资料或者咨询当地经验丰富的草莓种植户，配制营养液。

（4）草莓苗可向当地草莓种植户购买或者在网上购买，注意该实践活动要在2月底进行。

5. 活动过程：草莓苗处理（洗净根上的土壤，将根部放入清水中培养）→定植无土栽培（将长出新根的草莓苗定植在容器中）→开花前管理（营养原液与水之比为1：9）→开花后管理（营养原液与水之比为1.7：8.3）。整个过程学生都要定期进行观察，注意及时添加营养液，保持草莓所处环境的相对湿度以及温度，通过特定指标将草莓生长、开花、结果的过程记录下来。

注意事项：

1. 安全问题：安全放在首位，开始操作前教师强调的首要问题应该是安全，在活动进行中，也要时刻提醒学生注意安全。

2. 目的清晰：学生要带着问题有目的性地去和当地草莓种植户交流或者上网搜集信息。

活动意义： 通过这次实验，学生不仅掌握了草莓的无土栽培原理和方法，以及无土栽培容器的制作要求和方法，知道了植物生长发育所需的大量化学元素和微量元素，并且能从中体会无土栽培的优越性——能为人们提供高产优质无污染的产品，能为花卉、蔬菜生产的工厂化和自动化开辟广阔的前景。

案例分析：本案例可应用于进行草莓种植的地区，教师创造性地使用了一些简单易得的器具，如废弃的塑料油桶、冰激凌盒、洗衣粉盒、饮料瓶等，节约器材投资，宣扬了节能环保的理念；无土栽培所用的部分基质学生可以自己到大自然中收集，不需要购买；增强了学生对于生物学的认同感；学生通过与草莓种植户的沟通，充分利用本地自然与人力资源，可将生物学知识融入生产生活当中，真正体会到了知识的力量。并且，这样的课外实践活动使学生查阅资料、搜集信息和动手实践等能力得到了锻炼和提高，学生在这个过程中感受到了成功的喜悦，对生物学产生了浓厚的兴趣。

案例 3-03　茶树扦插实践探究活动 [1]

活动背景：我国是世界上最先饮茶、最早种植茶树的国家，据《神农本草经》记载"神农尝百草，日遇七十二毒，得茶而解之"可知，茶的发现和利用迄今有五六千年的历史了。国家一级茶区分为4个，即江北茶区、江南茶区、西南茶区、华南茶区。江南茶区是发展绿茶、乌龙茶、花茶、名特茶的适宜区域。皖南产区属于江南茶区，主要分布在黄山市、宣城市和池州市的歙县、休宁、祁门、黄山区、黟县、徽州区、郎溪、宣州区、广德、泾县、东至、石台等县区。这些地区气候四季分明，年平均气温为 15～18℃，冬季气温一般在 8℃，年降水量 1400～1600 mm，属亚热带地区，得天独厚的自然条件能满足茶树的生长需求，正所谓好山好水出好茶。该茶区种植的茶树大多为灌木型中叶种和小叶种。皖南著名的茶叶精品有黄山毛峰、祁门红茶、太平猴魁、休宁松萝、泾县涌溪火青、青阳九华毛峰、歙县黄山绿牡丹、宣州的敬亭绿雪等。拥有地域优势的安徽省政

---

[1] 姚胜. 皖南农村地区高中生物课程资源的开发与应用初步研究 [D]. 上海：上海师范大学，2009：37-39.

府的总体目标是以重点产茶区为重点，建成一批规范化的无公害茶、绿色茶和有机茶生产示范基地，实现全省茶叶标准化生产，内销茶的农药残留及卫生指标符合国家标准，外销茶达到进口国检验标准。

活动目的：学会茶树的扦插方法；探究茶树的短枝扦插。

活动方案：

1. 教师备课：查阅有关茶树扦插操作步骤及相关原理等。

2. 学生准备：课本为既定的预习内容。除此以外，有条件且感兴趣的学生可以查阅更多的相关资料。如果学生没有查阅设备，可以利用课余时间借用教师的电脑查找资料。

3. 理论授课：学生明确扦插技术原理，在进行实践操作前，由农民师傅讲解具体扦插方法。

4. 材料准备：准备好花盆、木盆或其他有孔的容器，或者直接选择微酸性、排灌、交通方便的土地作为扦插苗圃。准备好扦插的枝条——从良种母本园中剪取红棕色、半木质化、健壮、无病虫害、具饱满腋芽的枝梢。将枝条剪成长 $3 \sim 4$ cm，带有一片叶和饱满腋芽的短穗，剪口要平滑、斜向。准备好后放在一处，等待集中扦插。

5. 活动过程：

（1）扦插。扦插前将花盆或者苗床等充分喷湿，至表土不粘手。扦插株距为 2 cm 左右，行距为 8 cm 左右，依叶片长短而定，以叶片不重叠为宜（前排的叶片不能遮住后排的腋芽，否则不利于茶芽的生长）；扦插后苗床应立即淋透水，随即进行遮阴或防冻处理。后期肥水管理：扦插初期，每天早、晚各浇透水一次，持续 $7 \sim 10$ 天；以后每天浇一次，雨天除外，到 $30 \sim 50$ 天扦插苗生根为止。生根后保持适宜的土壤湿度即可。注意勤除杂草，及时检查和防治病虫害，特别注意叶蝉、螨类、粉虱与茶蚜等虫害以及病害发生。施肥应该在扦插苗生根后进行，以"小量多次，先少后多"为原则。开始时可用 0.5 % 的尿素水溶液进行喷浇，而后可增加少量磷酸二氢钾，再随苗生长，可直接洒施尿素。炼苗：扦插苗成熟后，逐步拆除遮阳网，再根据土壤状况注意经常浇水。还应及时打顶，促进茶苗分枝和增粗茎干，并使个别高度低下的苗木能获得光照迅速生长，提高成活率。

（2）分析讨论。在整个茶树扦插的过程中，涉及哪些生物学知识？（植物的蒸腾作用、顶端优势等）扦插应注意的问题：土壤的消毒、空气湿度、土壤含水量、采条的部位、剪口的处理、留叶的数量及处理等总体措施，不能单纯考虑一方面。

（3）联系实际，进一步探究。教材指出：一定浓度的生长素能促进植物插条生根。茶树的扦插能否使用生长素？如果使用生长素，生长素的浓度应该是多少？如何进行研究？教师引导学生做进一步的探究。

活动意义：学生在实际操作中，了解了扦插技术的注意事项，在获得动手实践操作能力的同时，又能掌握扦插的技能，还可以为家庭经济收入贡献力量。

案例分析：皖南农村地区有得天独厚的自然条件，非常适合茶树的生长，所生产的绿茶产量很高。传统的栽培技术，已经不太适合现在发展的需要，改进茶叶的栽培技术，引进一些更高产、稳产，抗病能力更强的品种已经迫在眉睫，身在茶乡的学生的体会更深。用茶树种子繁殖，育苗时间长，生产的茶叶的性状易改变。采用短穗扦插，出苗快，能保持良种特性，使茶树性状一致，有利于建立整齐纯一的茶园和加速繁育推广新品种。在此背景下，与教材中无性生殖的知识相结合，如果再加以引申，与教材中的生长素促进植物的插条生根的知识相结合，则更具有实践意义。本实验不但可以在花盆、木盆中进行，而且可以在田间地头进行；不但可以在春天进行，而且可以在秋天进行。学生不但可以独立操作，而且可以与家长一道结合家庭的实际需要一同对自家的茶园进行改造。家长的参与充分地发掘了家长的经验、家庭的帮助等资源。在严格遵循高中生物学课程资源开发的原则的基础上，利用皖南农村地区的生物资源优势，拓宽了开发课程资源的视野。随着活动的开展，学生知道了书本理论知识是可以和日常生活实践相结合的，为学生将平时所学生物学知识应用于实践打下了坚实的基础。

案例 3-04　杜鹃花的吸水与失水

活动背景：杜鹃花树形优美，花色艳丽，为我国传统十大名花之一，是园林绿化、室内盆栽和制作盆景的常用花卉。杜鹃花的代表种，就是俗称的"映山红"。位于湖南省永州市双牌县的阳明山，是国家级森林公园和省级自然保护区，拥有数万亩几十个品种的杜鹃花，被誉为"天下第一杜鹃红"。近年来，双牌县委、县政府依托资源优势，将旅游业作为全县重点产业来培育，重点打造阳明山"和"文化旅游节暨杜鹃花会，引来全国各地游客数万人。

活动目的：观察杜鹃花的吸水、失水现象，并分析其原因。

活动方案：

1. 教师备课：教师查阅有关杜鹃花的吸水与失水的操作步骤，并进行预实验。

2. 学生准备：课本为既定的预习内容。除此以外，有条件且感兴趣的学生可以查阅更多的相关资料。如果学生没有查阅设备，可以利用课余时间借用教师的电脑查找资料。

3. 理论授课：讲授物质跨膜运输相关内容。

4. 活动过程：

（1）发动学生将家中废弃食用油瓶上半部开口备用。

（2）采集杜鹃花，注意不要伤及根毛，洗净其根部泥土备用。

（3）用农用化肥配置高浓度的尿素溶液置于食用油瓶中。

（4）将杜鹃花置于高浓度的尿素溶液中，杜鹃花很快发生萎蔫现象。

（5）将一部分已发生萎蔫现象的杜鹃花根部置于清水中，杜鹃花很快又硬挺起来。

（6）将另一部分已发生萎蔫现象的杜鹃花继续置于尿素溶液中，杜鹃花无法硬挺起来。

案例分析：学习来源于生活，又归于生活。本案例充分利用当地杜鹃花资源，活动所需要的工具、材料、溶液均简单易得，通过该活动，学生能够将抽象的物质运输知识具体化、形象化，有利于学生对知识的迁移与理解，同时还能培养学生动手操作的能力。

案例3-05 农药的危害探究活动

活动背景：农药在农业生产上广泛使用，因为农药有毒，常因各种原因污染蔬菜、水果等引发食品安全问题。作为农村中学生，关注农药与食品安全十分重要。

活动目的：通过探究活动，让学生认识到农药对食品的污染不只是农药残留，还可能因为农药运输、储存和使用不当而对食品造成污染，甚至可能会引发中毒事件。因此，此探究活动可以进一步引导学生认识人类活动对生物圈的重要影响，分析农业生产中农药使用与环境保护的矛盾关系，培养学生的社会责任感。

活动方案：

1. 教师备课：查阅并准备有关农药及其危害的相关知识与实例，准备引导学生进行探究活动的问题。

2. 学生准备：进行分组，明确探究问题。

3. 活动过程：教师提出问题→学生通过调查活动获取农业生产实际中相关数据，并从网络搜集一些补充材料→通过小组探究活动，力争从多方面认识到农药与食品安全的关系。

问题引导：

（1）当地农业生产中常用的农药有哪些？收集这些农药的使用说明书。由经营农药销售点的家长帮助拍照收集，教师将收集的资料打印后发给各个小组。

（2）家里（或亲戚家）的土地面积是多少？去年买农药花了多少钱？占去年农业生产总投入的百分之几？

学生调查活动：依据教师设置的问题，学生通过分小组采用询问家长、调查邻居、网络搜集、阅读说明书、采访有经验的农民、实验检测等不同的方式收集数据，然后把农药按使用范围分类，并了解这些农药的使用注意事项、农药中毒的症状与中毒后的急救措施。

学生探究活动：基于以下7个问题。

（1）哪些农药会在粮食、蔬菜或水果中残留？

（2）没有残留的农药会不会引发食品安全问题？

（3）在农业生产中，怎样减少农药残留？

（4）如何清除农药残留？

（5）作为有毒的农药，会对环境造成污染，但又是农业增产不可缺的物质。怎样辩证地看待农药与环境的关系？

（6）结合生态系统的相关知识，分析可以通过哪些方法减少农药的使用量。

（7）在农药使用中应注意哪些问题？

学生查阅资料并进行讨论，在教师的指导下解决问题。

注意事项：问题较多且层层递进，需要教师引导学生按照由易到难的顺序解决相关问题。

活动意义：该活动以课外活动为主，在教学活动中突出学生主体地位与学生能力培养策略。在调查与探究活动中，教师通过问题引导学生进行思考，学生通过调查活动获取农业生产实际中的相关数据，并通过网络搜集一些补充材料。通过小组探究活动，力争让学生从多方面认识农药与食品安全的关系，从更高的层面理解生物学知识在生产生活中的作用。

案例分析：中国广大农村广泛、频繁地使用农药，本案例从学生身边出发，进行农药的危害的探究活动，可以使学生认识到农药的使用与环境保护的矛盾关系，认识到科学技术的两面性。学生通过具体的探究获得最直观的感受，认识到人类的活动会对生物圈产生重要的影响，从而培养学生的社会责任感。

案例 3-06　玉米种子储存条件的探究

活动背景：金秋十月是收获的季节，收获的农作物的储存也是秋收中至关重要的环节。储存过程中涉及许多与生物学相关的知识。教师可以借助玉米这种北方农村学生身边最为常见的农作物，引导学生分析玉米的储存条件，设计对照实验，对玉米种子储存条件进行探究，展示实验结果，完成实验报告。

活动目的：通过一系列探究活动，帮助学生将生物学知识应用于生产，并巩固探究实验的活动步骤。

活动方案：

1. 教师备课：查阅玉米种子储存条件相关理论知识。

2. 学生准备：学生观察自己家里收获的玉米是如何储存的，进行拍照，并调查相关资料，最终以小组为单位进行资料汇总；小组讨论影响玉米储存的条件。

3. 理论授课：教师引导学生对讨论结果进行分析、讲解、归纳，最终得出影响玉米种子储存的环境条件主要包括温度、湿度和氧气条件。

4. 实验设计：

（1）学生根据探究实验的步骤，选择以上条件中的一个影响条件，小组成员分工协作，控制变量，设计"影响玉米种子储存的环境条件"对照实验，填写实验报告（探究玉米种子储存条件的实验设计报告）。

（2）小组派一名代表分享、展示实验方案。同学之间交流方案的合理性和可操作性。（教师做必要的指导）

5. 进行实验：在教师的指导下，学生以小组为单位，依据实验设计进行实验。

（1）进行玉米种子储藏实验。小组成员根据实验设计进行为期两周的探究实验，完成实验操作部分，并记录种子外形变化。

（2）玉米种子活力鉴定实验。

①确定检测方式：贮藏后的玉米种子需要进行活力鉴定，以确定是否有种用价值。常见的方法为红墨水染色法。

②实验操作：对各小组在不同条件下储存的玉米种子进行红墨水染色操作，检验实验结果。

③实验结论：针对实验现象，小组讨论分析实验结果，得出实验结论，完成实验报告（玉米种子活力鉴定实验报告）。

④分享实验结果：学生展示实验探究结果，分析成功或失败的原因。

活动延伸： 小麦种子的胚活性也可以用红墨水染色法进行检测，感兴趣的小组可选择小麦种子作为实验对象，进行储存环境条件的探究。实验实践为期4周，可以更好地对实验现象进行检测。

案例分析： 本案例中，教师指导学生在"储藏玉米的实例"调查结果的基础上，遵循探究实验的步骤，自主设计实验过程。案例中所需的实验材料（玉米）及实验试剂（红墨水）均简单易得，且很多学生家中本身就会贮藏玉米种子，在这一背景下，学生积累了相关的生活经验，使该探究实验成功率较高。本实践与"细胞呼吸"这一知识内容密切相关，通过有教师指导的调查活动与实验探究，培养学生的科学探究能力，锻炼学生用所学知识来解释生活现象，不仅可以明确生活生产中储藏玉米的具体方法，还可以从温度、湿度、氧气条件等方面对所采用的方法进行解释，进而思考减少农业生产损耗的方法，进行知识的迁移。

案例 3-07　粮仓储粮方式的研究

活动背景： 由于农户储粮设施简陋、方法原始、工艺落后，我国农产品损失惊人，粮食损失浪费远超餐饮环节的浪费。可以组织学生开展一次活动，调查专业的储粮仓是如何进行粮食储存的。

活动目的： 通过实地调查，让学生产生通过科学实践解决生活问题的想法，形成建设家乡的意识，为建设农村培养实用型技术人才。

活动方案：

1. 教师备课：查阅有关粮仓储粮方式的相关内容。

2. 理论授课：教师对信息搜集渠道、调查方法和策略、记录表设计、研究报告的撰写等进行讲解并布置调查任务，使学生明确调查内容以及评价方式。

3. 活动过程：学生以小组为单位进行两周的调查→统计并分析调查结果，以小组为单位进行汇报→学生之间相互点评→以个人为单位撰写调查报告。

主要从以下 5 个方面进行调查结果的汇报。

（1）为什么要对达到安全水分的粮食进行普检？（烘干质量考核依据及安全储粮依据）

（2）为什么保管员要每天对储粮仓进行测温？（掌握粮情，发现异常及时报告，及时采取措施，妥善处理，杜绝坏粮）

（3）露天囤粮需要考虑哪些问题？（垛形状规格一致，货位形态标

准化，囤垛装码整齐；消防安全条例，留有消防通道；囤垛有一定坡度，表面整齐，四周和顶部要苫盖严实）

（4）如何管理潮粮？（收购的潮粮入库，保管员必须根据卸车单，按等级、分水分堆放，填制储粮卡片。潮粮入堆时，必须做过筛处理，清除粮食中的杂质和霜雪，减少霉变与发热的诱因）

（5）粮食储存工具经历了哪些更新过程？（电子测温、机械通风、环流熏蒸、谷物冷却等四项储粮技术）

案例分析：结合对粮仓储粮的观察和教师给出的相关数据，学生能够较为直观地体会到农户储粮设施简陋所带来的粮食损耗，进而关注家乡生产建设存在的问题。在教师的指导下，学生以小组为单位调查专业粮仓储粮方法，从烘干、控制温度、囤垛形状、管理潮湿粮食几方面，分析水分、温度、垛形以及霉菌等对粮食储存的影响，进而从电子测温、机械通风、环流熏蒸、谷物冷却等四项储粮技术方面探究粮食储存工具经历了哪些更新过程，对家乡农业生产中的储粮方法提出改进意见。不仅能够培养学生的团结协作、科学探究精神，还能让学生形成建设家乡的意识，提升社会责任感。

案例 3-08　地方药用植物调查

活动背景：不同地区有不同的特色生物资源，这些资源有许多是独一无二的。吉林通化山多水多，资源丰富，药物资源得天独厚。现已查明的药物资源有 1100 多种，是全国"五大药库"之一，盛产人参、天麻、贝母、五味子、红景天等多种中药材。

活动目的：了解家乡药用植物资源，了解家乡医药产业，懂得地方药用植物对医药资源的重要意义。

活动方案：

1. 教师备课：查阅当地药用植物的相关内容。

2. 理论授课：教师对信息搜集渠道、调查方法和策略、记录表设计、研究报告的撰写进行讲解并布置调查任务，使学生明确调查内容以及评价方式。具体调查内容如下：

（1）调查家乡有哪些特色中草药。

（2）调查家乡药用植物的药用价值和经济价值。

（3）调查家乡有哪些著名医药企业及医药产品。

3. 活动过程：

（1）学生到人参市场展开调查活动，通过拍照片、看实物、提问题等途径完成活动过程。听取市场部经理做全面讲解和答疑→参观走访不同业主，调查主要销售产品及销量→参观冷库和保鲜库→参观参苗培植基地。

（2）学生到药植园、养生谷展开调查。初步了解常见地方中草药，包括它们的生活环境和结构特点。通过雁阵的说明、老把头故事的讲解、参观荣誉室等活动让学生感受企业文化。通过带领学生参观车间，考察生态果园，让学生了解企业文化。考察养生谷可以使学生了解不同的生态系统，认识野生环境下的中草药，学习淡水生态系统的结构。在考察中还可以品尝绿色食品。

（3）学生到大型药厂展开调查。

（4）学生到大型药用植物繁殖基地展开调查。参观参场、贝母园、刺五加园等药用植物园。

（5）通过网络查询完善材料。实地调查获得的材料缺少理论依据和系统梳理，可通过上网查询对获得的资料进行补充。

（6）形成调查报告。

案例分析：人参市场是通化市最大的中草药市场，中草药种类繁多，品种齐全。不仅如此，通化还具有药植园、多家大型药厂以及药用植物繁殖基地。本案例有效利用地方资源，学生通过对这些地方资源的调查，拓宽了生活视野，提高了社会实践能力。不同的组织形式、调查形式丰富了学生的学习生活，培养了学生的团队合作意识、社会参与意识和社会责任感。同时，也使学生对家乡有了更多的了解和情感。

案例 3-09 　细胞膜与糖醋蒜

活动背景：糖醋蒜是江南及北方地区的传统小吃。糖醋蒜呈褐色，爽脆酸甜，往往是火锅爱好者的最爱。糖醋蒜含有丰富的蛋白质、脂肪、糖、维生素及人体所需的各种氨基酸、微量元素和多种挥发性含硫化合物等物质。

活动目的： 通过讲述糖醋蒜的制作过程帮助学生学习细胞膜的功能。

活动方案：

1. 教师备课：查阅糖醋蒜的制作过程。

2. 学生准备：在讲授细胞膜的功能这一内容前，教师提前布置一些学生准备糖醋蒜的制作过程的资料。

3. 活动过程：在讲到细胞膜的功能时，让提前准备好资料的学生在班上讲述糖醋蒜的制作过程。将大蒜晾晒，使其失去一些水分后放入醋酸和蔗糖的混合液中，经过10天左右，辛辣的大蒜就变成了酸酸甜甜的糖醋蒜。这时教师可以提出问题：大蒜的味道为何会改变？学生自然想到是醋酸和蔗糖进入了大蒜的细胞。教师马上反问：醋酸和蔗糖都是细胞不需要的，为什么能进到细胞里？学生展开激烈的讨论并和"小老师"进行讨论、交流，得出正确答案：混合液的浓度大于细胞液浓度，细胞失水死亡，细胞膜失去选择透过性，因此醋酸和蔗糖可以进入细胞。教师鼓励学生课后通过梯度实验来验证糖、醋的最佳配比，全班分成若干小组，通过对比实验，最终得出腌制糖醋蒜的最佳方案。

活动意义：

1. 让部分学生先学，带动另一部分学生，更贴近学生的思维，能使学生间有更多的交流、合作，为学生创造和谐发展的环境。

2. 教师鼓励学生课后通过梯度实验来验证糖、醋的最佳配比，全班分成若干小组，通过对比实验，最终得出腌制糖醋蒜的最佳方案。将活动与生活实践相结合，能提高学生的学习兴趣，让生物学走进生活，使学生学以致用。

3. 通过学习糖醋蒜的制作过程理解细胞膜的功能这一知识，在实际操作过程中，有利于学生理解团队协作的重要性，培养学生的学科素养。

案例分析： 本案例实验所需的材料糖、醋、蒜等都是非常容易获得的，且在以糖醋蒜为传统小吃的地区，糖醋蒜的制作过程肯定为大众所知。糖醋蒜的制作原理与细胞膜的功能密切相关，因此生物学教师在进行细胞膜的功能这一知识的讲解时，可利用糖醋蒜的制作过程来创设学习情境，将抽象的知识鲜活化，有利于激发学生学习的兴趣。将生活实践与教材结合在一起开展的课外活动，既能完成教学任务，又能激发学生学习生物学的兴趣，还可以培养学生用所学知识解释生活现象的习惯，在锻炼了学生的实际动手能力的同时，充分发展了学生的科学思维能力和团队协作的能力。

案例 3-10　制作玉米发糕的奥秘 [1]

活动背景：在农村，人们做玉米发糕时最初不用酵母粉，而是用上一次留下来的面肥，取适量的玉米面和水和好面后根据季节放置不同的地方。气温高时，如夏天放置常温环境即可进行发酵；气温低时，如冬天就要放在温暖的炕头，并用棉被盖住才能发酵。一般发酵的时间为 3～4 小时。要凭借经验采取不同的措施确保发酵成功：发的面体积过大，要放碱面；没有发起来的话，要放些小苏打。

活动目的：探究发面时所需条件，学习发酵的条件。

活动方案：

1. 教师备课：查阅发面所需条件，准备引导的问题。

2. 活动过程：课堂上，教师利用农村常见的现象创设问题情境，如制作玉米发糕的奥秘，以问题串的形式引导学生思考，使学生掌握发酵所需的条件。具体问题串如下。

（1）发面时用的面肥起到了什么作用？

（2）冬天温度较低，为了缩短发酵的时间，人们除了将和好的玉米面放在炕头，还有人在面里加入白砂糖，这是为什么呢？

（3）如果发酵的面团体积过大，产生了过多的酸，该如何处理？反之，发酵的面团体积过小，又该如何确保发酵成功？

（4）家里蒸的玉米发糕，往往因为凭借的是经验，有时候酸碱度掌

---

[1] 张利群. 华北农村地区高中生物课程资源开发和利用现状与对策：以张家口市农村高中为例 [D]. 武汉：华中师范大学，2015：22-23.

握不好，蒸出来的玉米发糕可能黄色很深，且有很大的碱味，难看又难吃。可以采取什么措施解决呢？

注意事项：学生可以向家长询问发面的过程，并找机会将理论应用到实践中。

活动意义：将理论付诸实践，让学生在亲历的过程中获取信息、寻找证据、发现规律，最终习得生物学知识，养成理性的思维习惯，形成积极的科学态度，发展终身学习的能力。

案例分析：本案例利用农村常见的生活现象，从生物学角度设问，引导学生从生物学的角度进行思考，培养学生的学科核心素养。"发面"是农村生活中很常见的一种生活现象，学生很容易从家长口中得知发面的方法，以及发面的过程中出现问题的解决方法。面粉发酵对应的知识内容实际就是酵母菌的呼吸作用。教师布置调查任务的同时，还可以让学生参与发面，取少量面团或发面材料进行对比实验，让学生思考碱面、小苏打、醋在发面过程中的作用分别是什么，加入不同的物质会如何影响面团的发酵结果。这样结合教材的实践活动，有利于学生将知识与实际生活相联系，用所学知识解决生活问题，提升科学思维能力，培养学生的核心素养。

案例3-11　食品保鲜与储存问题：食物的储存与食品安全

活动背景：细胞呼吸不仅体现在人类个体的呼吸作用，生活中的小事也与之相关联。家里在进行食物储存时，偶尔会出现发霉、腐烂、变质等现象，食用后会产生危害。食物应如何正确、安全地储存是值得关注的问题。

活动目的：学以致用，生活中的现象可以用细胞呼吸的原理进行解释，也可以尝试用细胞呼吸的原理去解决生活中的问题，例如食品保鲜与储存问题。

活动方案：

1. 教师备课：教师查阅食物储存不当造成的危害。

2. 活动过程：

（1）引发思考：教师课上通过播放黑龙江省鸡西市鸡东县"酸汤子"中毒事件视频，引出食物储存不当的危害，再继续补充白菜、土豆的储存方法，以及不当储存产生的不良后果。学生由此认识到不恰当的食物储存方法带来的食品安全问题的严重性。

（2）教师提问：同学们在生活中知道或看见或经历过哪些由于保鲜或储存不正确引起的食品安全事件？教师也可以适当补充一些实例，例如西瓜切开后，不及时吃掉，放在冰箱里会有食品安全隐患。

（3）分析原理：教师讲解其中的原理是与学过的细胞呼吸有关，鼓励学生思考细胞呼吸与食品保鲜、储存之间的关系。

（4）总结正确的储存方法：了解原理以后，教师可以引导学生提出自己的观点。例如，哪些水果、蔬菜可以放在冰箱里储存？放进冰箱之前需要进行怎样的处理？家庭中的砧板、筷子是否也要定期消毒与替换？等等与生活息息相关的问题。引导学生树立健康饮食的观念，掌握正确的食品保鲜与储存的方法。

注意事项：由于涉及生活中的具体事例，教师必须提前查阅相关资料，保证教学内容都是有理可依的，尤其是在分享家庭生活中的具体操作方法时。

课后任务：将课堂上学习的内容与父母交流分享，这也是学科核心素养中社会责任的体现。

案例分析：本案例聚焦生活中非常重要的食品安全问题，教师通过实例，让学生直观地感受食品安全的重要性，并以讲授的形式，向学生普及各种食品的正确储存方式和不正确储存带来的安全问题。本案例的内容可以与细胞呼吸的教学内容相结合，教师也可以渗透霉菌安全问题、亚硝胺的产生和致癌问题等。了解原理后，教师引导学生结合生活实际，达到知识迁移，并帮助学生用科学知识解决生活问题。在讲解后让学生提出自己家中可能存在的食品安全问题，教师带领学生讨论解决方案，明确正确的食品存放方法、冰箱的使用及厨具的清洁方法，并在课后让学生反馈给家长。本案例将生物学知识与生活、健康结合在一起，有效培养学生的综合素养。

案例3-12 制作口罩与戴口罩

活动背景： 新冠肺炎疫情暴发初期，口罩供应紧张，出现"一罩难求"的情况。

提出问题：

1. 对比普通棉布口罩与医用口罩，分析说明问题：普通棉布口罩能够起到防护病毒的作用吗？

2. 如何设计并制作简易口罩？如何佩戴口罩才能起到有效保护的作用？使用过的口罩该如何处理才能避免对环境造成污染？

制订计划：

1. 通过分析对比普通棉布口罩与医用口罩的结构，说明普通棉布口罩是否有防护病毒的作用。

2. 利用网络查找相关资料，并咨询医护人员，经过筛选、整理后，小组内通过视频分析讨论得出制作简易口罩和正确佩戴口罩的方法，以及如何妥善处理用过的口罩。

预期效果： 学会自制口罩，能正确佩戴口罩，正确处理用过的口罩。

实施过程： 最开始学生想到用纱布做口罩，并在里面装入浸了肥皂水的砖粒和活性炭，但发现这种口罩对防病毒无用。最终，学生决定模仿医用外科口罩的原理，并依据医用外科口罩的结构，在网上购买防水层、熔喷布、亲肤层、金属条等材料自制口罩。制作过程中，先是学习卖家提供的方法用热熔胶完成口罩的金属条固定，将防水层、熔喷布、亲肤层和口罩带粘制成口罩。实践中发现普通的热熔枪使用起来效果不理想，制作的口罩不仅容易开裂而且还容易有硬疙瘩。于是学生又开动脑筋改进方法。有的学生利用小缝纫机进行缝制，效果好，速度快；有的学生自己手工缝制并巧妙利用小夹子把三个褶皱夹起来方便缝制，缝制的成品也很精美；还有的学生把缝制过程分步拍照，或录制分步制作的视频，便于展示制作过程。关于戴口罩和废弃口罩的处理，每个小组录制一段正确戴口罩及用过的口罩如何处理的视频，小组进行交流。

案例分析： 基于真实生活情境，贴近学生的生活实际的问题容易引发学生的探究兴趣。在本案例中，教师基于新冠疫情初期口罩短缺这一真实问题，通过精心的任务设计，让学生在问题解决的过程中习得知识和能力。该案例给我们这样的启示：在明确而真实的任务中，通过"问题—假设—实践—验证—再实践"的过程，不仅可以激发学生的探究欲望，还可以在解决问题的过程中，培养学生的探究能力。

案例3-13 观察种子植物的一生

活动背景：农村广袤的田野为学生学习生物学提供了便利的条件。农村的学生从小就对田间的各种植物、动物非常熟悉，这些植物和动物都可以成为生物学教学资源。

活动目的：

1.掌握种子萌发的条件。记录番茄种子萌发、生长、开花、结果的整个过程。

2.通过到大自然中进行教学活动，培养学生的探究能力，提高学生的观察能力和分析总结的能力。

3.激发学生的学习兴趣和对科学的求知欲望，使学生乐于探索自然现象。在活动中培养学生热爱自然、勤于观察的品质。

活动方案：

1.教师备课：在活动前教师列好任务清单，并进行分组。

2.学生准备：组织学生查阅资料，了解种子萌发的条件。选择合适的地点和时间，制订计划，小组确定分工。

3.活动过程：学生每天观察植物的生长，写生长日记，记录植物生长全过程以及自己的心得收获，然后分组撰写种植小论文，形成课题专项报告，完成任务后在班级内分享自己的劳动成果及心得体会。

案例分析：广袤的农村本身就是一个生物学资源丰富的"大实验室"，只要教师用心选择合适的资源，通过精心设计的任务，提供合适的平台，完全可以在教学中落实课程标准的要求。该案例给我们这样的启示：只要教师有一双善于发现的眼睛，是可以解决农村课程资源短缺问题的。

案例 3-14　植物蜡叶标本的简易制作 [1]

活动背景：初中生物学教材要求学生能制作植物蜡叶标本，其中许多工作需要学生在课外完成。

活动目的：通过制作植物蜡叶标本，增强学生的动手实践能力和合作创新能力。

活动方案：

1. 教师备课：明确制作步骤，并且制作范本。

2. 理论授课：利用多媒体课件展示几件植物蜡叶标本，简单讲解植物蜡叶标本的制作过程以及注意事项。为了能使学生掌握制作的要领及技艺，教师在课堂内讲清取材、选材、压制、干燥、整理、上台纸、贴标签等操作方法及要求，播放制作植物蜡叶标本的视频资源，使学生获得直观信息，并选取优秀的成品让学生观察学习。

3. 材料准备：植物、吸水纸、硬化板、胶水等。

4. 活动过程：

第一步：学生分组。

第二步：每个学生须自己构思图案，设计制作叶印、叶形、叶画。

第三步：根据教师讲解的制作步骤，利用星期六时间组织学生自带材料来学校完成标本制作，并在教室中进行展示。

案例分析：本案例让学生利用课余时间集体制作蜡叶标本，学生在制作的过程中可以相互学习，取长补短。教师适当给以指导，把全体学生分成几个操作小组，选择一些学生作为骨干，带动、指导其他学生认真做好标本。为了提高学生的操作能力，发挥学生的想象力和创造力，使作品更具有科学性和艺术性，要求每个学生自己构思图案，设计制作叶印、叶形、叶画等，并给每个作品赋予一定的意义。这样结合教材要求开展的课外活动既完成了教学任务，又激发了学生学习生物学的兴趣，锻炼了学生的实际动手能力，更充分发挥了学生的聪明才智，培养了学生的团结协作精神

---

[1] 朱凤荣，睢鑫.在课外活动中培养学生学生物的兴趣 [J].河南机电高等专科学校学报，2004，12（4）：79-80.

和创新能力。

案例 3-15　制作有图案的叶脉书签[1]

活动背景：一切生命都来自大自然的馈赠，大自然对我们人类多么慷慨！春，蜂飞蝶舞，百卉含英；夏，骄阳似火，鸟语蝉鸣；秋，硕果累累，金桂飘香；冬，千里冰封，粉妆玉砌。我们赞美大自然的每一分美丽。捡起地上的一片落叶，细细观察，叶脉在叶片中肆意伸展，仿佛交织着不朽的生命画卷。世界上没有两片完全相同的树叶，不同的树叶制成的叶脉书签不同，因此，每个叶脉书签都是独特的。

活动目的：通过制作有图案的叶脉书签，增强学生的动手实践能力和合作创新能力，提升学生的审美能力。

活动方案：

1. 教师备课：明确制作步骤，并且制作范本。

2. 理论授课：利用多媒体课件展示几幅漂亮的叶脉书签和叶雕画图片，简单讲解一般叶的组成、叶形、叶缘和叶裂的种类。介绍叶片的结构，重点讲解和演示制作方法以及注意事项。教师可结合制作范本和制作过程的视频讲解制作步骤。

第一步，选材。要选取叶片比较坚韧、叶脉清晰的树叶。叶脉清晰，做出的书签效果良好，而且不易折断。叶脉结构紧密能长时间保存。

第二步，煮。把叶片洗干净放入烧杯中，倒入腐蚀剂。配制腐蚀剂的材料和用量为水 100 mL、氢氧化钠 4 g、碳酸钠 3 g。如果叶片数量多，也可以适当增加腐蚀剂的量。将叶片放入腐蚀剂中加热 10 分钟左右。如果时间过短，叶肉去不掉；时间过长，叶脉会染上溶液颜色或使叶脉受腐蚀脆裂。

第三步，漂洗。用镊子取出煮过的叶片（注意镊子不能沾油质），放入清水中漂洗。漂洗时注意不可用力过猛，以免损坏叶脉组织。洗净后将叶片摊在玻璃上，用软刷子轻轻刷去叶肉。

---

[1] 苏福胜. 叶脉书签的巧妙制作 [J]. 科学课，2004（9）：46-47.

第四步，吸水。用吸水性强的纸把叶片夹在中间，用重物压住。目的是吸干叶脉间的水分。注意一定不能将叶片在太阳下暴晒，暴晒会把叶脉晒脆，导致叶片一碰就烂。

第五步，涂色，绘图，塑封。待叶片上的水分被吸干后，或用水彩笔涂上自己喜欢的颜色，或在叶片上绘上喜欢的图案，等颜料干透后进行塑封。这样，漂亮的叶脉书签就做成了。

3. 材料准备：教师准备试剂；学生自行准备叶片。

4. 活动过程：

学生根据教师讲解的制作步骤课下完成叶脉书签的制作，并在下一节课上展示。

注意事项：叶片采摘时要注意生态保护。从多棵树上分别摘取适量的叶片，不能从一棵树上摘取大量的叶片。选取的叶片要叶脉清晰、完整，这样才能确保叶脉不会与叶肉一起被腐蚀，也降低了去除叶肉时叶脉被刷断的概率。在洗刷时必须十分仔细小心，切忌急于求成，否则叶脉易被刷断。

案例分析：本案例利用学生随处可见的叶片制作书签，可以增强学生的动手实践能力和合作创新能力，让学生善于发现大自然的美。通过这次实验，学生从宏观上对叶片有了一定的认识，也为即将学习的高中生物学中的光合作用与能量转化的内容奠定基础。虽然实验步骤比较简单，但是通过学生发表的实验感受不难看出，刷净叶肉这一环节极大地考验了学生的耐心，学生们深深地体会到什么叫"看起来容易，做起来难"。最后，学生看到自己的劳动成果，无不表现出自豪与快乐。

案例 3-16 果蝇的采集、饲养与观察实验 [1]

活动背景：在 20 世纪生命科学发展的历史长河中，果蝇扮演了十分重要的角色。科学家们用果蝇证实了孟德尔遗传定律，摩尔根以果蝇为实

---

[1] 姚胜. 皖南农村地区高中生物课程资源的开发与应用初步研究 [D]. 上海：上海师范大学，2009：39-43.

验材料发现了伴性遗传和连锁与交换定律。此外，很多科学家也以果蝇为实验材料来开展科学研究工作。果蝇通常出现在不新鲜的或腐烂的水果周围，农村因储存食物的问题很容易收集到果蝇。

活动目的： 引导学生认识果蝇，了解其生活史及饲养管理方法，能鉴别果蝇的雌雄，观察记录野生型及突变型性状。

活动方案：

1. 教师备课：查阅果蝇的生活史、易于区分的性状，以及鉴别、饲养的方法。

2. 学生准备：学生进行分组。

3. 理论授课：教师讲解果蝇的生活史、易于区分的性状，以及鉴别、饲养的方法，使各小组明确实验内容和实验步骤。

4. 材料准备：已发酵的水果或面团、酒精（代替乙醚）、毛笔、白纸、纱布、放大镜、透明塑料瓶，若干个小白布袋、细绳。

5. 活动过程：

（1）采集果蝇并观察。把适量已发酵的水果或面团放在透明塑料瓶中，瓶口用粗眼纱布盖住。将瓶子放在窗台等地方，数日后可见许多果蝇进入瓶中活动，即可将瓶口用细眼纱布盖住，这样就成功采集到果蝇了。打开纱布，将另一个透明塑料瓶与装有果蝇的透明塑料瓶对口相接，用黑纸包住装有果蝇的透明塑料瓶，利用果蝇的向光性，可成功将部分果蝇引入空透明塑料瓶内。再将蘸取适量酒精的细纱布放入装有果蝇的塑料瓶内，一段时间后，果蝇被麻醉。将果蝇倒在白纸上用放大镜仔细观察果蝇的性状特点。观察过程中要用毛笔翻动果蝇，以免碰伤果蝇。联系实际，进一步探究：分离果蝇时发现果蝇有较强的向光飞行的特性，那么采集果蝇时用透明的瓶子好，还是用不透光的瓶子好呢？分辨雌雄果蝇有哪些方法呢？

（2）饲养果蝇。在每个小白布袋里放入不同的食物材料，用细绳扎紧。将小白布袋挂在阳光不能直接照射的地方，为保持小白布袋表面潮湿，必要时可以洒点水。不久，果蝇就会过来觅食，产卵。这时，可以用放大镜近距离观察果蝇的卵孵化的过程：果蝇的卵孵化成幼虫，再经过两次蜕皮由一龄幼虫变为三龄幼虫；幼虫生活6～7天后准备化蛹，化蛹之前会往小白布袋的上部爬，附着在比较干燥的上部，逐渐"浓缩"形成一个梭形酱色的蛹；幼虫在蛹内分化成成虫体型，羽化成果蝇，最后从蛹壳的前端破蛹爬出。

通过实践，发现用不同的食物（切碎的菜叶、瓜皮、果皮、损伤的番茄或茄子、发酵的面团等）都可以吸引和喂养果蝇。比较后，最终得出用腐烂瓜果或发酵的面团喂养效果相对比较好。通过用放大镜近距离观察，成功地观察到果蝇完整的生活史：在春天适宜温度（20～25℃）下，果蝇从"受精卵→幼虫→蛹→成虫"完成一个生活史约需两周。受精卵孵化为幼虫约需5天，幼虫化蛹需5～6天，蛹变成成虫需1～2天。进一步探究：果蝇被酒精深度麻醉死亡的外观表现如何？如果长期饲养果蝇能否得到突变个体？教师拓展：果蝇三龄幼虫唾液腺细胞的染色体，在一般光学显微镜下就能清楚地看到，它是观察染色体理想的材料。

案例分析：本案例利用的果蝇分布很广泛，在皖南农村地区非常常见，在全国各地也均有分布。小小果蝇容易采集，又很容易培养和观察，在生物学教材和实验中也有所提及。另外，果蝇助力数位科学家获得诺贝尔生理及医学奖的实例，能引起学生的兴趣。因此，利用果蝇来开展一些生物学活动是很合适的。

让学生学会采集果蝇并观察果蝇的性状，这是培养学生生物学本领的一个基本功，同时增强了学生的动手能力、观察能力，培养了学生的生物学素养。学生对果蝇的性状有了基本了解，也能帮助学生在今后解题时，摆脱对果蝇某些性状的困惑，提高解题能力。

让学生学会饲养果蝇并观察、了解其生活史，每天观察的时间不是很长，只要持续月余即可。另外，由于野生果蝇的个体大，生命力强，取材方便，因而还可以进一步拓展观察果蝇三龄幼虫唾液腺细胞的染色体。这些小活动与生物学教学相伴而行，是生物学教学有益的助手，不仅丰富了生物学教学，还为生物学教学提供了有力的支持，有助于提高学生学习的主动性，让学生对科学探究有感性的认识，同时也会使学生养成乐于探究、勤于动手的生物学课标倡导的学习习惯。

案例3-17 观察虎耳草的下表皮叶肉细胞的质壁分离和复原现象[1]

活动背景：虎耳草，俗称金丝荷叶，属虎耳草科虎耳草属多年生草本植物，分布于我国华东、华南、西南至陕西、河南，朝鲜半岛和日本亦产。虎耳草在皖南农村地区常见，其生命力强，在皖南地区分布范围广，具有一定的园艺观赏价值和医学价值。对虎耳草的研究有利于高中生物学教学，因而选择其作为探究的对象。

活动目的：学会观察植物细胞的质壁分离和复原的方法；了解植物细胞发生渗透作用的原理。

活动方案：

1. 材料：虎耳草叶。试剂：蔗糖、水。仪器：显微镜、载玻片、盖玻片、吸水纸、滴管、镊子等。

2. 活动过程：

（1）制作虎耳草叶的临时装片。

（2）观察虎耳草的下表皮叶肉细胞的质壁分离与复原现象。

①观察虎耳草的下表皮叶肉细胞。用低倍显微镜观察，可以看到虎耳草的下表皮叶肉细胞中紫色的中央液泡。

②观察虎耳草的下表皮叶肉细胞的质壁分离。从盖玻片的一侧滴入蔗糖溶液，在盖玻片的另一侧用吸水纸吸引。这样重复几次，盖玻片下面的虎耳草的下表皮叶肉细胞就浸润在蔗糖溶液中。用高倍显微镜观察，可以看到细胞中的中央液泡逐渐变小，原生质层逐渐与细胞壁分离开来。

③观察虎耳草的下表皮叶肉细胞的质壁分离复原。从盖玻片的一侧滴入清水，在盖玻片的另一侧用吸水纸吸引。这样重复几次，盖玻片下面的虎耳草的下表皮叶肉细胞就浸润在清水中。用高倍显微镜观察，可以看到细胞中的中央液泡逐渐胀大，原生质层又逐渐贴近细胞壁。

（3）评价。进行自评、互评、师评后，进一步探究：虎耳草的下表

---

[1] 姚胜.皖南农村地区高中生物课程资源的开发与应用初步研究[D].上海：上海师范大学，2009：29，33-36.

皮叶肉细胞在什么条件下会发生质壁分离？在什么条件下会发生质壁分离复原？其原理是什么？在实验过程中，用显微镜观察到液泡的紫色发生了哪些变化？液泡的体积发生了怎样的变化？请根据本实验的原理对农民不慎一次追肥过多，造成了"烧苗"现象加以解释。如果及时发现"烧苗"，应该如何补救？

案例分析：本案例通过对虎耳草这种皖南农村地区常见植物进行开发，让学生利用显微镜观察虎耳草的下表皮叶肉细胞的质壁分离和复原现象，使学生理解渗透作用。学生通过活动，从中发现书本中的理论及规律，对知识的理解更加透彻，比单纯、空洞地学习理论知识效果要好得多。

案例3-18 辽宁省冯贝堡镇农村循环经济发展路径调查[1]

活动背景：党的十八大以来，以习近平同志为核心的党中央深刻回答了有关生态文明的重大理论和实践问题，形成了习近平生态文明思想。农村循环经济是实现人口、资源、环境相互协调发展的农业经济增长新方式，而解决农村循环经济发展的关键问题需明确全新的生态文明意识。冯贝堡镇位于辽宁省沈阳市法库县东南部，辖10个行政村。冯贝堡镇开展以生态文明为指导的农村循环经济发展，对推动辽宁省农村生态文明科学发展具有重要意义。

活动目的：了解生态工程在实际生产生活中的应用。

活动方案：

1. 教师备课：查阅冯贝堡镇农村循环经济发展路径。
2. 学生准备：预习教材有关生态工程部分的内容，进行分组。
3. 理论授课：教师进行信息搜集渠道、调查方法和策略、记录表设计、研究报告的撰写的讲解，以及对冯贝堡镇农村循环经济发展路径的背景和相关内容进行介绍，并且布置调查任务，使各小组选择一项调查内容以及评价方式。调查内容具体如下。

---

[1] 朱悦. 基于生态文明建设的农村循环经济发展路径研究：以辽宁省冯贝堡镇为例 [J]. 安徽农业科学，2020，48（4）：220-223.

（1）冯贝堡镇的有机养殖业产业体系。

（2）冯贝堡镇的有机种植业以及有机食品深加工产业体系。

（3）冯贝堡镇的新能源服务产业体系。

（4）冯贝堡镇的环境服务产业体系。

4.活动过程：

（1）学生以小组为单位制订调查计划，并按计划进行为期两周的调查。

（2）各小组统计并分析调查数据，进行汇报。

（3）个人完成"辽宁省冯贝堡镇农村循环经济发展路径"报告。

注意事项：本次调查活动比较考验学生的综合能力，教师要做好指导工作。

案例分析：本案例充分利用当地资源，调查冯贝堡镇农村循环经济发展路径。这一实践可以与生态工程相关课程内容中的循环原理相联系。教师进行指导性实践设计，将课程内容和现实生活中的生态工程相联系，从养殖业、种植业、开发新能源和保护环境几方面分析生态工程的循环、协调、自生和整体原理。这样既能更好更生动地完成教学任务，也可以提升学生的综合素养，促使学生关注社会，关注农村经济和生态环境之间的关系，培养学生的物质与能量观，同时，还可以向学生渗透"绿水青山就是金山银山"这一发展理念。

案例3-19 关于农村秸秆处理的研究[1]

活动背景：我国是一个农业大国，农作物具有很强的地域性，如长江流域以水稻较为常见，东北则以大豆和小麦为主。各类农作物秸秆产量巨大。据估算，每年我国的农作物秸秆总产量在8.4亿t左右，但目前综合利用水平还较低，还存在着秸秆焚烧或闲置的现象。在田地里集中焚烧秸秆不仅会污染环境，还浪费了大量的生物质资源。由于国家重视秸秆焚烧

---

[1] 高美玲，朋许杰，谭鹏程，等.农作物秸秆处理的现状调查与思考：以安徽淮南农村为例[J].再生资源与循环经济，2017，10（11）：23-25.

问题，目前该现象已经逐步得到控制，但秸秆资源化问题并没有从根本上得到解决。

活动目的：对淮南市周边的施咀村、大桥村和宿州的秸秆利用企业进行调研，了解农作物秸秆处理的现状，并对这种现状进行讨论，提出建议。

活动方案：

1. 教师备课：查阅农村秸秆资源特点以及综合利用秸秆技术，对淮南市周边的施咀村、大桥村和宿州的秸秆利用企业进行调研，了解农作物秸秆处理的现状。

2. 学生准备：学生进行分组，上网查阅秸秆利用的相关技术。

3. 理论授课：教师进行信息搜集渠道、调查方法和策略、记录表设计、调查报告的撰写的讲解，以及介绍农村秸秆资源特点，让学生以小组为单位汇报秸秆利用的技术。布置调查任务，使各小组明确调查内容以及评价方式。调查内容具体如下。

（1）施咀村秸秆处理现状。

（2）大桥村秸秆处理现状。

（3）宿州的秸秆利用企业秸秆处理现状。

4. 活动过程：

（1）学生以小组为单位制订调查计划，并按计划进行为期两周的调查。

（2）各小组统计并分析调查数据，从主要的秸秆资源、秸秆处理的方法、各种处理方法存在的问题、秸秆资源化利用的相关建议四方面进行汇报。

（3）个人完成农作物秸秆处理的调查报告。

注意事项：本次调查活动比较考验学生的综合能力，教师要做好指导工作。

案例分析：本案例充分利用当地资源，对施咀村、大桥村和宿州的秸秆利用企业的秸秆处理现状进行调查。把全体学生分成几个小组，各小组对当前常用的秸秆处理方法进行总结，并分析其中可能存在的问题，根据教材、查找的资料对当前的秸秆处理方式方法进行改进设计。教师指导学生制订调查计划，撰写调查实验报告，既能充分发挥学生的小组合作能力，又能提高学生的科学思维探究能力。像这样结合教材要求开展的课外活动既完成了教学任务，又激发了学生学习生物学的兴趣，与此同时，还能够让学生深切体会到环境保护在生产生活和社会发展中的意义，进而增强学生的环境保护意识。

案例 3-20　高压锅制取蒸馏水[1]

活动背景：蒸馏水是实验室中不可缺少的溶剂，常用于配置溶液。但是在经济比较落后的农村或者规模较小的学校，因没有专门的设备，使蒸馏水的制取和使用受到一定的限制，导致一些实验不能正常进行。

活动目的：采用家庭中的普通高压锅制取蒸馏水。

活动方案：

1. 教师备课：明确操作流程。

2. 学生准备：学生进行分组，选择小组代表进行预实验。

3. 理论授课：教师讲授操作步骤，指导小组代表进行预实验。

4. 操作过程：向高压锅内倒入一定量的水，盖好锅盖。将直径 2 mm、长 2 m 的细铁丝穿入 2 m 长的乳胶管内（要防止乳胶管折叠，保证畅通），把乳胶管的一端套在高压锅盖的排气嘴上，然后将乳胶管盘几圈放入盛有冷水的盆中，乳胶管的另一端深入装有蒸馏水的容器中。将高压锅放在火上加热即可制取蒸馏水。

注意事项：

1. 水蒸气要冷却充分。如果制取时间长、冷却不好，可以多换几次盆内的冷水增强冷却效果。

2. 乳胶管要固定好并且要保证畅通。

案例分析：本案例涉及的实验器具和材料都是生活中常见的，但需要教师进行实验安全普及，适当给以指导。教师可以把全体学生分成几个操作小组，选择一些学生作为小组代表进行预实验，通过小组代表带动、指导其他学生认真做好实验。学生通过该活动知道生活中的器具也可以用来

---

[1] 陈年安. 巧用高压锅制取蒸馏水 [J]. 教学仪器与实验，2006，22（6）：41.

做实验，增强学生对实验本质的理解以及对科学探究的兴趣。

案例3-21　放错地方的资源——垃圾分类

活动背景：地球是我们共同居住的家园，我们应该爱护她。随着我国新农村的建设及人们环保意识的加强，很多农村地区都在居民集居地设立了垃圾收集水泥池，但依然存在因为居民居住分散或部分人的环保意识不强，将垃圾倾倒于河道或洼地的现象。且目前农村垃圾收集池大多是敞口式的，其周围依然存在垃圾散落、蚊蝇滋生的现象，雨季还会出现渗漏、脏水四溢的情况。因此，有必要引导学生掌握垃圾分类处理的方法，从我做起，从现在做起，为建设美丽家乡贡献自己的力量。

活动目的：掌握垃圾分类处理的方法、原则；了解国外垃圾分类和管理的方法；培养学生获取、加工、应用信息的能力，培养学生的创新意识和实践精神；了解垃圾的危害，增强环保意识，使学生真正行动起来，加入环保的队伍中。

活动过程：

1. 课前布置任务，由学生以小组为单位，分别调查农村环境卫生状况、产生垃圾的主要种类以及垃圾的收集和运输情况。

2. 播放垃圾分类的广告，激发学生探究垃圾分类的兴趣。教师介绍垃圾分类的相关知识，包括分类的原则、主要的种类、分类的方法、垃圾处理的方法等。列举生活中常见的生活垃圾，让学生尝试进行分类，最后制作垃圾分类表格。

3. 介绍日本、美国等国家垃圾分类后的处理办法，提出我们在实际生活中进行垃圾分类时存在的问题，由学生讨论后提出自己的建议。

4. 布置任务：课后以小组为单位，分别收集废纸、旧书等可回收物，汇总后卖给回收废品的人。

案例分析：本案例设计比较简单，但是却有极大的现实意义。活动中，学生通过观察生活环境中的垃圾污染，及这种污染对生活和生态环境带来的消极影响，明确要从自身做起，不能随地乱扔垃圾，也要减少有害垃圾的产生，保护环境。在教师的指导下，学生搜集国外垃圾分类和管理方法的相关材料，培养了获取、加工、应用信息的能力，以及创新意识和实践精神。本案例使学生增强了环保意识，真正行动起来，加入环保的队伍中，将所学的垃圾管理办法应用到实际生活中。

案例3-22 林粮间作[1]

活动背景：林粮间作是侗族人民在林业种植中总结出来的一种特有农耕制度，其现实意义在于促进经济林木长势，提高单位面积的土地有效利用率，增加粮食产量，同时也能够代替林间除草、常规施肥及有效防治病虫害等。

活动目的：通过林粮间作这一实例，使学生理解光合作用的原理及影响因素。

活动过程：在学习完光合作用原理的应用时，教师可以讲解林粮间作部分素材。在经果林种植时，首先，需要以火耕方式清除杂草或树木，其目的在于减少同一区域内其他物种所带来的营养消耗，同时杂草、树木燃烧过后的灰烬可提高土地肥力；其次，讲究的是林粮套种，在育苗成长到幼树期间，可在树木间套种花生、红薯、黄豆、小麦、中药材等低秆作物，目的在于提高土地收成，在林木育苗至成林期间以种植农作物实现土地收入，同时以种植低秆农作物抑制杂草生长、代替翻松林间土地，以农作物施肥代替林间施肥、抑制病虫害，实现土地综合利用价值的同时降低林木种植成本；最后，林粮套种的关键是林木间距，林木品种不同间距不同，如油茶种植株间距在2 m左右，黄桃种植株间距至少在3 m以上，以保证林木生长的最佳间距。例如在油茶林、黄桃林里套种中药太子参、射干，或低秆农作物花生、黄豆、红薯等。教师可以通过导入的方式开启本节内容："同学们，我们知道侗家人民在种植杉树时，一定要考虑其种植的间距。那么，为什么要对树苗的间距合理控制呢？"以学生身边的生产实例进行导入，可以巧妙地帮助学生快速进入本节课的学习内容。也可以在学

---

[1] 景娇娇. 贵州侗族民俗中的高中生物学课程资源开发与实践研究[D]. 贵阳：贵州师范大学，2018：13-14.

习完光合作用的原理应用以后，教师提出问题："通过本节课的学习，请大家思考如何科学地向我们的父母解释合理密度种植的重要性。"通过实例可将学科知识与实践应用相结合，进一步提升学生的实践应用能力。

案例分析： 本案例充分利用侗家人民的林粮兼作的耕作方式，涉及很多生物学知识，如：以火耕纯化树种，这是减少物种间的竞争；种植小麦等低秆作物无疑是松了土，增了肥；树苗在生长的过程中还能逐渐吸引其他生物，可以引来一些低秆作物的害虫的天敌；种植间距则体现了不同物种对于光照强度的需求。这些素材蕴含着丰富的生物学教学资源，与侗族地区学生的生活实际紧密相连，可以有效运用到高中生物学的课堂中。

案例 3-23　稻鱼鸭系统 [1]

活动背景： 在贵州省黔东南州少数民族地区，侗族人民在农业生产中开发了特有的"稻鱼鸭系统"，该系统于 2011 年被列为农业文化遗产。每年春种插秧时节，将鱼苗一并放入水田中，等到鱼苗生长到两三指大小时，再将鸭苗放入稻田中。在这个生态系统中，鱼、鸭可以吃稻田中的各种杂草、昆虫等，控制了虫害、杂草等对禾苗的影响。鱼、鸭在取食和活动的过程中因搅动泥土，增加了土壤的溶氧量，有助于禾苗根部正常的呼吸作用，同时鱼和鸭产生的粪便可以为禾苗的生长提供营养。

活动目的： 教师可以利用稻鱼鸭系统为学生学习群落以及生态系统相关知识创设情境。

活动过程：

活动一：教师可以将稻鱼鸭系统应用在"群落的结构"这节内容中，作为问题探究引入"群落的结构"这节课的学习。教师课前布置学生根据侗乡的稻鱼鸭系统对本节课进行预习，并准备一段稻鱼鸭系统的科普视频，让学生观看完这个视频以后，思考以下问题：稻鱼鸭系统中有哪几个种群？假如稻田中的昆虫大量减少，哪些种群会受到影响？最后引导学

---

[1] 景娇娇. 贵州侗族民俗中的高中生物学课程资源开发与实践研究 [D]. 贵阳：贵州师范大学，2018：14-15.

生根据这个系统来阐述群落这个概念，进而引出本节课的学习内容。

活动二：教师可以将稻鱼鸭系统与"生态系统的结构"进行结合，在"生态系统的结构"这节课的"思考·讨论"这一环节中，以学生熟悉的稻鱼鸭生态系统帮助学生理解生态系统的组成成分相关知识点。教师首先播放一段稻鱼鸭系统的视频，将此系统详细阐述在学案中，学生观看视频以后分析讨论并作答。教师在学案中设计以下问题：这个生态系统中有哪些生物？这些生物都是如何获得能量和物质的？分析并画出这些生物之间的食物链，小组讨论并完善和修改各自所画的食物链。尝试画出此生态系统的结构模型。

案例分析：本案例充分利用稻鱼鸭系统这一侗族农耕常见的特有的耕作方式，学生对该系统很熟悉，将其引入课堂，也就是将学生已有的认知经验进行可视化的处理，可以提升教学效果，使学生对所学知识内容更为清晰。

案例3-24　北方地窖

活动背景：在北方寒冷的冬天，以往可供食用的蔬菜仅有大白菜和萝卜等容易储藏的几种，可供食用的水果有苹果、梨等。为了储藏这些蔬菜、水果，农民会挖三四米深的地窖，顶部用秸秆和土覆盖，只留单人进出的空隙，空隙覆盖程度根据需要进行调整，使里面的蔬菜和水果免受冷冻。

活动目的：通过北方地窖实例为学生学习细胞呼吸创设情境。

活动方案：课堂上，教师利用北方农村常见的地窖来创设问题情境，教师设置问题引导学生思考，使学生掌握细胞呼吸的原理及应用。具体问题如下。

1. 地窖里需要保持空气通畅吗？怎样降低蔬菜和水果的呼吸作用？
2. 人进地窖之前需要做哪些准备？

注意事项：学生可以向家长了解利用地窖储藏食物的相关知识，并将理论应用到实践中去。

案例分析：本案例利用农村常见的生活现象创设学习情境，从生物学角度设问——储藏水果、蔬菜为什么要选择这样的条件，涉及的原理是什么？影响因素有哪些？如果不这样做，水果、蔬菜会怎么样？这一案例与教学内容有氧呼吸、无氧呼吸密切相关。教师在教学中穿插这一实例，引导学生从生物学的角度对生活现象进行思考，分析水分、温度、氧气含量等因素对细胞呼吸的影响，明确蔬果应该在零上低温和低氧的条件下储藏，并将理论付诸实践，延伸至在此环境下人进入地窖要怎么做，应注意什么问题。不仅可以促进学生对知识的应用，还能培养学生的生命观念，提升学科核心素养。

案例 3-25　温室大棚

活动背景：现代农村中的农民，冬天不再只吃白菜、萝卜，在农村普遍推广使用的反季节蔬菜温室大棚，使冬天农民餐桌上的蔬菜品种大大丰富。

活动目的：通过种植黄瓜棚户一天的工作实例，为学生学习光合作用创设情境。

活动方案：

1.教师备课：准备有关种植黄瓜棚户一天的工作内容的材料。也可以组织学生进行调查，还可以让学生询问家长。

2.活动过程：课堂上，教师在讲到光合作用的影响因素时，可简单介绍种植黄瓜棚户一天的工作。早上太阳升起来的时候，将覆盖在塑料薄膜上的纸被、草帘掀开，此时温度开始上升，为了提高作物生长的速度，会给植株雌花点上适宜浓度的生长素；中午的时候，根据大棚内温度计显示的温度情况掌握通风孔的通风程度；下午，农户给作物喷洒通过叶片吸收的肥料，以保证果实生长对无机盐的需要；太阳落山后，将草帘和纸被覆盖在塑料薄膜上，以保持棚内的温度；晚上，农户在棚内焚烧了一捆玉米秸秆。教师提问：为什么要掌握通风口的通风程度？（一方面是促进空气流通；另一方面是为了防止棚内温度过高，造成烧苗）晚上焚烧玉米秸秆的作用是什么？（一是提高棚内的二氧化碳的浓度，降低夜晚作物的呼吸作用速率，提高白天光合作用速率；二是防止过低的温度对作物造成冻伤）

教师可以组织学生参观种植蔬菜的大棚，采访当地农户，调查温室大棚中提高作物产量的措施，并分析其中的生物学知识。

案例分析：本案例通过农村种植黄瓜棚户一天的工作实例，为学生创设学习情境。这一实例与光合作用和呼吸作用密切相关，教师可以在教学中适时地穿插。温室大棚中提升作物产量涉及植物的净光合作用，还需要考虑植物的"午休"现象，及"午休"实际上影响的是二氧化碳的吸收。在教师的指导下，学生了解了温室大棚中白天和晚上对温度、光照、二氧化碳、氧气等条件的控制措施，思考这些措施都是通过什么原理提高产量的，用呼吸作用和光合作用相关知识对具体措施进行生物学层面的解释。本案例引导学生从生物学的角度进行思考，让学生将理论付诸实践，培养学生的学科核心素养。

案例 3-26　染料植物

活动背景：天然植物染料是由从植物的果实、根、茎、叶中提取出来的天然色素制备所得，源于大自然，可自然降解，大部分无毒无害。染料植物种类繁多、分布广泛，在日常生活中较为常见。

活动目的：教师利用染料植物为学生学习生物学知识创设情境。

活动过程：

活动一：染料植物与植物的多样性。在调查周边环境中的生物时，教师可以让学生调查身边的染料植物，帮助学生更好地认识和了解身边的染料植物资源。还可在学习"生物的多样性及其保护"时，在课堂上补充染料植物的资料，让学生尝试对染料植物进行分类，认识染料植物的多样性，学习染料植物的命名，认识"双名法"及其应用。最后，让学生认识到染料植物的多样性保护的重要性，加强染料植物保护的宣传教育，并尝试种植染料植物，促进染料植物的可持续性开发与利用，保护生物的多样性。

活动二：染料植物与植物有效成分提取。可以利用植物染料对食品、服饰、家具等进行染色。那么如何提取植物染料呢？提取方法与高中生物学教材中"植物有效成分的提取"的内容有何异同？教师可以此作为学习"植物有效成分的提取"的切入点。例如，在学习本章内容前，教师可以让各学习小组查阅资料，并思考以下问题。植物染料提取的方法和原理是什么？用植物的哪个部位提取染料？植物有效成分的提取可用哪些方法？提取方法与植物原料的特点是否相关？在课堂上，让学生介绍植物染料的提取方法、原理，各小组再进行交流，深入学习植物有效成分的提取。此外，在学习植物色素时，教师可以此作为拓展知识，帮助学生了解植物色素及其在生产生活中的广泛应用。

案例分析：本案例充分利用染料植物这一在农村中非常常见的资源为生物学的学习创设情境。第一，可以帮助学生更加直观地理解生物的多样性中物种的多样性这一层次，提高学生的学习兴趣。明确这些植物对人的直接价值，在此之上渗透植物的间接价值和潜在价值，促进学生了解身边的资源，教导学生在生活中注意保护生物的多样性。第二，可以作为材料，对比分析提取植物染料和高中生物学教材中"植物有效成分的提取"的方法有何异同，进而提升学生的学科综合素养。

案例 3-27 化肥使用对土壤污染的调查 [1]

活动背景：随着人口的不断增加和耕地面积的日益减少，粮食危机显露出来，为了在有限的土地上收获更多的粮食，人类一方面在优化良种上下功夫，另一方面在提高地力上下功夫，这样化肥便扮演了重要的角色。化肥的施用使得粮食产量增加了，但不可避免地带来了另外一个事实：由于长期大量使用化肥，绿肥、农家肥使用量减少，使土壤肥力降低，出现土壤酸化、板结。土地的退化和严重侵蚀，使粮食产量增长的速度放慢。而人口的增长迫切要求增加粮食产量，大规模土地退化向世人敲响了警钟。

活动目的：了解使用化肥对土壤污染的现状，明确科学合理利用化肥与保护土壤的关系。

活动方案：

1.理论授课：在教师引导下，学生进行分组，明确调查对象［在全面调查四川省德阳市旌阳区80%乡镇现有农业用地的基础上，重点抽样：

---

[1] 杨婷，李汉林，李姝，等.化肥使用对土壤污染的调查报告 [J]. 中学生物学，2002（3）：32-33.

旌阳区双东镇龙凤村（丘陵地区）使用农家肥的自留地两块，使用化肥的耕地两块；旌阳区旌阳乡春锦村（平坝地区）使用农家肥的自留地两块，使用化肥的耕地两块］、确定调查内容（土壤的板结度，土壤溶液的pH值，土壤溶液中的微生物数量，使用化肥的几十年历史中化肥使用量与作物产量的关系）、确定调查方法（考察、访问、拍摄、检测、统计）、小组进行分工并制订调查计划。

2. 活动过程：

（1）考察了双东镇丘陵地区和旌阳乡平坝地区自留地和耕地土壤情况，并采集8个土壤样品进行实验检测，测定其板结度、pH值、微生物数量。

（2）分别走访了6位老农，了解到20世纪60年代刚使用化肥到21世纪初土地持续使用化肥后，土壤的变化情况。

（3）统计分析数据，提出建议与设想，以小组为单位进行汇报。

案例分析：农村使用化肥来培育农作物是非常常见的，此次活动对学生进行了一次爱家乡、爱土地的教育，使学生清楚地看到科学合理地使用化肥是一项保护环境、造福子孙后代的大事，是一种考虑人的生存与发展和自然环境相协调的可持续发展的战略决策。还使学生学到了调查和研究的方法，锻炼了克服困难的意志，培养了敢于探索、不断进取的精神，提高了学生的社会责任感。

案例 3-28 韭青与韭黄

活动背景：韭青和韭黄在山东诸城平时的饭桌上经常见到，并且已经注册为诸城地理标志证明商标。

活动目的：通过韭青和韭黄实例为学生学习"基因表达与性状的关系"创设情境。

活动方案：教师在讲"基因表达与性状的关系"这一内容时，上课伊始向学生展示韭青和韭黄的图片以及实物，教师简单介绍并提问：韭青和韭黄是同一物种吗？引起学生的认知冲突：颜色和味道差别这么大，怎么可能是同一物种呢？教师趁着学生存在疑问并且想反驳的劲头进行引导：大家不要吃惊也不要急着反驳，我们先来看一下韭青和韭黄的栽培过程，然后由大家找出答案。学生通过教师展示的韭青和韭黄的栽培过程的视频，很快发现韭青的栽培过程需要光照，而韭黄的培育过程全程不能见光。学生根据这一差异，猜测可能是光照导致两者的不同。随之教师引入新课。学生通过学习，明确生物的性状除了基因的决定作用，还受到环境的影响。

案例分析： 本案例利用学生在餐桌上常见的两种蔬菜，通过教师设问，引起学生的认知冲突，进而引发学生学习本节内容的兴趣。本案例与性状的决定有关，学生可以通过观察图片、实物，观看培育过程的记录视频，了解到韭菜和韭黄的区别主要由光照引起，教师可以以此为切入点引入新课，通过讲解使学生明确生物的性状除了基因的决定作用，还受到环境的影响。在这一例子之上，还可以让学生尝试举出生活中类似的例子（如双胞胎），以此激发学生的好奇心，使学生在日常生活中能多问问为什么，提高探究能力。

案例 3-29　探究零食与健康的活动

活动背景： 高中生吃零食的现象十分普遍，不健康的饮食习惯会对青少年的成长造成危害。据媒体报道，有的零食存在不卫生、不安全的问题，有的零食食品添加剂过多，有的零食高热量、高盐，不适合长期食用。部分学生上课吃零食干扰正常教学秩序，零食包装袋易造成校园"白色污染"。有些家长反映学生在零食方面的消费过高。考虑到农村高中的客观条件，生物学教师在设计实践活动时可根据教学内容适时安排一些与健康有关的活动，让学生通过参与活动来丰富健康知识，树立健康观念。

活动目的： 巩固糖类和脂质、激素调节、细胞癌变的知识；引导学生养成健康的饮食习惯；培养学生的调查、访问、搜集和处理信息等综合实践能力，以及撰写简单研究论文的能力；使学生学会相互合作，体验共享劳动成果的快乐。

活动方案：

1. 理论授课。

（1）师生共同确定调查和研究的课题。搜集资料：吃零食的好处与坏处；零食的种类，哪些零食对人体有益，哪些有害；怎样健康地吃零食。

确定调查和研究课题：调查本校学生吃零食的现状，学生主要消费的零食种类，长期吃零食的学生的健康状况和消费情况；调查学校及附近商店所售零食的种类，每种零食的主要成分，哪些零食的销量最好。

（2）分组。将全班学生根据意愿分到资料搜集组、调查1组和调查2组三个课题组中，每组推荐1名组长，各组根据任务对小组成员进行分工。

（3）查阅资料，制订方案。分组制订计划，教师下组指导。如调查1组设计方案时要做的工作包括确定调查方式、选择调查对象、确定调查步骤、设计记录表格、小组成员具体任务分配、考虑注意事项等。

（4）相关注意事项。调查前先征得被调查者的同意；调查时应避免涉及个人隐私；对商店的调查需避免影响其营业；注意保护人身安全；客观真实地记录数据等。

2. 实施阶段。

（1）资料搜集组：通过网络、书籍、报纸杂志等查找零食与健康的相关信息，并尽可能全面地记录资料。

（2）调查1组：通过对学生、教师、校医务室医生、家长的调查，了解本校学生吃零食的现状和长期吃零食的学生的健康状态，并做好记录。

（3）调查2组：调查学校及附近商店所售零食的种类，每种零食的主要成分，哪些零食的销量最好，并进行分类记载。

3. 汇报阶段。

（1）各课题组在组长的带领下，汇总组内获得的资料，并对资料进行分析和处理，得出本组的结论，形成报告。

（2）各组准备汇报材料，确定汇报形式和具体汇报人。

（3）各组汇报成果及活动中的体验，其他组倾听汇报，并对汇报内容进行提问或提出改进建议。

（4）综合各组的结论，撰写研究小论文，并对应该如何健康吃零食给出具体建议，如：不宜长期食用油炸、高糖、高盐、辛辣、腌制的零食，应选择水果、干果和坚果类对人体健康有益的零食；吃零食不能影响正餐的规律，高中生可在第三、第四节课间食用适量零食以补充能量，避免上午最后一节课出现低血糖症状而降低学习效率。

案例分析：零食问题几乎涉及每个学生，所以学生对该探究活动的兴趣浓厚。在活动中学生可以将所学的蛋白质、糖类和脂质、无机盐、代谢和调节的知识应用到解决实际问题中，体验生物学知识的现实意义。以课题组为单位开展活动，可以培养学生团结协作的精神。要求学生在调查时客观地记录获得的数据，可以让学生养成严谨求实的科学态度。活动后对本校学生应该如何健康地吃零食给出建议，可以让学生体验到科学研究的价值。通过活动，学生不仅可以增加健康知识，还可以发现或反省自身存在的不良饮食习惯，并自觉地改正。

案例 3-30　土壤脊背 [1]

活动背景：行走在田间或小路上时，时常可以看到许多作物并非种植在平坦的土壤中，而是种在稍稍隆起的"土壤脊背"上。

活动目的：教师可利用"土壤脊背"创设相关生物学知识学习的情境。

活动方案：

1. 课前教师讲述"土壤脊背"这一常见现象，并提问：农民为何要花力气制作"土壤脊背"呢？激起学生探究的兴趣。

学生通过查找资料或请教农民便可获知以下一些信息。

（1）"土壤脊背"也就是"垄"。

（2）垄对农作物的生长有着非常重要的意义，主要是有利于农作物地下部分结构的生长，或不易造成农作物烂根。

（3）凡是生长在地下的根、茎或其他器官可食用的陆生植物（如山药、萝卜、芋、马铃薯、花生等），以及根部不耐湿的植物（如玉米、小麦、甘蔗等），种植的土壤一般都需要起垄。

（4）种植不同作物时，所需垄的大小（垄顶与沟底的高度及两个垄顶或沟底之间的距离）是不同的，一般地下部分生长的体积越大或根部耐湿程度越差，所需的垄就越大。

---

[1] 邵万亮. "应用—原理—应用创新"教学模式在农村生物学教学中的应用[J]. 生物学教学，2008，33（9）：14-16.

2.教师可以根据以上信息，引导学生梳理已有知识，并形成分析思路。

（1）地下部分结构长大的原因：若从新陈代谢的角度分析，主要是同化作用大于异化作用的结果。引起烂根的原因：从土壤通气状况分析，主要是根部缺氧导致细胞无法获取正常生理所需的能量。

（2）垄与上述原因有何关系？

3.通过分析、讨论，最后可获得一些总结性的材料。

（1）垄地的土壤相对表面积比平地大，加之通风状况改善，所以有利于土壤进行气体交换，从而有利于提高土壤含氧量，促进根细胞的呼吸和代谢，加速根对矿质元素离子的吸收和运输，从而提高作物产量。

（2）垄地的土壤相对表面积增大后，白天接受光照时有利于提高土壤内部的温度，从而提高根细胞中酶的活性，增强呼吸作用，促进矿质元素离子的吸收；夜间，加速土壤内部温度的下降，降低呼吸作用强度，从而减少对有机物的消耗；对匍匐状茎的植物，有利于叶的合理镶嵌，增加单位土壤面积的叶面积指数，从而提高光合作用的效率。

（3）土地呈现高低不平的垄状结构后，垄内土壤中不同深度的根部具有不同的水分浓度，并通过对不同作物垄间沟深度的控制，达到保证根部水分含量的相对稳定，避免根部细胞因积水或土壤板结而造成的氧气缺乏，从而有利于根细胞的正常代谢活动。

（4）有利于根系生长向纵深发展，减少垄与垄之间的植物的根之间的交叉而造成的竞争现象。

案例分析：本案例充分利用学生在农村常见的现象，以及农民这一资源。学生在课前，可以查找资料或请教农民，对课前教师提出的"农民为何要花力气制作'土壤脊背'呢？"这一问题进行自主探究，对自己的结论进行整理和汇报，提高资源整合、科学探究能力。本案例可以应用于光合作用和细胞呼吸的教学中，通过学习地下部分结构长大的原因，让学生自主分析垄的设计与地下部分结构长大有何关系，并尝试用生物学知识解答这些实际生产中的应用问题。这样的过程能培养学生的"结构与功能观"，提升学生的生命观念。

案例3-31 地下害虫田间调查

活动背景：地下害虫是指生活史的全部或大部分时间在土壤中生活，主要危害植物的地下部分或近地面部分（根、块根、块茎、幼芽、嫩茎、果实等）的一类害虫，其主要特点是种类繁多、分布广泛、适应性强、隐蔽性强。地下害虫分布遍及全国各地，在水田、旱地、丘陵、山坡地、林地、果园、草原等均有发生，而以长江以北各省（区）最严重。

活动目的：学生学习并掌握地下害虫的调查方法；查明当地地下害虫的种类、数量、优势种群及不同生境中的分布规律，以便准确掌握虫情，制订合理的防治计划。

活动方案：

1.理论授课：教师讲解常见地下害虫的种类（蝼蛄、金针虫、蛴螬、地老虎、根蛆、油葫芦）、为害特征以及形态特征。引导学生进行分组，明确调查范围、调查内容以及评价方式。

2.调查准备：手持放大镜、直尺、采集盒、广口瓶、记录本、铅笔、小铲、铁锹、标签纸等。

3.调查方法和内容：

以小组为单位进行调查，每组5～6人，每组一套用具。

（1）调查时间：秋季。

（2）调查方法：常用的地下害虫调查方法有挖土调查法、灯光诱测法、目测法等，其中挖土调查法最常用。

（3）地块选择：按不同土质、地势、茬口等选择有代表性的地块分别进行调查。

（4）取样方法和数量：取样方法取决于地下害虫在田间的种类和分布型，如蛴螬、金针虫多属于聚集分布，以"Z"形或棋盘式取样为宜。取样量一般为1 hm^2以内地块取8个点，1 hm^2以上每增加1 hm^2，样点增加2个。每个取样点挖土50 cm×50 cm，深30 cm，边挖土边检查，检查时要将土块打碎。

（5）记载内容：地下害虫种类（对一时辨认不清的个别种类应单独存放，写好标签，带回学校镜检）、数量、形态特征和为害特征，所调查地块的土质、地势、茬口等。

（6）统计内容：

①蛴螬、金针虫、蝼蛄三大类群各占比例。

每类所占比例（%）= 该类虫数 / 三大类群总虫数 ×100%

②对不同生态环境下的地下害虫均做如上分析，得出不同生态环境条件下地下害虫的优势种群，求出不同生态环境条件下每平方米的地下害虫的数量，折合每公顷的虫口密度及各类所占比例。

案例分析：本案例所涉及的地下害虫在农村十分常见，教师可充分利用这一资源，组织学生开展农间调查。在动手实践过程中，培养了学生的小组合作能力和动手实践能力。这一实践不仅可以使学生学到调查土壤中生物数量、种类的方法，还可以向学生渗透今后的教学内容——调查种群密度和物种丰富度的多种实验方法及不同方法所对应的原理。学生了解了地下害虫的相关知识及防治方法，可以思考并对比生物防治的优势。查明当地地下害虫的种类、数量、优势种群及不同生境中的分布规律后，查找资料，尝试制订合理的防治计划，在教师的指导下进行改进，以此培养学生的科学思维能力，提升学生的生态意识。

案例 3-32　大棚秸秆生物反应堆技术[1]

活动背景：大棚秸秆生物反应堆技术是利用植物秸秆做原料，添加菌料，按垄（床）埋于地下，带有菌料的秸秆在微生物的作用下分解发酵产生二氧化碳、有机酸类并放出热量，二氧化碳直接被蔬菜吸收，增强光合作用。秸秆发酵过程中产生的热量可以提高地温 $2 \sim 3℃$，提高棚温 $3 \sim 4℃$，秸秆发酵分解产生的废渣可以用作肥料，废液含有有机酸、有益菌和营养元素，可以喷施、灌根，有肥效和防病作用。该项技术可节约 1/3 的灌溉用水，还可以改良保护土壤结构。因此，实施该项技术的棚内作物根系粗壮，结果多，质量好，并能提前半个月上市，棚菜能卖上

---

[1] 赵田. 农村初中生物课程资源开发与利用的实践研究：以辽中县为例[D]. 沈阳：沈阳师范大学，2010：26-34.

好价钱。采用这项技术，可以减少化肥 60％，节省农药 80％，降低成本 30％，产量增加 30％以上，该项技术是发展生态农业的好模式。该项技术的实施在农村蔬菜大棚较为常见，把该项技术引入生物学教学中可以培养学生学习生物学的兴趣，提高学生解决实际问题的能力。

活动目的：学生可以说出大棚秸秆生物反应堆技术的原理、优点、方法；培养学生学科探究能力与学科素养；关注生物学技术的最新发展，认同生物学技术对农业发展的巨大促进作用。

活动方案：

1. 教学策略及手段。

（1）教学策略。

①把探究性学习运用于课堂教学。以解决问题为中心，引导学生的学习过程、思维航向，实现创造性的教学。教师（或学生）提出问题（创设问题情境），学生动手动脑主动学习，讨论并得出结论（评价学习成果）。

②运用小组合作学习策略。合作小组一般包括 5 名学生，大家分工合作，以实现一个共同的学习目标。小组探究的参与者收集并分享信息，对比结果，合作完成小组报告。

（2）手段。对学校周边实施了大棚秸秆生物反应堆技术的蔬菜大棚进行录像和拍照，获取有关的视频、图片或文字资料。

2. 活动准备。

教师：帮助学生分组分工，确定调查范围。

学生：准备调查表格（有条件的可带照相机）。

3. 活动过程。

（1）调查前理论授课。

①介绍大棚秸秆生物反应堆技术的原理。

②复习旧知，提出新问题，学生确定探究问题。

③教师做调查动员，帮助学生分组分工（各小组的小组长、记录员、微机操作员、报告撰写人以及报告人），并制作调查表。

（2）教师讲解参观调查的注意事项，提醒学生注意安全。

（3）实地调查。

①农民师傅介绍大棚秸秆生物反应堆技术实施情况。

②小组长带领本组进行问题探究、调查。在农民师傅介绍大棚秸秆生物反应堆技术实施情况之后,每组的组长带领组员进行本组的问题探究,包括观察、信息的搜集与处理。遇到问题可以向农民师傅请教,也可以向教师请教。各组学生通过分工、合作,认真收集材料(做调查记录、做访谈、拍照),填写本组的调查报告。

(4)交流调查报告。

①交流调查报告,讨论大棚秸秆生物反应堆技术的优点。对大棚秸秆生物反应堆技术为什么能够提高农作物的产量,改变了光合作用所需要的哪些条件,还有哪些办法能够科学地提高农作物的产量,给出探究结果。各小组进行实施大棚秸秆生物反应堆技术和没有实施该技术的一些方面的对比,调查棚温、地温、杀菌剂和化肥的使用情况,以及农作物的长势、上市时间、产量等。各学习小组代表回答其他小组学生提出的问题,与其他小组的学生进行交流。

②评选出最佳调查报告。

案例分析:该技术涉及中学生物学中的"绿色植物通过光合作用制造有机物"和"绿色植物与生物圈中的碳—氧平衡"的内容。大棚秸秆生物反应堆技术是教学上理论应用于实践的良好例子,贴近学生的生活实际,且该节课上课的时间正逢冬季,冬季大棚资源容易获取。本案例从为学生提供探究活动场所,引导学生查找探究材料,让学生自选探究主题进行设计,充分调动学生的学习积极性,倡导学生主动参与、乐于探究、勤于动手,培养学生的探究学习能力、搜集和处理信息能力、分析和解决问题能力,以及交流与合作能力。

案例 3-33 公鸡报晓

活动背景:在农村,公鸡是一个"活时钟",很多农村学生都有清晨被公鸡啼鸣从梦中叫醒的经历。

活动目的:通过公鸡报晓这一实例为学生学习神经调节和生物钟创设情境。

活动过程：教师在讲解神经调节相关内容时，可提问：大家知道为什么公鸡一到清晨就要啼鸣吗？引起学生的兴趣之后，教师可继续讲解：科学家在探索生物的秘密时，发现不少动物的习性和生理功能，都会受到大自然节律的支配。除了公鸡啼鸣，还有蝙蝠总是在黄昏以后捕捉昆虫，灰熊总是在特大暴风雪来临的时候才进洞冬眠。这是怎么回事呢？科学家经过长期观察和研究，证明了生物体内有一座奇妙的"生物钟"，这座"生物钟"指挥着生物的行为。鸡的"生物钟"藏在哪里呢？日本科学家对鸡进行研究和实验，第一次发现并证实了鸡的"生物钟"长在鸡的松果体细胞里。鸡的松果体位于大脑和小脑之间，是一个松果形状的小内分泌器官，一到黑夜，它就会分泌出一种叫作褪黑素的激素，来抑制鸡的活动。如果给鸡埋上装有褪黑素的胶囊，鸡就入睡了。美国科学家在实验中也发现，如果把麻雀的松果体摘除，它活动的节律就会消失，若为它移植松果体，周期节律就又恢复了。这证明鸡的"生物钟"就在松果体细胞中。光线能使松果体细胞膜内外的电位差发生变化，从而使"生物钟"摆动，正是这种奇妙的"生物钟"指挥着公鸡的日常生活：天快亮了，公鸡就放声啼唱；天快黑了，就赶快去宿窝。教师通过该情境可以为学生创设评价情境并提问：公鸡啼鸣受到了哪种调节方式？具体机理是什么呢？以此来检验学生对神经调节的掌握程度。

案例分析：很多农村学生都有清晨被公鸡啼鸣从梦中叫醒的经历，基于这一事实，学生内心都有着相关的疑惑——为什么公鸡总会在清晨啼鸣？本案例利用学生在生活中常见的公鸡啼鸣创设学习情境，不仅使学生学习并巩固了知识，还解决了学生心中的疑惑，将知识和生活经验联系起来，提高了学生学习的兴趣，促进了学生的理解，鼓励学生用生物学原理解释生命现象。通过公鸡报晓这一实例，并以摘除松果体的实验为例，可以促进学生对研究激素或器官功能所采用的"加法原理"和"减法原理"的理解，形成结构与功能观，培养生命观念，提升综合学科素养。

案例3-34 牝鸡司晨

活动背景：一些地区的农村生活中，经常会观察到一个现象：下过蛋的母鸡长出了公鸡的羽毛，并且发出了和公鸡一样的鸣叫声。

活动目的： 通过牝鸡司晨这一实例，学生能理解性别决定的相关知识。

活动过程： 高中生物学"伴性遗传"一节涉及性别决定的知识，教师在讲解由环境影响的性别决定这一方式时，可以阐述牝鸡司晨这一常见现象，并进行生物学解释：鸟类的生殖腺是很特殊的，鸟类为保持体重的轻便，在生长时雌鸟只有一侧的生殖腺发育，另一侧的生殖腺保持生殖腺原基（生殖腺发育的一种阶段）的状态。当鸟的性腺平衡受到干扰，比如雌鸡被注射雄性激素，使得卵巢退化萎缩，而另一侧的生殖腺原基受到雄性激素的刺激发育成精巢，于是雌鸡变成了雄鸡，而且还可以和其他雌鸡进行交配。

案例分析： 教师在"伴性遗传"的教学工作中利用学生熟知的牝鸡司晨这一性反转案例，创设性别决定的学习情境，讲解在这一现象中，鸟类的基因型或表现型有什么样的改变，并进行生物学解释，把生活中出现的现象与教学内容联系起来，用生物学知识解释这一现象，解决学生头脑中已有的疑惑，并引出性状不仅仅取决于基因型，加强学生对知识的理解和记忆。将这样奇特的实例创设为教学情境内容，激发学生学习生物学的兴趣，让学生在惊叹大自然生命的神奇与伟大的同时，形成敬畏自然、与自然和谐相处的生命观念。

案例3-35　制作绿色饮料

活动背景： 现代生活中学生很喜欢喝饮料，市场上的饮料大多含添加剂。选用身边的材料自制饮料，既美味安全，又可以让学生补充营养。冬季，北方吃肉食偏多，而山楂能消食健胃，行气散瘀。家长们熬制的冰糖山楂，往往味道会很酸，教师指导学生尝试一种既简单又美味的新方法——焖山楂。

活动目的： 通过自制山楂饮料，帮助学生理解食品保鲜的原理，了解食品安全知识。

活动过程： 将山楂洗净，去核，放到保温瓶里并加入冰糖，然后倒入刚刚烧开的开水，开水没过山楂即可，焖3~4小时就可以吃了。这样做出来的山楂饮料略酸，口感好，山楂如杨梅般酸甜，软糯可口。

案例分析：本案例深入生活，所需材料在生活中都很容易获得，实验在教师指导下也较为安全。经过尝试比较，学生发现，保温瓶的保温效果越好、焖的时间越长，山楂越软，口感越好。这样的山楂饮料老少皆宜，既消食又健康美味，但也面临一个问题——不好保存。教师以此为引子，介绍食品保鲜方法和原理，而后让学生尝试密封、冷藏等方法。本实践既能帮助学生明确微生物相关知识，了解食品安全的相关知识，也能够提高学生的动手实践能力，激发学生学习生物学的兴趣，并激励学生将所学知识与生活实践相联系。

第四章

农村中学校园及周边场馆生物学课程资源

学校是开展生物学教学的主要场所，校园内丰富的动植物、生物学实验室及相应仪器设备、生物学教学软件、生物学图书及报刊、生物学教学挂图、投影片、音像资料、生物园、校园网及其周边的场馆为生物学教学提供了基本的资源支持，也为学生开展探究学习、合作学习提供了基础和保障。在新课程改革背景下，如何充分利用已有的资源开展以学生学习为中心的教学活动，在校园生物学课程资源开发和利用过程中应该关注哪些问题，这些都是广大生物学教师应该关注的基本问题。

第一节 校园中的课程资源

校园中的课程资源极其丰富。一方面，学生使用的各类生物学教材、教辅资料、练习资料等是较为常见的课程资源，但这些课程资源也是最容易被忽视的，应该引起足够的重视。另外，农村中学校园内会配备实验室和图书馆等基础设施，这些基础设施为辅助教师的教学、学生的学习提供了很大的帮助，应该充分利用起来。另一方面，中学校园内的植物以及植物的分布也是学生学习生物学课程的绝佳资源，这部分原始的资源需要生物学教师充分开发利用。由此可知，校园内的课程资源是广泛存在的，生物学教师应注意发掘这些资源，并在教学环节中恰当地使用。

一、深入挖掘生物学教材、各类教辅及练习资料等资源

教材是课程资源开发的第一素材。新课程理念中虽然提出教材不是唯一的课程资源，但无疑是最重要的课程资源，是教师和学生愿意接受并在教学中灵活使用的课程资源，是教师进行课程资源开发和教学实践的第一素材，在课程资源的开发与利用中往往起到主导作用。[1]

生物学教师要对生物学教材资源进行深入的挖掘，对教材资源进行整合分类再开发利用，把教材内容与学生的生活实际联系起来，在现实生活中寻找教材描述的内容或者将教材中的

---

[1] 沈加德. 基于农村中学生物课程资源开发及利用研究 [J]. 中学生物学，2016，32（9）：73-74.

图片替换为学生熟悉的图片。另外，教材上静态的图片远没有动态图生动直观，在进行静态生物体结构（花的结构、人体结构等）讲解授课时，可以利用植物标本、实物和模型作为授课资源，亦可以自己动手，利用生活中常见的材料制作教具，让教学内容更加直观形象。例如：教师在讲解"细胞核的结构和功能"时，人教版必修1教材中有关细胞核的功能给出了四则资料让学生分析，其中有一则资料是伞藻实验，教材中并没有过多的文字叙述，仅给出了两幅图片，单靠观察图片学生很难理解，教师可以通过动画演示结合讲解，让学生充分理解；在讲解"细胞核的结构"时可以制作细胞核结构立体模型让学生观察，课后也可以通过"细胞的基本结构"这一单元的学习让学生制作真核细胞的三维结构模型，做好的模型可作为今后教学的教具资源,学生自己动手制作还能提高学生学习生物学的兴趣。在进行动态过程的讲解授课时，教师可以利用配备的多媒体设备，播放一些与教材内容相关的动画、视频，优先选择多媒体教室进行教学活动，利用Flash动画、音像资料等进行教学，教学效果要明显优于仅参照教材讲解授课。

教师在使用教材时，应尽可能充分利用教材资源，该做的实验尽量做，该引导学生阅读的一定要引导学生阅读，多为学生提供思考空间和动手机会。尤其是教材上的探究实验，应积极创造条件带学生完成。人教版七年级上册的生物学教材设计了探究"光对鼠妇生活的影响"实验，可是由于种种原因，很多教师在讲授这部分内容时，只是简单地介绍实验方法，却不带领学生完成实验。实际上，实验装置不难准备，教师可以引导学生在阴暗潮湿的环境中抓鼠妇。将一个鞋盒铺上土，一边遮光，一边不遮光，这样实验装置就准备好了。学生对于这样的探究非常感兴趣，会积极主动地参与到探究的过程中。

整合教材资源是为了最大限度地对其进行开发利用。教材内容的排版往往有其局限性，可能有些教材内容的编排并不适合教师授课，高效率的教学要求教师会灵活变通，通过整合教材资源来使其适合自己的教学方式。整合教材资源可以对教材内容进行重新"排版"，这里的"排版"指的是对教材资源进行重新排序教学，而不是对教材内容的质疑与反驳，这也是在生物学教材内容基础上的深入挖掘研究。另外，为了最大限度地开发教材资源，教师还可以对教材内容进行适当的补充扩展，以帮助学生对教学内容的深入理解。

除了生物学教材，一些生物学教辅资料上归纳总结的知识点和一些练习题也是学生学习生物学的宝贵的课程资源。在教学中利用教学辅导资料以及练习资料时，教师要做好把关工作，为学生提供优质的资料，避免一些质量不过关的资料给学生的学习带来困扰。

二、开发利用校内的生物学实验室和图书馆等资源

农村学校虽然设施方面可能不是很完备，但生物学实验室及相应的仪器设备，生物学图书及报刊、教学挂图、投影片、音像资料和教学软件等，学校方面应该还是配备齐全的，生物学教师可以充分开发利用这些资源，丰富教学内容。

（一）生物学实验室资源

学校在校内建造生物学实验室是对生物学教学的重视。在生物学实验教学中，教师要充分利用学校的实验室资源，积极营造良好的实验环境，引导学生主动参与，鼓励学生设计富有创造性的探究实验，培养学生的观察能力、实验能力、探究能力和创新能力，同时也培养学生的科学态度。让学生通过实验观察切身体会学习生物学的乐趣。

高中生物学课堂教学中有很多实验，有些实验所需要的材料用具易获得，而有些实验在学校实验室中可能会没有相应的实验材料及用具，因此农村中学生物学教师和实验员应因地制宜，因陋就简，利用身边适合的器具和材料，做好实验教学工作。比如，可以指导学生利用生活中的常见用品和废弃物制成简易的实验仪器，或寻找廉价、易得的实验用的替代药品。这样既有助于解决实验仪器、药品的短缺问题，又可以培养学生的实践能力以及节约和环保的意识。学校实验室并不只是为做演示实验或分组实验而准备的，还应该将它定位为"用于学生自主学习、主动探究"的场所，教师应当鼓励学生利用课余时间做一些感兴趣的探究性实验。此外，物理实验室、化学实验室也可能成为生物学进行科学探究的课程资源，如某些

仪器、药品等，甚至个别生物学实验也可以在物理、化学实验室探究。

在单细胞生物教学过程中，教师可以和学生一起去学校附近的水田采集草履虫，然后指导学生自己配置培养液培养草履虫。通过采集，学生知道了草履虫的生活环境；通过培养，学生了解了草履虫的生活习性；最后利用显微镜观察，学生掌握了草履虫的形态结构。如此，教师既很好地完成了教学任务，又锻炼了学生的动手能力。

在"激素调节"一课中，可以组织学生从学校附近的小河中捞取一些小蝌蚪，分成两组，一组添加甲状腺激素，另一组不做任何处理，学生每天观察，并且写观察日记。在观察过程中，学生不但了解了甲状腺激素对生长发育的促进作用，完成了教学任务，而且还完整地记录了青蛙的整个发育过程——从受精卵、蝌蚪、幼蛙直至成蛙的变态发育过程，为学习两栖动物的生殖和发育知识打下了基础。观察完成后，教师应引导学生将青蛙放归大自然，使学生珍爱生命的情感得到升华。

（二）图书馆资源

学校图书馆是学生学习课外知识、开拓视野的主要地方，因此对图书馆资源的开发不容忽视。学校要投入一定的资金用于添置一些新书和订阅一些报纸杂志等，以丰富学生的课外生活。另外，学校、教师要为学生提供到图书馆学习的时间与阅读环境，保证学生能真正利用好图书馆资源。[1]

生物学的教学与学习仅靠生物学教材是无法满足的，毕竟教材的内容是有限的，生物学的学习需要教师和学生放宽眼界。因此，中学生物学教师要充分利用校园图书馆对生物学教材进行补充，同时还应该鼓励学生阅读与生物学相关的课外读物。教师在这一方面要做的应该是鼓励、指导以及端正学生的态度，鼓励学生阅读课外的生物学资料缓解学习压力，指导学生阅读利于身心、利于学习的生物学资料，端正学生适度阅读课外生物学读物的态度。例如，可以向学生推荐《昆虫记》《大自然探索》《人与自然》等书作为假期读物，也可以每月拿出单独的生物学课进行有规律、

---

[1] 黄建军.农村生物课程资源的开发与利用[D].石家庄：河北师范大学，2009：26.

有秩序的图书馆查阅资料之行,以提高学生学习生物学的兴趣。[1] 教师也可以每学期设置一些与生物学有关的自主学习项目,将学生分成小组,以小组为单位自主查阅资料,最后以小组汇报的形式展现,项目的完成能促使学生借助图书馆查阅资料。另外,校内图书馆基本会配备相关资料的视频素材,如录像带、光盘等资源,教师可以用多媒体设备进行投放教学,增强生物学课堂教学的感染力,提高学生学习的积极性。

(三)媒体资源

这里所说的媒体指大众传播媒介,包括报纸、杂志、广播、电视、互联网等。由于生物科学发展迅猛,有些研究成果已经成为社会关注的热点,因此各种媒体上关于生物科学发展的信息很多。农村学校现在的媒体设备的配备也较为齐全,师生要广泛利用各种媒体资源,及时了解生物科学的最新进展。此外,生物学教师如能做个有心人,在日常生活中注意收集与生物学教学有关的新闻报道,如环境问题(酸雨等)、生物的多样性问题(生物入侵等)、营养与保健问题(劣质奶粉案等)等,把这些资料作为学生课堂讨论的素材,更能引起学生对社会热点的关注,拓宽学生的视野。学校可通过向学生开放微机室来保证这类信息技术资源的充分开发利用。

培养学生搜集和处理信息的能力,是基础教育的重要目标之一,教师应当对此给予高度关注。给学生提供机会,让他们利用各种媒体搜集和处理生物学信息。比如,每个学期给学生确定几个小课题,如哺乳动物体细胞克隆进展、器官移植技术的进展、关于转基因食品的喜与忧等,让学生广泛搜集信息,撰写研究报告,并在班级内交流。

同时,教师还可以通过网络上课件的共享,微信群、QQ群等平台积极与同行交流,充分利用网络资源,进行资源共享。

三、合理开发利用校园环境资源

(一)认识校园植物及植物分布

各级各类的学校设施中绿化是不可或缺的一部分,这些绿化资源可以

---

[1] 杨昌友. 浅谈初中生物课程资源开发与利用 [J]. 课程教育研究,2018(16):177.

作为补充素材充分利用到课堂教学中。例如，在"走近细胞"的教学中，教师可以从校园内的各类植物入手，将学生学习生物学的注意力引向校园中的常见植物。教师可以提前拍摄校园植物，并选用一种植物制作临时装片，以幻灯片的形式展示出来，让学生通过校园植物来认识细胞。毋庸置疑，通过对校内生物学资源的开发和利用，能够使学生了解任何生命活动都离不开细胞，从而进一步知晓由微观到宏观的一种生命结构层次。教师在讲授被子植物和裸子植物时，可以让学生对校园中的植物进行调查。学生通过调查学校里的植物，如银杏、石榴、桂花、松、苏铁，知道哪些是被子植物，哪些是裸子植物，这样的教学效果远比教师一味地强调它们的区别要好。所以，校园内很多的生物资源都可以成为很好的课程资源。

除此之外，教师还可以从给校园植物挂牌作为切入点，通过组建生物学兴趣小组、举办相关知识讲座、设计标识牌、辨认植物及确定"名片"内容，带领学生为全校植物挂牌注名。通过对校园植物的挂牌，让学生走近校园植物，让更多的学生认识并了解校园植物，激发学生学习生物学的兴趣，进而发挥环境育人的功能。[1]

（二）开展"生物学第二课堂"[2]

生物学教学应该如实地反映自然界生命的生机勃勃的面貌，让生物科学回归丰富多彩、生意盎然的自然。生物学教学与学生的现实生活联系得越紧密，就越能使枯燥的课堂知识焕发出生活的气息，激发学生学习的兴趣，教学效果就越好。为此，教师要充分发挥生物学的学科特点，摆脱生物学课堂只能在教室或实验室中的束缚，选择性地将部分生物学课堂"搬"到教室外面，让学生置身于大自然中"识"生物。有些学校基于对学生安全的考虑和自身综合条件的考量，不太适合组织校外活动，这些学校可以充分利用校内的资源，在校内开展"生物学第二课堂"。例如，"调查周边环境中的生物"这一课就可以把学生带到室外，在大自然这个大课堂中学习生物学知识。

---

[1] 凌宗超. 浅谈初中生物课程资源的开发与利用 [J]. 中学生物教学，2016（Z1）：66-67.
[2] 同 [1].

农村学校一般占地面积较大，会有较多可利用的空闲地，教师可以利用这些空闲地建设学校种植园。按班级划分区域，在充分考虑与教学内容对接的基础上，班主任和生物学教师共同指导学生进行实践和管理，引导学生围绕种植的作物进行研究，了解植物基本的生长情况及栽培方法。有些学校占地较小，不足以开发种植园，可以考虑建设"空中生物园"——利用学校教学楼或食堂楼顶平台建设种植园。教师可以基于"空中生物园"的实际情况，组建学生社团，并尝试开设校本选修课程，开展社团活动。教师还可以利用校园角落饲养小动物，开展观察活动；利用走廊窗台栽培花卉、培植生物学实验材料等。

除了建设种植园，生物学教师还可以带领学生在班级内建设生物角，在美化教室的同时组织学生开展研究性学习。例如，组织学生在生物角利用小麦或玉米进行根的向光性、向水性、向肥性研究性学习。研究性学习的开展让学生发现了许多在教材中学不到的奇妙的生物学现象。学生的头脑中产生了一个又一个"为什么"，激发了学生的探究兴趣，培养了学生的探究能力。

充分利用校园环境资源，开发生物学教学的"第二课堂"，让学生通过"一看、二摸、三思索"，去领悟生物学的奥秘，学习素材实现由图片到实物的转换，从而激发学生的学习兴趣。

（三）开展生物学选修课

选修课与必修课相对，是为发展学生个性，适应学生的个体差异和发展需要而开设的，可供学生在一定程度上自由选择的课程，在教学计划中一般不做硬性规定。

大约在19世纪后半叶，美国开始尝试在中学开设选修课。1893年，美国"十人委员会"在对美国中学课程调查的基础上，向全国教育协会做的报告中就包括关于中学开设选修课的建议。其主导思想是在不实行双轨制课程的情况下，允许学生有选择的自由，保证学生升学和就业的双重需要。至此，美国中学正式倡导开设选修课程。

我国正式开设选修课程始于1919年。1949年新中国成立后，由于全面学习苏联，课程结构中只有必修课，没有选修课。1963年，教育部颁布教学计划提出，高三年级设置选修课，仅极少数学校进行了试验。1981年，教育部颁布《全日制六年制重点中学教学计划（试行草案）》，提出在高中开设选修课。随后，在1990年、1996年、2001年，教育部一次次地强调、调整选修课，可以说国家对中学选修课给予了充分的重视。[1]

农村中学具有丰富的生物学选修课课程资源，既可以围绕"农林牧副渔"开发相应的生物学选修课，也可以对本地的特色资源加以开发和利用，将其开发为有地方特色的生物学选修课。在开展选修课时，应注意以下几点：

一是选修课是致力于个性发展的课程，选修课的设立突出基础性、新颖性、实用性和独创性的结合。

二是选修课与必修课具有等价性，不存在主次的关系，选修课不是必修课的附庸或陪衬。

三是选修课也有标准的要求。选修课不是随意的、散漫的、浅尝辄止的学习，而是有共同评估标准保证的、有效的学习。

开设生物学选修课的内容和形式是多种多样的。既可以对少数学生编组，满足他们的升学与就业的需要，也可以在生物学必修课的基础上，选择其中某一专题进行学习和研究，弥补班级教学的不足，发展学生的个性和培养学生独立探究的能力。

第二节 校园周边的课程资源

校园周边的课程资源是对校园中的课程资源的有效补充。农村中学校园周边存在着大量的生物学课程资源，有的稍加留意和改造，就可以引入课堂，不仅丰富了课堂教学内容，而且让学生感到学习内容接地气，容易调动学生的学习热情。校园周边的生物学课程资源内容广泛，种类繁多，具体来说，这些资源包括社区图书馆、博物馆、展览馆、植物园、花卉市

---

[1] 顾明远. 中国教育大百科全书：第一卷 [M]. 上海：上海教育出版社，2012：54-55.

场、菜市场等，还包括附近的学校、研究所、动植物研究中心等。学生家中有关生物学课程的图书、报刊等也可列为校园周边的生物学课程资源。此外，很多自然现象、社会现象也可以成为校园周边的生物学课程资源。但从目前的情况来看，由于受诸多因素限制，很多资源并未得到开发与使用。因此，在教学中教师要积极宣传和普及生物学知识，培养学生自主开发生物学资源的意识，全面提升校园周边的生物学课程资源的利用率。

一、校园周边的社区场馆等课程资源

广义上讲，社区是指由一定数量和质量的人口、一定的空间领域和环境状况、一定的生产和生活设施、公共的管理机构、共同的行为规范和特色文化以及共同的社区意识所构成的场域。狭义上讲，社区就是在校学生的生活、交往和经常活动的场域。[1]

社区中与生物学教学相关的资源是丰富的，但并不是所有的社区资源都是课程资源。学校依据本校的实际，教师根据教学实际情况和学生发展的需要，在社区资源中筛选出的进入教育教学活动并与之联系起来的资源，才有可能成为课程资源。社区资源具体包括学校所在地区的各种博物馆、植物园、动物园以及各种养殖场、种植园、采摘园，农村的耕地、果园、菜地、家禽家畜等。生物学课程倡导培养学生的创新精神和实践能力，教师应该从这一目标出发，结合具体教学内容，充分利用社区课程资源，组织学生到大自然和社会中进行调查研究。此外，教师还可以利用课外生物学课程资源开展第二课堂，丰富学生的课余生活。例如：教师可以组织学生到乡下田间，向农户求教栽培的技术，体会种植的辛苦；到苹果园观察苹果树的开花、结果过程，学习授粉、疏果的知识，分享丰收的喜悦；到养殖场、种植园等特色农业基地参观，领略现代生物科技的无限魅力；到自然博物馆、动植物园学习，了解本地不常见的动植物的相关信息；等等。还可以邀请社区的有关专家或者负责人到学校做演讲或开座谈会，分析社

---

[1] 何芳，吴艳玲，樊莹. 初中课程资源开发和利用的实践智慧[M]. 北京：高等教育出版社，2004：137-138.

区提供的相关资料，提出改进社区工作的方法，等等，这些也是利用社区课程资源的重要方式。

让学生在生活中学习生物学知识，在亲身体验中感受生物学的美妙，从而激发学生对家乡的热爱之情，这种感受、体验和收获是课堂教学无法获得的。

（一）社区博物馆等文化资源

教师可以根据教学任务带领学生到博物馆进行参观教学，根据教学目的的不同可分为以下几种情况：可以是生物学课前的预备性参观教学，激发学生的学习兴趣，为即将学习的知识提供重要的参观学习经验；也可以是教师在博物馆中为学生讲授新课；抑或是在生物学课后为加深学生对已学知识的理解或扩大学生的知识面举办的参观教学。除参观外，还可以邀请博物馆专家到学校举办讲座、参与课堂教学等。充分利用博物馆资源，把教科书知识与课外知识结合起来，能增强生物学教学的知识性、体验性、趣味性，让学生在实践和创造中愉快地学习。

（二）动物园等社区动物资源

动物园是饲养各种动物供大家观赏、进行科学普及和宣传保护教育的场所，也是非常好的实地观察动物行为和生活习性的场所。学生在动物园中不仅能认识动物，观察不同动物的特征、习性，甚至还可以了解濒危动物保护知识和形成生态平衡发展观念。

（三）校园周边的医院、卫生防疫站等资源

在学习人体生理知识时，教师可以组织学生到学校附近的医院、卫生所去采访医生，了解人类心脑血管疾病、糖尿病、白血病等方面的防治知识，了解血常规化验数据及无偿献血等常识。也可以请有急救经验的医生到学校给学生开展急救知识的讲座，如开放性创口的包扎、骨折的处理、煤气中毒的处理、溺水紧急处理、人工呼吸的方法、120急救电话的拨打等，有条件的学校还可以组织学生进行急救演习活动，培养学生珍爱生命的情感。学校附近有卫生防疫站的，教师可以带领学生去参观，了解我国常见的传染病防治措施、艾滋病防治知识等，培养学生良好的生活习惯与卫生习惯，树立积极健康的生活态度。

（四）植物园、公园、小型广场等中的社区观赏植物资源

社区内观赏植物资源丰富。各地区都有具备当地特色的植物园、公园，农村几乎每个村子内都有小型的健身景观广场。这些场所内都有大量的各具特色的植物资源，教师可以带领学生就近参观游览，从中学习生物学知识。

（五）耕地、果园、菜地、生态采摘园等中的社区经济作物资源，以及蔬菜大棚、食用菌大棚、花卉种植基地等中的社区温室植物资源

经济果树、蔬菜等各种农作物是社区的经济作物资源。农村学校可以组织学生深入田间地头，了解各种农作物的生长周期、种植条件、田间护理、杂草清除、收获运输等知识，体会农民的不易；也可以去果园学习果树修剪、果树授粉、套袋摘袋、施肥除虫、落果包装等知识，明确不同果树的管理。

（六）社区食品加工厂、药品加工厂等企业资源

学校周围的食品加工厂、药品加工厂等工厂中可能有与中学生物学教学内容相关的知识，教师同样可以将其作为校外课程资源进行开发、利用。

（七）花卉市场、菜市场、海鲜市场等市场资源

市场里生物资源丰富，是学生调查、认识生物的好场所。市场摊主对所售生物产品的了解更加全面，有利于学生调查、了解、认识不同的生物。同时，市场里丰富多彩的生物资源也是学生生物学实验材料的获取地。

二、校园周边的自然环境课程资源

自然资源包含广泛，大到连绵山脉、河流流域、大片森林，小到路边的草地、山间的水沟。一草一木、一虫一鸟，都是丰富而真实的自然生物学课外课程资源。农村当地的学生有更多的机会接触大自然，生物学教师要抓住这些宝贵的资源，将它们尽可能多地应用到生物学教学之中。例如：可以组织学生观察当地的植物、动物群落，并对它们进行生物学分类；亦可以研究各物种在生态系统中的地位及相互关系，培养学生与自然和谐相处的生活态度。

（一）山脉自然资源

有些农村学校附近有山脉资源，教师可以以野外实习的方式对山脉资

源进行开发。学生在观赏美景的同时，既可以认识植物、采集植物标本、观察植物生活环境，又可以近距离观察昆虫、鸟类等动物的形态和习性，采集昆虫标本，还可以从整体上了解野外生态系统中生物与环境的和谐统一，形成环境保护的观念。学生在跋山涉水的过程中，身体得到了锻炼，感情得到了升华，团结合作精神也得到了增强。

（二）河流自然资源

教师应当了解当地的河流等自然资源，可以带领学生到安全的河流边采集和观察水生植物，了解水生植物的结构特点和生长环境，分辨水生植物与陆生植物的区别。在秋冬季还可以近距离观察天鹅等水鸟的生活和迁徙。

（三）树立保护自然环境的意识

从大自然中挖掘生物学课程资源可以让学生在感受自然美景的同时收获生物学知识，但是，生活污水、垃圾的任意排放，一些工厂的开办等使得农村的自然环境变差。为加强环境保护，美化赖以生存的家园，教师可以从环境保护、加强环境治理等方面出发，进行课程资源的开发，让学生树立保护环境以及爱护家园的意识。

在进行环保教育时，要让学生先充分了解身边存在的环境污染问题，并提出一些合理的建议。常见的环境污染主要有水体污染和空气污染两大方面。

1. 水体污染方面[1]

造成农村地区水体污染的原因主要有两个，一是工厂的废水处理不达标，二是生活污水处理不当。新闻曾报道河北出现了"癌症村"，究其原因就是当地药厂排放的废水渗入生活用水与农业灌溉用水，严重危害了当地村民的健康和农作物的生长。课堂上可以了解中学生是怎么看待类似事件，又有什么样的建议给排放废水的企业。在张家口赤城县，有一条因河底石头颜色为黑色，名为"黑河"的河流，该河流的水最终流向首都北京的饮用水源地，可以让学生调查黑河的水质是否遭到污染，并找到保护黑

---

[1] 张利群. 华北农村地区高中生物课程资源开发和利用现状与对策：以张家口市农村高中为例[D]. 武汉：华中师范大学，2015：31.

河不受污染的措施。

2. 空气污染方面[1]

一些农村地区缺少垃圾处理的专门场所，焚烧垃圾的现象随处可见，这些垃圾中不仅有农作物的秸秆，还有塑料制品，焚烧这些垃圾会造成严重的空气污染。对于一些可以回收利用的垃圾，可以变废为宝。比如：国家在农村大力推行的清洁能源——沼气，在张家口推广的是沼气池、禽畜舍、温室大棚和家用相结合的"四位一体"通过沼气相连接的生态农业模式，原理是有机物质如杂草、秸秆、人畜粪便等经分解菌和甲烷菌的作用，在一定的温度、湿度、pH值和隔绝空气的条件下，发酵产生可燃性气体沼气。教师可以在课堂上引导学生通过这一实例探究沼气作为清洁能源，其发酵的原理及其对环境保护的意义。

总之，校园周边的课程资源能够给学生提供丰富的学习素材，为学生学习生物学创设良好的学习条件，对于促进学生主动学习，更好地理解和掌握学习内容具有重要作用。教师要学会开发校园周边的课程资源，并根据学情和教学内容的需要对开发的课程资源进行选择和利用，使其服务于生物学课堂教学。

第三节　利用农村校内外教学资源开发生物学校本课程[2]

校本课程的开发和实践正成为当今教育教学改革的一项重要内容，也是学校层面课程改革和发展的一个基本趋势。校本课程在培养学生综合实践能力，激发学生学习兴趣，体现学校教育教学特色，将教育教学与生产生活实践相结合等方面，具有重要的作用。农村学校生物学教学资源的现代化程度虽然无法与城市学校相比，但农村学校有独特的生物学教学资源，如果教师能够注重对这些教学资源的有效开发，让其在构建农村生物学校

---

[1] 张利群．华北农村地区高中生物课程资源开发和利用现状与对策：以张家口市农村高中为例[D]．武汉：华中师范大学，2015：31．
[2] 张铁瑛．有效利用农村教学资源开发生物校本课程[J]．学周刊，2016（12）：34-35．

本课程中发挥重要作用，就能够有效弥补农村学校在生物学教学资源方面的不足，从而开发出有价值的农村生物学校本课程。

一、充分利用校园教学资源开发生物学校本课程

相对于城市学校，农村学校一般具有面积大、校园内植物种类多、各种实体生物学教学资源丰富的特点，因此，农村学校有着丰富的生物学课程资源。农村生物学教师要善于发现这些"隐性资源"并加以开发利用，在丰富生物学教学资源的同时，开发出具有当地特色的生物学校本课程。

（一）以认识校园植物及生物习性为主，开发校园植被情况校本课程

农村校园内往往生长着许多人工种植和自然生长的植物，这些植物既是教师开发生物学校本课程的重要资源，又是对学生开展爱校教育的生动素材。教师可以有效地利用这些资源，通过指导学生认识植物名称、研究植物属性、建立校园植被档案、悬挂各类植物名牌等，引导学生开展自主探究活动，开发和构建校园植被情况校本课程。这些校本课程与教学活动既补充和拓展了课堂教学内容，充实了学生的生物学知识，又增强了学生的实践能力，让学生在自主探究活动中主动学习更多的生物学知识，同时也让学生通过学习增强保护校园植物的意识、热爱校园的情感。

（二）依托农村学生有养殖动物经验的有利条件，开发校园动物研究校本课程

农村学生家中大都具备饲养动物的便利条件，教师可以通过调查了解学生家中饲养动物的情况，引导学生根据自己的兴趣爱好与所饲养的动物，分组开展一些动物研究类的校本课程。如：组织家中饲养家兔的学生开展家兔生活习性的调查研究。教师可以围绕学生在饲养与观察中出现的问题，引导学生通过查阅资料、动手探究等方法，学习与了解更多、更详尽的有关家兔的生活习性和饲养方法的知识。这样，既增加了学生学习生物学的兴趣，又让学生掌握了饲养家兔的技能，同时，学生还储备了一些未来从事农业生产方面的知识与技能。对于一些大型动物如马、牛、羊等的观察和研究，建议建立农村学生实践基地，阶段性地开展实践活动也可以让学

生掌握基本知识和基本技能。

（三）综合运用学校其他资源，开发一些综合研究类生物学校本课程

随着社会经济的发展，许多农村学校的教学设备已经得到了极大的改善。学校中一些生物学实验仪器与条件，为农村学校开发一些综合性生物学校本课程提供了可能。教师根据学校的条件与学生的能力情况，结合校园内的生物学教学资源，既可以引导学生有效开展研究生物结构、制作教具模型等一些简单的生物学教学活动，也可以开发一些诸如无土栽培、生长素对植物生长发育的影响之类的综合研究性校本课程，还可以在疫情期间开展科学防疫校本课，开展制作口罩、消毒液、防护服等探究活动，使农村学校生物学校本课程上升一个层次，使生物学校本教学发挥更大的综合教育功能。

二、依托校园周边教学资源开发生物学校本课程

从生物学的课程性质来看，生物学是农林、医药卫生、环境保护及其他有关应用科学的基础。农村校园周边有着非常丰富的与农林、环境保护等有关的教学资源，这为农村学校开发具有可操作性的有效校本课程提供了充足的资源基础，如果教师能从这些资源出发，构建一系列的生物学校本课程，将在一定程度上满足不同学生学习的需要，有效促进农村学生全面发展的需求。

（一）根据季节变化，开发周期性生物学校本课程

农村生物学资源随着季节的变化而变化，教师可以根据季节不同设计开发一些以学生实践活动为主的季节性生物学校本课程，增加学生校本研究的实效性与趣味性。如：春季可以开设一些与种植和栽培等有关的实践性校本课程，让学生通过实践活动学习栽培、嫁接等在农村具有实际操作意义的知识与技能，从而帮助家长进行种植和栽培等农业生产活动；夏季可以开展一些有关作物传粉、病虫害防治等田间管理类的实践教学活动，使学生将所学的知识应用于农业生产之中；秋季可以开设一些有关收集各种植物标本、农作物种子贮藏之类的教学活动；冬季可以开设一些有关农

作物越冬防冻类的教学活动等。这些随着季节变化而开设的农村生物学校本课程，与学生家庭生产密切相关，既可以增长学生的生物学知识，又可以让学生参与农业生产，有效地培养了学生动手动脑的能力，以及热爱劳动、热爱家乡的思想感情，全面提高了学生的生物学素质。

（二）有效利用家庭课程资源，开发因地制宜的生物学校本课程

在农村，无论是种植业方面，还是养殖业方面，几乎每个学生家中都具有可以开发和利用的课程资源，教师如果能在调查的基础上，组织学生开展一些周期较长的学习活动，就可以完成一些在校内难以完成的教学活动，让学生通过活动学会观察、记录与思考，从而增加生物学教学的深度与广度。如让家中饲养家鸽的学生完成从家鸽产卵、孵化到生长发育全过程的观察研究，并将观察记录情况与其他学生分享，让学生学到更多课本以外的知识，在活动中体验获取生物学知识的乐趣，增强学生热爱自然的情感。

总之，无论是校内还是校外，农村学校都蕴藏着非常丰富的生物学课程资源，如果教师能有一双发现这些资源的慧眼，就可以让这些课程资源在开发校本课程中发挥重要的作用。

第四节　研究与实践

案例 4-01　探秘草履虫的活动 [1]

活动背景： 单细胞生物作为生物界较原始的一个类群，在我们身边客观存在，在教材中也有较重要的位置。课标中对这部分内容的要求是：帮助学生形成"单细胞生物可以独立完成生命活动"的重要概念。围绕着这一概念的落实，在理论学习之后可安排这节实验课。

活动目的： 通过本节课，学生可以深切体会单细胞生物可以独立完成生命活动，并能客观观察和真实记录实验现象；认同细胞构成生物体的观

---

[1] 张艳，李璐. "探秘草履虫"的教学案例 [J]. 中学生物教学，2017（23）：37-40.

点，体会生命存在形式之美；关注家乡环境变化，保护环境和珍爱生命。

活动方案：

1. 获得草履虫：在对草履虫的结构及其生活环境有一定的了解以后，在学校周边找到草履虫的生活环境，并获取草履虫作为实验材料。

2. 探究草履虫的结构以及趋利避害的反应。

（1）草履虫的固定。利用10%乙醇溶液对草履虫的脱纤毛作用。乙醇有溶解纤毛但不破坏草履虫生理功能的作用，而且3～5小时后纤毛可以再生。在对草履虫的伤害降到最低的基础上，最大限度地控制草履虫的运动，乙醇溶液的最适浓度为10%。

（2）草履虫的防御功能。通过低浓度墨水刺激草履虫释放刺丝，验证草履虫的防御功能。该实验操作简便、效果明显、极易观察。

（3）用牛肉膏溶液、农药、酵母浸粉等，进行草履虫趋利避害的特性探究。配置培养基的牛肉膏配置溶液，效果明显。除了教材中提到的肉汁，还可以利用洗涤剂、米粒、蛋黄、蛋白胨、食醋等物质探究草履虫的趋性，结果草履虫逃避有害刺激明显，但对有利刺激反应缓慢。考虑到草履虫以酵母菌为食，它对酵母浸粉反应强烈，可以设计相应的实验。可以选择低浓度农药作为有害刺激之一，这样既不会对学生造成危害，又能让学生得出"农药对草履虫的危害巨大"这一结论。

（4）增加草履虫生殖方式的玻片标本观察。草履虫的生殖方式教材涉及较少，但生殖又是生物重要的特征之一。为了让学生对草履虫独立完成生命活动的过程有更完整的认识，在实验中可增加草履虫生殖方式的玻片标本观察这项内容。

活动过程：

1. 从宏观角度探究草履虫的应激性。

教师提前为学生准备多种实验试剂，让学生按照提出问题、做出假设等科学探究的步骤来进行实验的设计和操作，并交流讨论得出结论。

2. 从微观角度探究草履虫如何完成多种生命活动。

创新地设计利用墨水刺激草履虫释放刺丝、乙醇固定草履虫的方法，辅助学生观察草履虫内部结构及生理功能。为让学生对草履虫独立完成生命活动的过程有更完整的认识，安排了通过观察玻片标本了解草履虫的生殖方式这一实验内容。学生通过对实验现象的观察，感知草履虫作为单细胞生物确实能够完成各种生命活动，在感叹生命奇妙的同时，构建"单细胞生物可以独立完成生命活动"这一重要概念。

注意事项：获取草履虫的操作，需要根据当地的条件以及现实情况，考虑是否让学生参与。实验操作涉及化学药品，要严格遵守实验室规定，注意安全。

案例分析：教材本身就是一种课程资源。在具体的实施过程中，教师可以根据本地的实际，对教材内容进行合理改进，以便于课程实施。该案例给我们这样的启示：在具体的实验教学设计中，在遵循相应的实验原理的基础之上，教师可以对实验材料、实验步骤进行相应的调整，加以修改和完善，以获得最佳的教学效果。

案例 4-02 制作多肉植物小盆景

活动背景：多肉植物的养殖已成为许多人的喜好，多肉植物耐旱耐热容易繁殖，更是营养繁殖的好材料。教师指导学生通过制作多肉盆景，不仅可以让学生学习扦插、嫁接技术，还能美化班级环境。

多肉植物（肉质植物、多浆植物）是仙人掌科、景天科等具肥厚多浆肉质器官（茎、叶或根）植物的统称。全世界多肉植物 1 万余种，绝大部分属于高等植物中的被子植物，包括仙人掌科、景天科、番杏科、大戟科、夹竹桃科、独尾草科、天门冬科等 50 多科的部分植物。多肉植物作为盆栽在世界各地广受欢迎，目前常见的种类大多属于景天科和仙人掌科。多肉植物广泛分布于非洲、中南美洲干旱或季节性干旱地区，日本、美国、西欧则有很多非常著名的杂交品种。

活动过程：完成该项活动需较长时间。教师可将学生分成若干独立小组，让学生根据自己小组的空闲时间开展活动。步骤如下：

组建小组→查资料选择多肉植物→采购多肉植物→繁殖多肉植物→制作盆景。教师介绍繁殖方法，指导学生实践操作，完成小组作品。

多肉植物常见繁殖方法：

多肉植物因其分生组织发达，繁殖较容易，多采用营养繁殖的方法。常用的繁殖方法有嫁接、扦插、播种、根插、分株、叶插、截取生长点。播种繁殖在番杏科中较为普遍；叶插在景天科的繁殖中效率最高，被多数人采用；截取生长点对于瓦苇属的多肉植物最适宜；嫁接繁殖在仙人掌科中应用最多。

1. 叶插具体步骤指导。

（1）将景天科拟石莲花属、厚叶草属、风车草属等植物的新鲜成熟叶片左右摇晃轻轻摘取，不可破坏叶片基部生长点。

（2）在一扁平盆内盛入介质，表面需铺面。

（3）将新鲜摘取的叶片轻轻放于介质上。注意：只能叶面朝上平放或斜靠盆壁，切忌将叶片插入土壤中，否则将造成叶片腐烂。

（4）依不同品种，2～4周后叶片基部便会萌出小芽，待小芽长出根时或是无叶的小芽长出叶片时就算叶插成功。

（5）等母叶完全干瘪，其营养均被新叶吸收后便可将其摘除，此时便可将幼株再植。

2. 嫁接具体步骤指导。

尽量在生长期中进行，最适季节是初夏，选温湿或湿度大的晴天嫁接，空气干燥时，宜清晨操作。选择砧木与接穗时应选健壮无病的，不用木质化得太老部分，但太幼嫩的也不适合。砧木接口的高低，由多种因素决定，无叶绿素的品种要接得高些，以保证有足够的光合产物供给。接后放于阴处，不能阳光直射，在完全愈合前也不能使接口处沾水。成活后由砧木生出的侧芽、侧枝均应尽早除去，以免影响接穗的生长。

3. 不定芽繁殖方法指导。

景天科伽蓝菜属的植物，例如棒叶落地生根、窄叶落地生根、宽叶落地生根、掌上珠、玉吊钟等，会在叶片边缘生出小型的不定芽，落在介质上可生根发芽。可于春季将健壮的叶片平放在沙床上，与沙紧贴，避免阳光直射。1周左右即能从叶缘齿缺处长出不定芽，生根后可增加介质湿度促进幼株生长。也可将从叶缘齿缺处长出的、已生根的不定芽从母叶摘下放置于土上，使其自成一株。

4. 播种繁殖方法指导。

最好在春天进行播种。播种前先对种子、用具和基质进行杀菌处理。播种需要专门的育苗盆，盆上蒙一层塑料膜并在上面戳数个小洞以保证透气，播种期间要注意气温适宜、光照适度、通风和保持湿润。多肉植物不同品种播种方法不同，在此仅供参考。

5. 分株繁殖方法指导。

取群生的景天科、瓦苇属、仙人掌科、生石花属等多肉植物，将其根部已经完全分离的侧芽取下，或用清洁的刀片割下分离的侧芽。待母株和侧芽的伤口均在阴凉通风处晾干后，将母株再植，将健壮且已经有根的幼苗直接栽种，将无根的侧芽插入微微润湿的土壤中诱发根系生长。对于景天科的多肉植物还可将需要长出根系的部位晾于空气中，诱发其生气根，待气根生出后再植即可。

6. 生长点截取繁殖方法指导。

对于未徒长的植株，将瓦苇属（包括玉露、玉扇、万象等）、景天科的植株用鱼线绕其生长点一圈（最好是在生长点外留 1～2 层叶片），抓住鱼线的两端，迅速拉一下，此时其生长点就被完整地截取了，随后将母株和截取部分的伤口杀菌晾干，待截取部分伤口干透后再植即可。

7. 根插繁殖方法指导。

此方法仅适用于瓦苇属的玉扇、万象。取成年植株的粗壮营养根一条，一定要完整，最好带一点叶部组织。将根上的毛细根剪除随后插入湿润的土壤中。4～5 周后，便会看到幼芽的萌生。

不同多肉植物繁殖成功后购买花盆（或用废旧的塑料盆和塑料桶自制容器），设计造型，分步移栽。作品成型后加强修剪和管理，并形成过程报告。

案例分析：学生通过近 6 个月的探究活动，掌握了一系列多肉植物的基本繁殖方法，了解了多肉植物的种类、特征和生活习性，既锻炼了动手能力，也懂得了如何科学管理多肉植物，更重要的是掌握了一门技术。

案例 4-03　观察种子的发芽

活动背景：不同种子的休眠期不同，萌发条件也有差异。教师指导学生设计使用合理的容器和实施方案探究不同种子发芽所需要的条件的差异。种子萌发需要适宜的温度、适量的水分、充足的空气，观察种子萌发需要透明的容器（利于观察）。还可以继续探究光对种子萌发是否有影响。

活动任务：利用学生对种子萌发过程的了解开展实验活动。

活动过程及分析：学生通过小组讨论解决教师提出的要求。

1. 用废旧的矿泉水瓶、饮料瓶等透明塑料瓶做成若干个容器。

（1）用剪刀把瓶子的上部剪成自己喜欢的形状，下部形成空间充足的杯状结构。

（2）在瓶子底部的侧壁扎上小孔，瓶内底部放入海绵（或脱脂棉、湿巾等）以增加透气性。

2. 将种子放在海绵（或脱脂棉、湿巾等）上，洒上适量的水。

3. 把一部分容器放在教室有阳光的窗台上，一部分容器放在背光处，定期洒上适量的水并观察记录。

实验过程中，学生发现有颜色的透明塑料瓶放在阳光下做对照实验不妥当。经小组讨论后，认为可在相同环境中放入相同颜色的透明塑料瓶和无色的透明塑料瓶，观察记录种子萌发过程中所需条件是否相同。

探究实验结束后，根据记录的数据和现象得出结论：种子萌发不受光照的影响。那么，是否所有种子的萌发都不需要光照？经过向农民请教和上网查找发现，有些种子的萌发需要光照。植物的种子萌发时需要光的，叫作需光种子，如莴苣、烟草、紫苏、胡萝卜、桦木等植物的种子；萌发时不需要光的种子称为嫌光种子，如葱、西红柿、韭菜、苋菜、茄子、南瓜等植物的种子。

案例分析：该探究活动让学生通过观察种子的发芽，了解不同种子的休眠期以及种子的萌发条件与过程，使学生对农业实验更加感兴趣，对相关生物学知识的理解更加透彻，同时可以培养学生的实践能力和探究能力。

案例 4-04　青蛙与蟾蜍的异同

活动背景：学生对青蛙和蟾蜍已有认知，并且对这部分知识有兴趣，教师在"两栖动物的生殖和发育"的教学过程中可以利用学生对两者之间错误的认识进行挖掘和开发,将错误的认知用正确的知识替换,使知识转换更加深刻。

活动目的: 学生能够分辨青蛙与蟾蜍,内化两栖动物的生殖和发育过程。

活动过程: 利用问题串方法,加深学生对知识的理解。

教师:同学们了解青蛙的一生吗?与青蛙同类的动物还有哪些?

学生:蟾蜍,青蛙是由蝌蚪变来的,蟾蜍也是由蝌蚪变来的。

教师:青蛙与蟾蜍有什么不同?怎么区分青蛙与蟾蜍?

学生:蟾蜍身上有颗粒,还有毒。

学生:蟾蜍和青蛙走路的方式不一样。

学生:蟾蜍的蝌蚪尾较短。

学生:蟾蜍的个头一般比青蛙大。

教师:不一定,在一定区域内有这种现象。

(教师一插话,引发了学生的积极发言,并提出了新的问题)

学生:怎样区分变成青蛙的蝌蚪和变成蟾蜍的蝌蚪?

学生:蟾蜍也抱对吗?

学生:蟾蜍也像青蛙一样用鸣声来吸引异性吗?

案例分析: 这些问题的提出激活了学生头脑中已有的相关知识,加强了"书本世界"与学生的"生活世界"的联系,教师所授知识不再局限于教材,而是深入到学生的生活经历和经验当中,点燃了学生的学习热情和兴趣。同时,有效地把学生视野中的生物学知识和教师要讲授的生物学知识联系在一起,引发学生的探究欲望。教师可以从学生的回答中了解他们头脑中已有的知识,明确学生到底对哪些知识比较模糊,从而提高课堂教学的针对性和趣味性。

案例 4-05 光照强度对植物的光合作用的影响

活动背景: "探究环境因素对光合作用强度的影响"是高中生物学教材中的一个探究实验。该实验不仅可以帮助学生理解光合作用的原理和过程,还能够提高学生的实验设计能力和培养学生的探究性思维。

活动目的: 以探究光照强度对簧藻、绿萝光合作用的影响来开展学生的第二课堂实验，不仅可以解决教学中的难点内容（呼吸速率、总光合作用速率和净光合作用速率），还可以有效培养学生的实践能力、实验探究能力，提高学生的生物学学科核心素养。

案例 4-05-01[1]

活动方案：

1. 实验材料。

选用单子叶沉水草本植物篦藻作为实验材料，取材便利，价格便宜。将生理状况相同的篦藻，平均分成三组并用剪刀剪成小段，使篦藻叶片舒展开并悬浮在溶液中，避免因篦藻叶片相互挤压影响受光面积。

2. 实验器具和试剂。

10 mmol/L$NaHCO_3$ 溶液，有色液滴（龙胆紫溶液或有色墨水），6W、12W、24W LED 台灯，250 mL 抽滤瓶，1 mL 量程移液管，三脚架，乳胶管，温度计，2 L 烧杯，秒表，洗耳球等。

3. 实验装置。

首先在抽滤瓶内加入 400 mL 的 10 mmol/L$NaHCO_3$ 溶液，然后放入实验材料篦藻，接着用洗耳球吸取少量有色液滴（龙胆紫溶液或有色墨水等）到移液管中，再用乳胶管连接抽滤瓶口和带有有色液滴的移液管，塞上抽滤瓶塞子。为防止移液管从三脚架中滑脱引起安全性问题，可用透明胶和小纸条在三脚架上设置 2 个卡槽，卡住移液管。

4. 进行实验，对实验结果进行分析。

注意事项： 该实验装置除了应用于探究光照强度对光合作用强度的影响，还可以应用于探究其他环境因素，如光质、温度、CO_2 浓度等对光合作用强度的影响。若将该装置放于黑暗条件下，篦藻不能进行光合作用，但其本身的呼吸作用消耗抽滤瓶内的 O_2，导致抽滤瓶内压强减小，有色液滴在移液管中向左移动。因此，该装置还可以应用于"探究不同环境因素对呼吸作用的影响"等实验。

---

[1] 张妮. 探究光照强度对篦藻光合作用强度的影响 [J]. 生物学教学，2019，44（8）：58-59.

案例 4-05-02

活动方案： 选用天南星科常绿藤本植物绿萝（如图 4-1）作为实验材料。绿萝是常见的家庭观叶花卉，其叶片翠绿光亮、呈革质，取材方便，且实验过程中不易堆叠在一起，也不容易粘在容器的内壁上。实验仪器由烧杯换为注射器（如图 4-2），既可以避免转移叶片的麻烦，也可以定量吸取试剂；实验中用到的 LED 灯的瓦数增大到 60 W；用焦性没食子酸作为指示剂，在碱性环境下该试剂遇氧会由无色变为褐色，通过比较相同时间内的颜色深浅，判断氧气的含量。该实验的自变量是光照强度，通过改变光源与实验装置之间的距离进行控制，自制的含 LED 灯的实验架控制此距离；因变量是光合作用强度，可以用单位时间内 O_2 的产生量表示。

 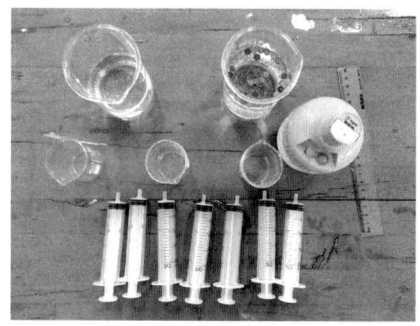

图 4-1　　　　　　　　　　　　图 4-2

1. 实验器具和试剂：自制含 LED 灯的实验架，量程 20 mL 的注射器若干，绿萝（已打好等大的小叶圆片装进注射器备用），质量分数为 0.5% 的焦性没食子酸溶液，质量分数为 0.6% 的 $NaHCO_3$ 溶液。

2. 实验装置：如图 4-3 所示。

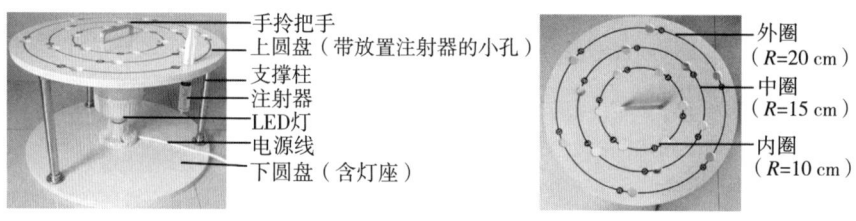

图 4-3　自制实验架（含 LED 灯）

3. 进行实验，对实验结果进行定性分析。

距离光源最近的注射器颜色最深，说明相同时间内产生的氧气最多；距离光源最远的注射器颜色最浅，说明相同时间内产生的氧气最少。由此可以得出结论：在一定范围内，随着光照强度的增强，光合作用强度逐渐增强。

注意事项：

1. 实验开始前，排出注射器内的清水（空小烧杯）。

2. 同时取 15 mL 等浓度的 $NaHCO_3$ 溶液（空大烧杯）。

3. 安装针头，同时吸取 2 mL 焦性没食子酸溶液。

4. 安装针头时，注意安全，避免皮肤被针扎破。

5. 现象最明显时，及时拍照记录（以白纸作为背景）。

案例分析： 本案例结合自制实验装置，对教材实验进行一定的改进。通过注射器中溶液的颜色深浅，学生可以通过光照强度对光合作用的影响进行定性分析。本案例中的实验装置也可用于探究 CO_2 浓度、光质、温度等因素对光合作用的影响。具体思路是：

1. 探究 CO_2 浓度对光合作用强度的影响：可以在 6 支注射器内加入相同数目的小叶圆片，等量的不同浓度的 $NaHCO_3$ 溶液，以及等量的焦性没食子酸溶液，再将注射器置于实验架的同一个同心圆上，比较相同时间内各支注射器内溶液的颜色深浅。

2. 探究光质对光合作用强度的影响：选择 3 个实验架，在每个实验架上距离圆心最近的圆孔上放一支注射器，每支注射器内都加入等量的小叶圆片，等量且等浓度的 $NaHCO_3$ 溶液，以及等量的焦性没食子酸溶液。在 3 个实验架中间分别放置蓝色、红色和绿色的灯泡。比较相同时间内各支注射器内溶液的颜色深浅。

3. 探究温度对光合作用强度的影响：在 3 支注射器内分别加入相同数目的小叶圆片，等量的 $NaHCO_3$ 溶液，以及等量的焦性没食子酸溶液，再将注射器置于实验架的同一个同心圆上，同时取 3 个大烧杯，分别加入不同温度的水，对 3 支注射器进行水浴保温。比较相同时间内各支注射器内溶液的颜色深浅。

案例4-06 空中生物园种植活动

活动目的：在种植活动中认识常见的蔬菜、花卉，进一步培养学生的多种能力。

活动任务：学生种植几种常见的蔬菜或者花卉，观察其生长发育繁殖的全过程；收获的产品用于分享或者义卖。

活动过程：

1. 每个学期第二周成立学生社团，开设校园小农夫校本选修课。

2. 从第三周开始，结合生物学知识和农业生产要求，从选种、挖地、整地、种植、移栽、施肥、浇水、除草、除虫、收获等方面对学生进行理论和实践的培训。

3. 学生分组种植，在实践操作中学会蔬菜和花卉的种植技术，结合理论知识进行分析、总结和交流。

4. 收获的产品，一部分由学生带回家与家长分享，一部分在放学时由学生进行义卖，所得善款捐赠给学校作为助学基金；还可以为实验室提供鲜活的实验材料。

5. 校本选修课结课时，教师根据学生的表现评定等级和决定是否给予学分。

注意事项：

1. 户外实践活动需要提前进行安全教育和纪律约束。

2. 学生全过程记录学习活动和种植活动，教师全过程记录学生的表现情况和收获成果的情况。

案例分析：现在很多中学生缺少参与劳动实践的机会，导致他们不认识常见的蔬菜和花卉。本案例旨在为学生提供参与农业劳动的机会，让学生在种植的过程中，既认识常见蔬菜和花卉，又将理论与实践相结合，掌握基本的种植技巧，增加生产生活经验，学会合作与分享，提高解决问题的能力。这一活动真正做到了在做中学、在做中思考，不仅教师和学生的综合素质都得到了提高，更收获了对生活的积极态度。

案例 4-07　校园植物"身份证"的制作[1]

活动目的：

1. 通过对校园植物的识别，提高学生对身边植物的认识，促进学生更好地理解生物学概念或基本术语。

2. 校园植物的识别与挂牌可以帮助学生掌握植物形态、解剖、分类等方面的实验技能，并提高学生探究思考、知识运用、动手操作等能力。

3. 培养学生热爱大自然、热爱生物科学的情趣，增强学生对生命的珍惜和热爱。培养学生的团队合作精神。

活动过程：

1. 组建活动小组。

选拔责任心强，观察、动手、组织能力强的学生若干名统一进行植物常识培训，制订活动计划，确保学生在教师的指导下有目的、有计划、有组织地开展活动。

2. 校园植物的调查。

利用课余时间，分季节对校园植物进行调查。调查时，分组分工，分配地域，实地调查，了解植物的名称、数量、种类等情况。对植物不同部位进行拍摄，以确保所拍植物照片的清晰度和可用性。对所拍摄的照片进行汇总，选出清晰度和效果较好的植物照片若干，存档，以便查找植物志时进行比对。

3. 校园植物的挂牌。

查阅有关资料（如《中国植物志》、地方植物志等）弄清校园内植物的科、属、种、学名、别名、英文名、生物特征、习性、用途等知识并制作标牌，每名学生负责制作两块标牌。最后，举行挂牌仪式，将制作好的植物标牌挂在对应的校园植物上，使这些植物都有属于自己的"身份证"。

案例分析： 校园植物不仅可以发挥重要的生态功能，还具备知识学习、德育教育、审美培养、劳动教育等作用。本次校园植物挂牌活动有利于全

---

[1] 张志祥，张亦真，陆炯韬.生物校本选修课创新设计一例：校园植物"身份证"的制作[J].课程教育研究，2018（41）：244.

校师生进一步认识、了解身边的植物，营造出浓厚的专业学习气氛和校园学术气氛，增强学生的环保意识，这无形中也提高了校园绿化的知识内涵，增加了校园的整体文化气息。

案例4-08　校园蔷薇科植物嫁接活动

活动背景：

学生在生物学课堂上已经学习了植物无性生殖的基础知识，但是对于无性生殖中的嫁接原理和实际操作还未有接触。嫁接方法操作较为简单，生活中运用非常广泛。嫁接是利用植物受伤后具有愈伤的机能来进行的。嫁接时，使两个伤面的形成层靠紧并绑扎在一起，因细胞增生，彼此愈合成为维管组织连接在一起成为一个整体。

蔷薇科植物为双子叶植物，广布于全球。我国蔷薇科植物分布广泛，种类约占全球的1/3。校园内蔷薇科植物种类丰富，有碧桃、红叶李、樱花、垂丝海棠、绣线菊、蔷薇、月季等。蔷薇科植物中有的为重要的果树，有的为很好的观赏植物，在生产生活中常用嫁接的方法进行繁殖。本活动既是对课堂知识的延伸，也是培养学生动手能力的良好途径。

活动目的：

1.知道校园蔷薇科植物的名称、特征、生活习性，了解蔷薇科不同植物的区别。

2.掌握枝条嫁接技术，掌握嫁接的流程和细节，正确嫁接，确保嫁接枝条的成活率。

3.尝试利用校园蔷薇科植物枝条进行跨种嫁接，培养学生的探究意识，以及尝试探索新事物的意识。

活动方案：

1.重难点。

（1）枝条嫁接技术的实际操作。

（2）枝条嫁接技术在实际操作过程中的细节把握。

2.方法：自主学习法、讨论法、演示法、探究法、实际操作法。

3.材料器具：小刀、剪刀、塑料绳。

4.活动过程。

（1）自主学习。

①学生自主学习，进一步了解校园植物哪些属于蔷薇科植物，知道它们的特征、习性，说出它们的异同点和在校园内的分布情况。

②在课本学习的基础上进一步学习嫁接的分类，教师重点介绍枝接的流程和技巧，确保学生熟悉嫁接的流程。

（2）任务分工。

通过小组合作的形式给学生安排任务，明确每名学生完成两件作品，包括同种嫁接和跨种嫁接作品各一件。通过讨论，明确各种蔷薇科植物的生长地点，便于取材和进行嫁接活动。

（3）探究活动。

①现场演示。

教师根据学生的自主学习，在校园内现场演示嫁接活动，告知学生选枝、选择砧木的要求，如何进行接穗剪取，如何确保嫁接时接穗与砧木的形成层紧密结合，最后如何进行嫁接处捆绑。目标明确、操作规范、动作快速、方法科学是提高接穗成活率的保证。

②取枝。

小组学生到达相应地点，自主选择材料。一般选择去年生长的、较粗壮的、枝条形态较规则的枝条。

③选择砧木。

选择的砧木枝条与接穗的枝条粗细均等，为无病害、长势良好的两年生或一年生枝条。砧木不能选取枝条太密集且位置太矮的地方。

④嫁接。

首先比较接穗枝条和砧木枝条的粗细，用剪刀截取选枝上有 2～4 个芽的部分，再用小刀将底部削成 1 cm 左右的"V"形，最好一侧一刀一次性削成，避免形成层损伤太多，不易于砧木形成层更好愈合。用剪刀剪去砧木枝条上部，用小刀在砧木中央切下 1 cm 深的切口，迅速将接穗下端插入，再用塑料绳从接口下端向上紧紧捆绑至接口上端，扎紧，确保锁住水分便于伤口愈合。该过程要强调小刀的安全使用。

（4）展示交流。

小组成员之间通过组内互助完成的作品是小组共同合作的结果。教师组织学生参观每一小组的作品，指出作品的优点和不足，敦促小组成员及时改进，甚至重新嫁接。

案例分析：本活动深挖校内资源，既是课内内容的延伸，也是学生动手实践的一次有益尝试，尤其对于农村的学生来说，该活动更贴近生活。学生在做中学，进一步理解掌握嫁接的操作要点，知识的生成内化更扎实、更高效，同时进一步培养了学生的动手实践能力。

案例4-09　社区调查活动

活动主题：以"食品安全"为主题的调查活动。

活动目的：

1. 培养学生进行调查研究的能力，资料搜集的能力，以及发现问题和解决问题的能力。

2. 培养学生养成良好的生活习惯和健康的饮食习惯。

活动方案：

1. 活动准备。

（1）探讨活动的必要性，以小组讨论为主，师生共同研讨本次活动的目标。

（2）各小组成员协作分工，明确任务，并且制订活动计划。

2. 活动时间：利用课余时间，以小组为单位进行调查活动。

3. 活动过程。

（1）引入新课。

教师课前搜集有关食品安全的案例，如苏丹红事件、三聚氰胺事件、毒大米等，课上借助多媒体，逐一向学生讲述有关食品安全的案例，引出"食品安全"的话题，并请学生谈谈想了解的问题，由此确定此次调查活动的课题。

（2）设计研究方案。

学生活动方案一：研究课题"调查食品安全问题事件"。

活动计划：

①深入家庭、学校或社区进行调查访问，了解近几年发生在身边的食品安全事件。归类整理，将搜集到的事件列出来。

②展开采访活动，调查家人、教师、邻居等的饮食习惯。

③记录自己的见闻和感受。

学生活动方案二：研究课题"调查学校周边的食品安全"。

活动计划：

①分组调查，利用课余时间到学校周围的小商店、小摊、餐馆等进行调查。

②调查食品的生产日期、保质期，以及有无食品质量安全标志等。

③小组交流调查访问的结果，总结归纳，列出存在的问题。

学生活动方案三：研究课题"调查超市食品安全"。

活动计划：

①分组调查，利用课余时间到附近的大型超市进行调查。

②调查商品是否已标明生产日期、食品原料、营养成分，有无食品质量安全标志，是否是"三无产品"等。

③小组交流调查访问的结果，总结归纳，列出存在的问题。

学生活动方案四：研究课题"探寻食品安全问题的防范措施"。

活动计划：

①查找资料，了解我国解决食品安全问题的相关政策以及法律法规。

②设计宣传海报，在校园中进行食品安全知识的宣传。

③交流汇报。

④小组之间交流、修改各自的活动方案，使活动方案更加完善。

4.成果展示。

案例分析： 调查是科学探究常用方法之一，而食品安全关乎健康生活，学生利用社区资源进行相关调查：调查周边的食品安全现状，调查身边人的健康生活习惯，向身边人宣传食品安全的相关内容……从校内到校外，从理论到生活，关注健康生活，关爱他人，培养社会责任感。

案例 4-10　我为家乡添点绿

活动背景：吉林省通化市是一座美丽的山城，拥有丰富的地理景观和人文景观，也具有多样的民族文化。在教学中充分挖掘这些课程资源，有助于达成教学目标。例如在"生态系统"一节的讲解中，教师可以带领学生到通化市忆江园公园参与城市绿化管理处的绿化活动，培养学生的环境保护意识。

活动目的：开展爱绿护绿活动，培养学生的环境保护意识，理解生物学知识。

活动过程：

1. 准备阶段：师生于忆江园公园集合，听取绿化处工作人员现场演示波尔多液的配制过程，工作人员讲解并说明波尔多液的使用方法及防治农业害虫的原理。

2. 亲手实践：动手为忆江园公园的树木涂刷波尔多液，以达到防治病虫害的目的。

3. 善于合作：在活动过程中学生、教师互相配合，主动参与劳动，乐此不疲，在劳动中收获知识，在合作中收获快乐。

案例分析：活动中，学生从课堂走入生活，参与社会研学实践，了解了自己的家乡，增加了更多的知识储备和学习资源，大大培养了学生热爱家乡的思想情感和保护环境的意识。学生在劳动的过程中互相交流并及时发现问题、思考问题，以小组为单位主动向绿化处的工作人员提问：常见绿化树种有哪些，有什么特点；本市植被分布特点及绿化特点；本市的地貌、土壤、气候特点；等等。工作人员针对学生提出的问题进行了耐心细致的讲解，使学生了解了本市的常见绿化植物的种类、特点及城市绿化的特点。

案例 4-11　家乡的生态系统

活动目的：

1. 通过调查，学生能列举出不同的生态系统，并能说出不同生态系统的特点。

2. 阐明生态系统的自我调节能力是有限的，并形成生态观念。

活动建议：

1. 搜集和交流不同生态系统的资料。

2. 搜集生态系统受到破坏的实例。

活动方案：

1. 活动时间：春、夏、秋季均可。

2. 参加活动成员：班级或课外小组。

3. 组织方式：学生分成多个兴趣小组，如鱼类兴趣小组、鸟类兴趣小组、水生植物兴趣小组、陆生植物兴趣小组等，学生根据兴趣加入不同生态系统小组并开展调查工作。

4. 活动内容：各小组开展相关物种的调查，记录生物的名称、外形特征、所属纲目、生长情况等信息；选择代表性生物及优势种进行研究，观察动物的生活习性，植物的生长发育状况，并做详细记录；回校后通过查阅书籍或上网搜索等方式对所观察生物进行进一步研究，思考其体征和生存环境是否存在某种关系；最后，采集非保护品种的动植物样本，对调研结果进行讨论和交流，学生需要根据自己的探索研究以及讨论写调研学习报告。

案例分析： 传统教育模式，教师在对"生态系统的类型"这部分内容教学时，常以在带领学生观察图片、观看资料后讨论的方式进行授课。课堂枯燥乏味、内容苍白、形式单一，不利于学生主动学习生物学知识。本案例主要提倡利用当地湿地生态系统，以及森林生态系统、农田生态系统、淡水生态系统作为课外资源进行研究，激发学生的学习兴趣，培养学生的实践能力，发展学生的个性与创新精神。

开发和利用公共设施、社区资源和自然资源等校外生物学课程资源，可以激发学生的学习兴趣，唤起学生强烈的求知欲望，学生在动手、动脑中发现问题、解决问题，从感性认识上升到理性认识，并能以实践的角度去理解生物学知识与实际生活的联系。

案例4-12 白鹤山生态系统的野外考察活动 [1]

活动背景：邛崃地处成都平原西南部，是一座环境优美的小城，也是一座旅游城市，作为生活在这景色宜人的地区的居民，理应去了解该区域的生态环境，并利用所学的知识去解决生态环境中的部分问题。

活动目的：将乡土生物资源融入高中生物学教学中，帮助学生了解自己居住的生活环境，激发学生对生物学的学习热情，培养学生的乡土情感。

活动方案：

1. 教师准备：提前进行野外考察活动。

2. 学生准备：搜集、熟悉与考察点相关的资料，回顾相关的生态学知识。

3. 理论授课：教师回顾生态学知识，系统讲解与考察点相关的背景知识，引导学生进行分组并完成分工。

野外考察地点：白鹤山和竹溪湖。

考察路线：从邛崃二中出发，乘坐公交车到鹤林寺广场，步行到幽居寺—罗顶山—螺丝洞—九里畔—大佛沟—远兴村—葫芦村—竹溪湖—仙人洞—白鹤山，最后在鹤林寺广场集中乘坐公交车回学校。

考察内容：

（1）观察考察地区的土壤状况，了解该区域的土质、土壤湿度。

（2）观察该区域的植被类型、状况及分布规律。

（3）观察记录区域内的优势种，物种的丰富度，观察区域内植物的分层和动物的分层。

（4）观察考察区域内人类活动对植被分布的影响，分析"践踏"这一行为对群落演替的影响。

（5）了解竹溪湖生态环境和生态结构。观察该生态区的生态结构，能量的输入、输出等过程。

（6）学生在教师的指导下制订出行方案。

---

[1] 匡薇.邛崃市乡土生物资源与高中生物学教学的整合利用研究[D].成都：四川师范大学，2017：29-32.

4.工具准备：学校校旗；每组1个罗盘、1台数码相机、2个扩音器；特制样本袋1个，笔记本、笔若干。

5.活动过程：在教师带领下，学生以小组为单位进行野外考察，以小组为单位提交考察报告，每一名组员写一份考察心得（根据自己的观察提出问题，并结合所学知识拟定相应的解决方案或改进办法）。

案例分析：本案例充分利用学生身边的自然资源进行考察，学生对家乡的自然生态环境有了很好的认识，也激发了学生保护环境的意识。此次野外考察不仅有助于学生进一步认识和了解居住的环境，更有利于学生通过理论联系实际更深入地理解课本上的知识。

案例4-13　农田生态系统调查活动 [1]

活动背景：X市实验中学是典型的农村基层教学单位，教学资源短缺，实验设施不健全，很多教材中要求的实验材料缺乏，但其有独特的教学资源和教学优势。此学校地处烟筒山镇西侧边缘地带，周边有大量可耕种的土地，有水田和旱地，还有树林（在学校的南边有烟筒山，西边有炮台山）、沟渠、河流、池塘等资源，同时养鹿、养猪、养鸡的农户也较多，而且此校的学生从小在农村长大，对常见动植物的形态结构较熟悉，对动植物生长发育过程有着切身的了解。

活动目的：生物学教师可以利用学校周边特有的环境资源设计生物学教学的户外调查实验活动，如开展农田生态系统调查活动，让学生获得鲜活、明了而又系统的生物学知识，增强学生的环境保护意识、保护生物的多样性意识，有利于培养学生的情感态度与价值观。

活动方案：

1.理论授课：教师讲解当地常见生物的种类、生活习惯、生理结构等。在教师引导下，学生进行分组，明确以下内容。

调查范围：位于学校北边的水稻田及水田附近的小河；学校西边的玉米地。

---

[1] 王玲.结合农村实际开展初中生物实验教学的策略研究[D].长春：东北师范大学，2011：15-19.

调查内容：

（1）水稻田中的常见植物、动物，注意植物与植物、植物与动物之间的关系，以及这些生物适应其生活环境的特征。

（2）玉米地中的常见植物、动物，注意植物与植物、植物与动物之间的关系，以及这些生物适应其生活环境的特征。

（3）水稻田旁的小河中的生物种类，包括常见植物、动物，并观察了解植物与植物、植物与动物之间的关系，以及这些生物适应其生活环境的特征。

（4）对比观察水稻田、玉米地和小河中的植物在种类、形态、结构上的区别，对比三个地方的动物的种类、形态和结构上的区别。

（5）观察当水稻田施肥较多时，小河中生物有何变化，也可走访当地农民寻找答案。

（6）走访当地农民，了解农民在水稻田、玉米地除草对水稻、玉米的益处，建议学生尝试用生物学相关知识来解答。

（7）考察并走访当地农民，了解洪涝、干旱和低温对农田生态系统有何影响，建议学生尝试用生物学相关知识来解答。

（8）确定调查路线，小组进行分工并制订调查计划。

2. 工具准备：调查表、笔、昆虫网、放大镜。

3. 活动过程：在教师带领下，学生在预先选好的调查范围进行调查，沿着事先设计好的路线边调查边记录；注意记录不同的植物、动物等生物的名称、数量以及生活环境的特点，还要注意观察记录在植株叶片上、草丛中、枯枝落叶里等处容易被忽略的小生物。结束后，将全组调查到的生物按某种共同特征进行简单归类，如形态结构或水生、陆生生物等，归类主要由学生讨论完成。将归类好的生物资料进行整理，记录在笔记本上。

注意事项：

1. 注意安全，同组学生要集体行动，不要一个人走到偏僻的地方，不要攀爬高处，不要下水，等等。

2. 在观察期间，每周生物学课上都要预留一定时间，由教师对一周以来学生记录的观察笔记进行点评和总结，并对记录的具有代表意义的农田生物群落种群间或种群内部的生理活动或生命现象进行科学的解释，让学生根据本小组的观察笔记填写总结表。

3. 调查是一项科研工作，对所看到的生物，不管是否喜欢，都要认真观察，如实记录，不能凭个人好恶取舍。

4. 不要损伤植物和伤害动物，不要破坏生物的生活环境。

案例分析：本案例充分利用学校周围的资源开展调查活动，使学生通过对自然的观察和体验，获得第一手研究资料，在一定程度上弥补了学校教学资源的不足，增强了学生探究生物活动规律的积极性和主动性；提高了学生参与实验的主动性，并能让学生在调查过程中领悟科学研究方法，认识到人类活动对自然的影响，增强学生的环境保护意识。

案例 4-14　关于生态环境污染情况的调查

活动目的：调查学校所在地区工厂污水处理和排放方式对附近河流水质的影响，通过调查、采样和检测，提高学生对环境问题的认识和分析能力，增强环境保护意识。

活动方案：

1. 研究方法：调查法、访谈法、采样法、检测法等。

2. 研究过程：教师指导学生通过查阅资料和访谈工厂相关人员等方式，了解工厂产生工业废水的原理、废水的主要成分，以及工厂对污水的处理方式、污水处理后的主要成分。收集污水排放口的河水、河流中段的河水和河流下游的河水，联系相关检测单位检测水质，得出结论。

案例分析：本案例充分利用了学校周边资源，通过调查，使学生掌握相关的调查研究方法，提高了学生对环境问题的关注度。本次调查实践活动结合教学内容，通过教师的精心设计使学生亲历研究过程，学生在学习知识的同时，提高了收集、整理、分析资料的能力，以及与人沟通的能力和动手操作能力。

案例4-15 校园周边环境污染 [1]

活动背景：某高级中学是一所农村高级中学，校园内绿树成荫、草木葱茏、花香弥漫、鸟叫虫鸣、优美整洁。但学校周边的环境污染比较严重：一边是学校西院墙外养殖区发出的臭味，一边是学校东面几个冷冻厂散发出的令人作呕的腐臭味道，外加上村民生活垃圾和生活污水从学校北面露天下水道流出……除此之外，还有噪声污染：学校三面都是公路，每天车水马龙的，各种机动车发出的噪声不得不让师生们紧闭着门窗上课。

活动目的：针对学校周边环境污染的问题，确立课外综合实践的主题为"关于高级中学校园周边环境污染的调查研究"。通过这项调查研究，引起有关部门对学校周边环境的重视，唤起村民自觉保护环境的意识，同时也使学生养成保护环境的良好行为习惯。

活动方案：

1. 确定活动内容，小组分工：学生在教师的引导下进行分组（分成四个组：蓝天卫士小组、绿地卫士小组、河流卫士小组和地球卫士小组），明确调查范围，确定调查内容。

（1）蓝天卫士小组走访村民，调查学校周边造成空气污染的污染源种类及污染源的数目。

（2）绿地卫士小组调查学校周边造成绿地污染的污染源种类及污染源的数目。

（3）河流卫士小组调查学校周边造成河流污染的污染源种类及污染源的数目。

（4）地球卫士小组调查造成周边环境污染的社会原因，调查学生家长、周边居民、教师和学生对此问题的看法，并协助社区、学校参加校园周边环境整治工作。

各小组确定调查路线后，小组进行分工并制订调查计划。每个小组针对自己负责的问题进行全面细致的调查研究，同时，小组成员也可以穿插自己感兴趣的问题进行调查研究，以提高研究的积极性和主动性。

---

[1] 韦江鹏. 关于赣榆高级中学校园周边环境污染的调查研究 [J]. 未来英才，2017（1）：274-275.

2. 活动过程：

（1）进行现状分析，确定研究问题。通过到校园周边现场调查、亲身感受、走访村民和拍摄的照片，分析学校周边环境污染情况，引出本次实践活动的主题。

（2）深入现场调查，研究发现问题。通过深入现场调查研究，发掘污染问题的深层次原因。

（3）把调查结果向班主任和年级主任汇报，寻求学校的支持，进而形成书面文件，向生态环境局反映，根据自己的调查研究向生态环境局提出建议。

案例分析：本案例充分利用学校以及社会资源，通过此次调查实践研究，学生更加深入地融入社会，增强了学生的社会公共意识，提高了学生对社会问题特别是对环境保护问题的关注度。

案例 4-16　关于生物资源及其开发利用情况的调查

活动课题：选取当地有特色的生物资源，调查其开发利用情况。

活动目的：通过调查本地区生物资源的开发利用情况，提高学生搜集资料、与人交流、合作探究等能力，提高学生对生物资源重要性的认识，增强学生保护生物的多样性的意识。

活动方案：教师指导学生分成不同小组，每个小组选取一种当地有特色的生物资源，调查其开发利用情况。学生通过查阅资料，对农户或者工人进行访谈，了解生物资源的价值、开发利用的过程和方式。

案例分析：本案例通过开展主题式调查，使学生掌握相应的社会研究方法，多渠道获取信息，在活动中体悟科学研究的一般方法，理解和掌握生物资源对人类生产生活的重要影响。

案例 4-17　泰顺县的古树名木现状调查

活动背景：古树名木是自然界和前人留给我们的无价之宝，是一个地方悠久历史和灿烂文化的象征，从某种意义上说，它是一种绿色的文物，是一种活的化石，它见证了历史的改革和社会的变迁，具有重要的社会、经济、文化和科学价值。泰顺县地处浙闽交界，古道延伸在群山峻岭中，排列在古道两侧的参天大树，见证了古往今来的沧桑历史。因此，保护好泰顺县的古树名木，就是保护好本县珍贵的历史文化遗产、自然生态环境和投资环境。随着泰顺县古廊桥以其独特的建筑风格为世人所认识，古树名木和古廊桥一样，将会成为泰顺县发展旅游业的一项潜在资源优势。据资料显示：泰顺全县现在共有树种110种，其中以枫香、柳杉、古松为主的名木古树达6461株。树龄500年以上的有280多株，300至499年的有800多株。树龄最大的达1312年，其中位于该县洲岭的树龄1000多年的苦槠王和位于洋溪1000多年树龄的"柳杉王"，曾被评为温州"十大树王"。组织这次调查是为了让这些古树名木受到人们的关注，激发人们自觉地保护古树名木。

活动目的：学生走进自然，对泰顺县的古树名木现状进行调查，正确识别这些古木，掌握一些基本的植物分类方法，进而了解家乡，产生爱家乡、爱祖国的思想情感，增强生态环境保护意识。

活动方案：

1.教师备课：查阅资料，了解泰顺县的古树名木的现状。

2.学生准备：学生进行分组。

3.理论授课：教师讲解泰顺县古树名木的种类及形态特征，讲解基本的植物分类方法。布置调查任务，使各小组明确调查内容以及评价方式。各小组在教师的指导下制订社会实践活动计划和调查表。调查表中可包含以下内容。

（1）泰顺县的古树名木资源现状。

（2）泰顺县的古树名木遭到破坏的原因。

4.活动过程：

学生以小组为单位，课下通过查阅资料以及实地调查等方式，进行为期两周的调查；各小组统计并分析调查数据，从泰顺县的古树名木资源现状、遭到破坏的原因、相关建议等方面进行汇报；个人完成实践心得体会。

案例分析：本案例充分利用泰顺县的古树名木资源。在研究的过程中，学生在教师的指导下，学会了正确识别这些古木，并掌握了一些基本的植物分类方法，还提出了保护措施。在实践研究中，学生既学到了知识，又获得了能力，还增强了热爱家乡之情，收益颇多。

案例 4-18　辽河河套沙化治理调查 [1]

活动背景： 辽中县（2016 年撤县改为辽中区）地处辽河流域下游，在辽中县境内的辽河河套处，河两岸每边有将近 200 m 的地域布满沙子，并且在有风的情况下向耕地方向移动，导致良好的耕地无法耕种。当地政府已经在沙地上种了一些植物，但是在有风的时候沙子还是漫天飞舞。此内容与生物学七年级上册"第六章　爱护植被，绿化祖国"相关，且发生在学生的周围，学生感触颇深。另外，在辽中县东部茨榆坨一带也有少数沙丘。

活动目的： 了解辽河河套现状，培养学生的科学探究能力、团队合作精神，培养学生爱护植被的意识以及生态意识。

活动方案：

1. 教师准备：根据实际情况选择调查地点。选择距离道路、桥梁较近的河套处以便于调查。

2. 学生准备：准备调查表格，有条件的学生可带照相机。

3. 理论授课：教师讲解调查的注意事项，帮助学生分组分工，确定调查内容以及调查目的。

4. 活动过程：

（1）实地调查。学生进行辽河河套现状调查，即调查辽河河套沙化情况、辽河河套周边的植被类型以及辽中县治理辽河河套沙化地区所栽种的植物。各组学生通过分工、合作，认真收集材料（做调查记录、拍照），填写本组的调查报告。在调查之前，教师要提醒学生注意安全，引导学生爱护河流周围的植被，从爱护河套周围的一草一木做起，渗透学生从热爱家乡的河流、植被到热爱祖国的情感。教师要对学生及时进行指导。

---

[1] 赵田.农村初中生物课程资源开发与利用的实践研究：以辽中县为例 [D].沈阳：沈阳师范大学，2010：35-36.

（2）交流调查报告。各组代表利用多媒体向全班同学展示本组的调查报告，报告的内容包括辽河河套沙化情况、辽河河套周边的植被类型以及辽中县治理辽河河套沙化所栽种的植物情况等。

案例分析： 本案例充分利用本地资源，学生通过实地调查，亲身体验，能够获得丰富的体验感受，有利于学生对所学内容的构建。自主、合作、探究的学习方式贯穿整个活动中，体现了学生的主体地位。学生在自然中探索发现，在探究中获得体验，在快乐中习得知识，从喜欢学习生物学到形成热爱生活、热爱家乡、热爱生命、珍爱一草一木的情感态度与价值观。

案例 4-19 如何讲好"水中的动物"这一内容 [1]

活动背景： 有些新教师喜欢借鉴、使用他人的教学设计，特别是课件，直接在原有基础上稍加更改、删补，最终成为自己教学的课件，如此一来，教师的教学能力以及教学创新力资源没有得到充分发挥。精美的、贴合自己思维习惯、表达方式的，符合个人讲课风格的课的设计，一般都不会是改出来的，而是自己精心设计和制作出来的。该活动是针对教学设计方面的教师资源开发。

活动目的： 探索设计并完成"水中的动物"的教学。

活动过程及分析：

1. 整体教学思路及设计：明确教学的基本环节。

2. 具体的教学问题及思考。

创设融于本课、贯彻本课的情境；仔细研究导入的内容可以创新的要素；使用的图片、视频必须清晰、贴切且精彩，使用的文字必须清晰、准确；区分"学习目标"和"教学目标"；自学问题与任务；贴近生活实际，善于创设多样的情境化学习活动，在相对轻松愉快的氛围中，促使学生主动认知、探究知识。

请同学们分分类，哪些动物常见于在海水中生活、哪些常见于在河湖

---

[1] 黄志杰. 从"导师"视角，来帮助新老师打磨出一堂"亮"课：根据《水中的动物》生物教学为例 [J]. 新教育时代电子杂志（学生版），2018（48）：3, 66.

中生活。

请同学们谈一谈自己感兴趣的水生动物（在教师提供的类别中进行选择）。

请同学们再分分类（腔肠动物、扁形动物、节肢动物、鱼类、两栖动物、哺乳动物……）。

请同学们再谈谈它们的价值。如谈到食用价值时，教师边谈论边假装嘴角流口水，让学生产生共鸣，也为后面的保护情境埋下伏笔。

这样的整体设计，让本课的第一个环节显得非常丰满而有价值，且促使了学生的全程、全情参与。

注意：教师要注重教学器具的创新性使用，善于组建有益课堂教学的学习性、竞争性小组，促使学生间的交流与探讨，促使学生间的合作与竞争，让学生成为课堂学习真正的主导者，教师成为课堂教学真正的引导者，并以此来突出、突破教学的重难点。课程的导入一定要经过教师的精心创设，而不是简单的语言或图片的"平白"导入，可以考虑使用一些活的教具，如一条中等大小的鱼，让"教具"引发学生的"尖叫"和思考。

3. 本环节思路如下：创设众多的情境化，学生可参与、愿意参与的学习、探究活动。

教师从讲台下捞出一条鱼，放在讲台上，鱼活蹦乱跳，赶紧请2～3名学生（有男生、有女生）来帮忙抓住。

同时请学生把水盆（盆中有水）端到讲台上，把鱼放入水盆中，发现鱼入水后平静了一些。

教师追问：鱼为什么离开水后好像反抗很激烈，入水后好像平静不少？人可以像鱼一样在水中自由自在地长期生活吗？

为了感谢刚刚那几名同学好心的帮忙，准备把这条鱼（有一点停顿）的鳞片奖励给他们，请这几名同学不要推辞、不要客气，并请同学们谈谈鱼的鳞片对鱼有什么作用。

每组分一条小鱼请学生进行观察。（鱼的品种尽量不同）

观察后请学生抢答。（如果时间还充裕的话，可以创设一个抢答环节）

注意：每个环节的小结或整节课的总结都需要精心创设，有特色，而不仅仅是每次都进行简单、常见的读一读、背一背等"老旧"的巩固、概括形式。

4. 总结可用情景表演：假如我是一条鱼……

在表演中，在旁白中，在音乐声中，缓缓展现出本课所学内容与归纳的重点内容。

5. 情感价值观提升，要关联学生生活实际才能触动学生情感。如从高邮湖湖水的颜色、湖风的味道，到思考湖水中水生生物的恶劣生存环境，让学生留有感叹并结课。

案例分析： 通过一页页地揣摩教材写的教案和制作的课件，才是自己劳动得来的"真"教案和"真"课件。这样的设计虽然不一定比"改出来的"精妙，但却不是简单的模仿或抄袭。"改出来的"方便、快捷，但总有和自己的授课思路不贴切处；虽然自己制作课件耗时长，过程还有点难熬、痛苦，但一定是最符合自己、最能表达自己所想教授内容、思路的课件。经过这样的过程得来的教学设计和教学思路是教师的巨大资源，教师应充分开发利用自己的这一资源。

案例 4-20 "生物的多样性"复习课[1]

活动背景： 复习课是初中生物学教师常常要面对的一种课型，要注意环节的过渡与衔接，组织学生构建"知识树"。在复习好重要概念的基础上，由教师构建"知识树"或者让学生自主复习后直接以考试的形式来检测学生的学习效果。教师对待复习课的态度直接影响学生对复习所学知识的态度。教师在复习课中注入的创新力是教师资源开发的重要部分，讲好复习课对于教师资源的开发十分重要。

活动目的： 提高复习课的教学效率，激发学生"温故知新"的兴趣。

活动过程及分析：

1. 研读课标，梳理概念。

---

[1] 张璇. 磨课促成长 复习显新意：以《生物的多样性》复习课为例[J]. 中学教学参考，2016(23)：104.

2. 尝试教学，磨课改进。

（1）首次实践，虚心请教。在研读课标、梳理重要概念、明确教学思路后，开始着手教学流程的安排、教案的编写和课件的制作，并选择其中一个任教班级试讲，邀请本组教师听课，提出建议。

主要流程：拼图游戏导入，在黑板上画好生物"进化树"（树干及树枝，四种动物类群），请学生将图片贴在树枝上，提出生物的多样性产生的原因，引出课题→呈现本单元知识点，学生阅读学案上的知识点，将生疏和遗忘的知识圈出并标记→提出生物的多样性的概念及内容→由物种的多样性引出生物分类的依据→研究生物"进化树"右侧，学生讨论比较植物类群的生活环境、主要特征和生殖特点，小结植物进化的规律→研究生物"进化树"左侧，通过问题串激发学生回忆动物类群的进化及特征，小结动物进化的规律→由生物"进化树"未表示出的类群引出微生物的分类及其主要特征，出示细胞图进行辨认→由生物的多样性的含义引出其价值，用连线题让学生辨别生物的多样性的价值→回忆生物的多样性面临的威胁，提出保护措施→总结生物进化的规律，提出生物进化的证据，联系生命起源→引导学生构建本单元的"知识树"。

教师意见汇总：拼图游戏导入复习课，激发了学生的学习兴趣；运用导学案，能够及时讲练结合；能体现复习课回归课本的理念；问题串新颖，提问的方式需多样化，注意环节的过渡与衔接；引导学生构建"知识树"要基于复习好重要概念，构建"知识树"的方式由教师讲授还是小组分组设计，需要依据学生学情特点进行选择。

（2）及时反思，因材施教。通过磨课过程，教学设计已找到突破口，反思中意识到教学设计不应脱离学情。

修正后主要流程：拼图游戏导入，在黑板上画好生物"进化树"（树干及树枝，四种动物类群），打印好生物"进化树"上的生物类群图片，请学生将图片贴在树枝上，提出生物的多样性产生的原因，引出课题→呈现本单元知识点，学生阅读学案上的知识点，将生疏和遗忘的知识圈出并标记→提出生物的多样性的概念及内容→由物种的多样性引出生物分类的依据，请学生判断分类依据并练习生物亲缘关系题型→研究生物"进化树"

右侧，小组讨论比较植物类群的生活环境、主要特征和生殖特点，小结植物进化的规律→研究生物"进化树"左侧，通过问题串引导学生回忆动物类群的进化及特征，小结动物进化的规律→由生物"进化树"未表示出的类群引出微生物的分类及其主要特征，出示细胞图进行辨认，列表比较微生物的分类及特征，小结进化规律→引出生物的多样性的价值，用连线题让学生辨别生物的多样性的价值→分析生物的多样性丧失的原因，提出保护措施→总结生物进化的规律，提出生物进化的证据，分析原因，联系自然选择→指导学生依据所复习的知识板块构建本单元的"知识树"，通过习题进行实战演练。

最终上课是学校专题复习现场会，教研组组长评价意见汇总：以拼图游戏导入，将生物"进化树"提前画在黑板上，然后让学生贴图片，学生的积极性很高，但是教师在让学生进行游戏前，可以将手里的图片请全班学生辨认后再请学生上黑板张贴，以便全体学生参与互动；教师的教学基本功扎实，师生互动形式多样，讲练结合，及时巩固，学生的参与度高；打破教材原有的教学内容顺序，并重新组合和梳理，将概念逐一呈现，利于学生厘清概念间的关系；指导学生构建"知识树"，促进知识的系统化，提高复习的效率。

3. 总结提升，拓宽思路。复习课的教学策略有多种，需要教师激活已有知识，发展认知结构，引导合作学习，促进知识构建。

案例分析：教师可以针对不同单元的内容采取不同的教学策略，当然，只有结合学生的学情进行教学设计，才能使复习课的课堂充满生机。教师的创新力不仅仅要在新课中发挥作用，更要在复习课中得到体现，从而实现教师资源的开发与利用。

案例4-21 认识生物的多样性[1]

活动背景："认识生物的多样性"是人教版生物学八年级上册第六单

---

[1] 陈玉华. 基于乡土特色资源的"认识生物的多样性"教学设计与反思 [J]. 生物学教学，2018，43（12）：26-27.

元第二章的内容，该章涉及生物的多样性的三个层次（生物种类的多样性、基因的多样性和生态系统的多样性），侧重介绍生物的多样性的丰富性和独特性。福建省尤溪县地理位置优越，生物资源丰富，目前已有景区有：全球重要农业文化遗产、被誉为中国五大魅力梯田之一的联合梯田，全国首个中华水松保护地，福建省最大的中仙龙门场古银杏群，九阜山省级自然保护区等。福建东方种业有限公司尤溪育种中心等特色资源，是重要的科研基地。

活动目的： 以尤溪景观为切入点，让学生通过对乡土特色资源的调查、收集与展示，从宏观到微观感性认识生物的多样性，再通过小组讨论等方式自主构建生物的多样性的概念，并升华热爱乡土文化资源的情感。

活动过程：

1.以美景导出生态系统的多样性。教师以一则尤溪全域旅游新闻引出问题：尤溪到底有哪些旅游资源呢？小组代表展示搜集的有关尤溪美景的图片。教师进一步提出问题：尤溪有哪些特色动植物资源呢？

设计意图：通过分享当地美景，极大限度地调动学生的学习热情，并引出主题。

2.以特色资源构建生物种类的多样性。教师课前指导学生小组对尤溪特色的植物与动物种类进行调查，并对学生的调查结果进行课前必要的指导。上课时请小组代表对尤溪珍稀植物与尤溪特色动物调查结果进行展示。展示中师生适时地评价，其他学生补充完善，让学生在交流中明确家乡具有的丰富特色生物资源（如尤溪的野生水松等）。指导学生阅读教材第106～108页，分析资料完成以下问题：资料中我国哪类生物最多？占世界的百分比是多少？让学生完成基础测试题"我国是_____最丰富的国家之一"等。

设计意图：通过学生小组调查本县的生物种类的情况，不仅挖掘了地方的特色教学资源，训练了学生调查、表达交流等多种能力，还增强了学生对生物的多样性的感性认识和热爱家乡的情感。通过自主学习完成资料分析，自主构建生物种类的多样性概念，同时渗透爱国主义教育。

3.以科研成果研学基因的多样性。学生小组代表展示我国著名杂交水稻育种制种专家、国家级突出贡献专家、有"东方水稻制种魔术师"美誉的刘文炳培育的特色杂交水稻资料，并让学生分组根据杂交水稻与普通水稻的图片进行讨论：（1）刘文炳改良的杂交水稻品种穗大粒多、抗倒力强等特性主要由体内什么物质决定的？（2）刘文炳能改良水稻品种成功的内在原因是什么？引导学生分析资料，得出结论——保护生物的栖息环境、保护生态系统的多样性是保护生物的多样性的根本措施。

设计意图：通过对尤溪科研成果的展示，引发学生对科研成功内在原因的思考，应用概念对事例分析使学生理解生物的多样性的三个层次的关系，进一步增强学生热爱家乡的情怀，激发学生保护生物的多样性的意识。

4.课外作业渗透 STS 教育。在保护生物的多样性方面，尤溪已经采取了哪些措施？请学生课后搜集资料，交流探讨怎样保护生物的多样性。

设计意图：加强理论联系实际，渗透 STS 教育思想，培养学生终身学习的能力。

案例分析：本案例挖掘地方教学资源，不仅有助于师生更好地了解当地生物的多样性，感受家乡美，并升华至民族自豪感，还能培养学生的综合探究能力，优化学习效果，更好地实现课程目标。从宏观到微观认识生物的多样性的三个层次，符合初中生的认知规律，化解本节教学中基因的多样性这一难点。通过调查结果的展示，学生掌握了生物调查的一般过程，展示中师生适时地评价等满足学生探究、被欣赏、被认可的需要，而自主构建与调查结果展示相结合，让学生在感性与理性的结合中学习生物的多样性，贯彻生物学新课改对核心素养的培养。

案例4-22　土壤中小动物类群丰富度的调查 [1]

活动背景：在高中生物学教学中，有关群落的物种丰富度和空间结构等内容较为抽象，单纯依靠教师的讲述，学生往往难以理解，使得有关生物学概念的构建成为教学的一大难点。土壤不仅为植物提供水分和矿质元

---

[1] 刘琳，田树青，王新."土壤中小动物类群丰富度的研究"实验教学的设计和组织[J].生物学通报，2017，52（2）：20-23.

素，也是一些小动物良好的栖息场所。土壤中小动物的种类丰富，是研究动物类群丰富度和群落结构特征的良好模型。

活动目的：

1. 学习生态学的调查方法。

2. 通过调查活动让学生掌握群落物种丰富度、群落结构特征等生态学重要概念。

活动方案：

1. 教师备课：查阅文献，明确当地土壤中小动物的种类以及捕捉方法、标本制作方法。

2. 学生准备：在教师组织下考察校园内、校园周边、居住小区等地点的环境，确定取样地点。建议该活动的调查对象尽可能包含多个生境类型，每种生境中需涉及3种取样深度。由于在活动过程中，需要的户外采样点较多，且采样完毕后还需要进行物种鉴定、数据统计和分析，实验持续时间较长，建议主要以课外小组的形式完成调查实验（利用课余时间完成实验工具的制作、样品采集、物种鉴定和数据统计与分析）。

3. 理论授课：教师系统回顾生物学研究方法以及必备的分类学知识，引导学生根据取样地点进行分组，指导各小组讨论并确定探究问题[例如：不同生境中的土壤动物有何不同？同一生境中不同深度土壤动物有何不同？土壤含水量（或融雪剂、农药等）对土壤动物的分布有何影响？]及制订详细调查方案。分组讨论完毕后，教师可组织学生进行小组汇报，然后针对汇报结果中出现的典型问题进行探讨，寻找可行的最优方案，确定活动方案。

4. 材料准备。

（1）采集工具。对于土壤表面跳跃性昆虫，使用透明的小塑料瓶进行盖扣，安全捕获较为完整的动物标本。

（2）动物标本保存试剂和材料。大部分土壤小动物标本可浸泡在75%酒精中保存，而线虫、蚯蚓、甲虫幼虫需浸泡于100%分析纯酒精中，以防止其体色发黑、体质变硬，给后续物种鉴定带来困难。此外，为了方便后续物种鉴定，建议按照采集地点和深度，将体积较大的标本放置在玻璃瓶中，将体积较小的标本存放在1.5 mL离心管中，并置于−20℃环境中保存。

（3）土样取样器。土壤中存在许多体积较小的动物，需要采集土样进行收集。教材安排的实验器具是利用铝制或铁质易拉罐，剪切制作简易取样器，但是这类取样器由于材质不够硬挺，在取土时很容易变形，且取得土样的体积也不够精准。而环刀材质坚硬，刀头较为锋利，刀头高度为5 cm。因此，为了能够在取土样时更加方便快捷，体积精准（100 cm^3），高度适宜（5 cm），建议使用环刀进行采集。

（4）土壤动物分离装置。对人教版教材中建议的土壤动物分离装置进行改装，直接将孔径约为2 mm的金属网（地漏）放置于漏斗中，保证了烤土过程的顺利完成。

（5）鉴定工具或设备。获得土壤中的动物标本之后，需对标本进行物种鉴定。对于体积较大的动物标本，可直接放置于带有放大镜的昆虫盒中进行鉴定；而对于体积较小的动物标本，则需用光学电子显微镜进行观察。

5. 活动过程。

（1）野外调查。在教师指导下，学生小组在相同时间段对所选生境进行采集和取样。在选定的样地范围内，选取面积为25 m^{2}或者9 m^{2}的正方形采样面1个，然后在其对角线上取3个20 cm×40 cm采样点，每个采样点分0～5 cm、5～10 cm和10～15 cm三层，后用环刀各取土样1个。需提醒学生在采集时注意观察自然环境，记录生境特点，例如植被特征等。注意拍摄生境照片、填写采集标签（注明采集地点、采集人员和采集时间）。此外，还需提醒学生多采集一些土样，用于后续分析土壤特征（如含水量等）与土壤中动物类群的丰富度之间的关系。采集到的土样不宜久放，应尽快使用土壤动物分离装置收集其中的小动物，以防土壤中的动物死亡。

（2）采集土样中的小动物。取得土样之后，指导学生使用土壤动物分离装置对土壤中体积较小的小动物进行收集。通过人工热源，建立温度和干、湿梯度，利用土壤动物避光、趋湿的特点，使土壤动物下移，落入盛有酒精的烧杯中即可。该实验所需时长以土壤完全烘干而定。

（3）物种鉴定和数据统计。土壤中动物类群十分丰富，教师可以指导学生从体形大小上对土壤动物进行分类。教师也可以提供一份简明的分类图谱降低学生的鉴定难度。参照该图谱，结合一些专业鉴定参考资料，例如《中国土壤动物检索图鉴》《中国亚热带土壤动物》《中国昆虫生态大图鉴》《常见昆虫野外识别手册》等，教师指导学生根据各动物类群典型的分类特征，将土壤动物细分到"纲"或"目"。此外，在学生进行鉴定的过程中，教师需提醒学生做好记录。

（4）结果讨论与分析。得到调查结果之后，教师可安排各小组成员在课上汇报调查的具体过程和结果，以及在调查过程中遇到的问题和收获。教师还应在学生交流数据时，引导学生对所有数据进行汇总，例如：分析比较不同生境土壤动物类群的丰富度是否相同，同一生境不同土层深度土壤动物类群的丰富度是否相同；并进一步引导学生深入探讨不同生境群落水平分布差异形成的原因，同一生境群落垂直分布差异的原因，差异的造成与取样的时间、土壤的含水量是否有关，人为因素是否会对群落的物种丰富度造成影响等。

注意事项：

1. 注意安全：本次调查活动需在户外开展，因此必须向学生强调安全问题，并在调查方案中增加安全预案，防止发生意外事件。

2. 保护环境：在野外取样，还应尽可能减少对公共绿地的破坏，取样后，要回填土壤，注意保护环境。

活动意义： 通过调查活动让学生掌握群落的物种丰富度、群落结构特征等生态学重要概念才是主要目的。教师在调查活动完成之后，重视对调查结果的分析，通过比较不同生境群落的物种丰富度和同一生境不同土层群落的物种丰富度，让学生理解群落、群落的物种丰富度的含义，掌握群落在水平和垂直空间的结构特征，初步形成群落的物种丰富度是生物与环境彼此联系、相互影响的结果的认识，进而提高学生对生命系统与环境关系的认识，为树立人与自然和谐发展的观念，形成生态意识和环境保护意识奠定基础。

案例分析：本案例充分利用校园内、校园周边、居住小区等地点的资源，发动学生走出教室、走向自然、走向社会，进行调查研究活动，让学生亲身参与调查活动，体验真实数据的记录、统计和分析过程。此次调查活动，不但可以让学生了解生态学相关的基本概念和研究方法，掌握生态学调查的一些基本技能，而且有助于培养学生探索、合作精神及严谨的科学态度。同时，本活动使用的材料大多是可以由学生自己制作获得的，可以开拓学生思路，在遵循实验原理的基础上，合理进行实验设施的替代和改进，找出解决问题的方法。

案例4-23　用样方法测量种群密度[1]

活动背景：种群密度是种群最基本的数量特征，较大的种群数量不能逐一统计，因此样方法是估算种群密度最常用的方法之一。运用样方法时需随机选取具有代表性的样方，以所有样方种群密度的平均值作为该种群的种群密度估计值。

活动目的：初步学会用样方法探究双子叶植物的种群密度；培养学生的科学探究能力，学会探究实验的一般步骤；通过小组之间的分工合作，培养学生的协作精神。

活动方案：

1. 教师备课：查阅文献，明确样方法测量种群密度的步骤。

2. 学生准备：在教师组织下考察校园内、校园周边、居住小区等地点的环境，确定取样地点。学生自行组成调查小组。

3. 理论授课：教师系统讲解本地双子叶植物的种类及其形态结构，讲解用样方法测量种群密度的步骤。学生以小组为单位选择一种调查对象、确定样方大小并制订调查计划，教师予以指导。

4. 材料准备：学生自行准备卷尺、绳子、铁钉、记录纸。

5. 活动过程：取样地随机进行样方划定→计数→计算种群密度→选择

---

[1] 肖崇德，王新，田树青."用样方法调查草地中双子叶植物的种群密度"实验设计、实施与建议[J]. 生物学通报，2016，51（12）：10-12.

三个以上样本，重复以上操作，种群密度取平均值→以小组为单位在课堂上展示相应的调查方法和结果→书写实验报告。

实验拓展：

1. 为了让学生在实际探究活动中理解样方法的原理，掌握样方法的操作，可以确立不同的探究课题。例如：不同环境中同一植物的种群密度调查；同一环境中不同植物的种群密度调查；尝试调查草地的物种丰富度，首先鉴别调查草地中的物种数目，然后逐一统计每个物种的种群密度，并依据调查数据推演出相同环境中的物种种间关系。

2. 选取样方的数量与估测种群密度的关系。选择蒲公英分布较多的绿地，并随机选取 10 个样方进行统计，样方大小为 1 m×1 m。

3. 运用模拟草地探究样方大小与估测种群密度的关系。

注意事项： 因为本次调查活动比较考验学生的综合能力，所以教师要做好指导工作。

案例分析： 一般教师会选择在教室里利用模拟实验演示样方法。农村有大量的植物、土壤资源，而农村学生对于身边植物都较为了解，这给"用样方法调查草地中某种双子叶植物的种群密度"提供了条件。样方法调查种群密度的探究活动，使学生在真实情境中加深了对实验原理的理解，形成了关于样方法的科学概念。

案例 4-24　调查家乡——连江县特色的生物资源[1]

活动背景： 连江县地处福建省东南沿海，是全国闻名的海洋大县，素有"中国鲍鱼之乡""丁香鱼王国""石斑鱼娘家"等诸多美称，拥有得天独厚的海洋资源，所以教师可以着重开发和挖掘海洋生物资源。有自然的海洋生物资源，如带鱼、海鳗、马鲛鱼、鲳鱼、马面鲀、虾蟹类等；养殖类的海洋生物资源，鱼类的如大黄鱼、美国红鱼、石斑鱼、鲈鱼，贝类的如蛏蛏、花蛤、牡蛎、贻贝、鲍鱼，藻类的如海带、紫菜，虾蟹类的如梭子蟹、青蟹、对虾等。连江县不仅海洋资源丰富，而且境内山、海、岛、

---

[1] 钟莲珠. 利用本土生物资源，激活生物课堂 [J]. 科教文汇，2015（29）：122-123.

江等资源兼具，有大量宝贵的生物资源。

活动目的：获得丰富的生物学课程资源，拓宽学生视野，为学习新的知识做铺垫。

活动方案：

1. 教师备课：查阅连江县的动植物资源和微生物资源，了解生物的生活习性、形态结构特征、用途。

2. 学生准备：在教师的引导下确定活动小组。

3. 理论授课：在教师的指导下，各小组明确调查重点并拟订调查计划。

4. 活动过程：学生以小组为单位调查家乡的动植物资源和微生物资源，了解生物的生活习性、形态结构特征、用途等。教师指导学生对调查的生物进行归类整理形成材料，再将形成的材料渗透到各主题内容的教学活动中，运用于课堂教学。例如连江县海洋渔业重镇——晓澳镇，该镇的花蛤、蛏蛏、紫菜产量列全县之冠，拥有"花蛤之乡"的美誉，调查这一地方的学生可对花蛤、蛏蛏、紫菜进行全面调查，所获得的资料可以运用于"软体动物"和"藻类植物"的教学。又如调查"茶叶之乡"和"蘑菇之乡"——长龙镇时，调查蘑菇得到的资料可以运用于"真菌"的教学。

案例分析：家乡是学生的生活环境，也是学生的学习环境，家乡的山、海、田园等自然环境中有各种各样的地方特色的生物资源。本案例充分利用连江县的本土生物资源，通过这项活动，既为教学提供了丰富的生物学课程资源，为学生学习新的知识做好了铺垫，拓宽了学生的视野，又充分调动了学生探索学习知识的积极性和兴趣，增强了学生爱家乡、爱祖国的情感。

案例4-25　校园花木资源分布调查[1]

活动背景：江苏省沭阳县花木名扬天下，县内新河镇2000年被省花木协会评为"花木之乡"，颜集镇2001年被中国花卉协会评为"中国花

---

[1] 吴猛.花乡沭阳花木资源在初中生物校本课程中的开发和实践[D].苏州：苏州大学，2016：7，33-34，41-42.

木之乡"。校园绿化、美化是学校育人环境的重要标志之一。沭阳如东实验学校绿化面积 3.82 万 m^2，占校园面积的 40%。绿化布局为以校园围墙的墙里墙外正方形绿化环绕带为边框，行政楼四周绿化环绕带和行政楼后智慧园林为绿化中心的总体布局，教学楼、食堂、宿舍区、运动场和体育馆四周全部做到绿化环绕，无一处土地裸露。绿化植物种类丰富，花木种类接近 50 种。由于各种原因，校园部分植物长势欠佳，不仅影响校园的美观，同时也是我们漠视生态环境的表现。因此，开展花木资源分布调查活动，让更多的学生来了解植物，爱护植物，让校园更加和谐、美丽，同时也培养学生爱绿护绿的理念。

活动目的：

1. 通过参观校园，实地认识和欣赏植物，进一步了解校园各类花木的名称、基本特征和生活习性，对校园各种植物进行再认识。

2. 了解校园花木的种类、各种植物在校园的分布情况。通过实地调查，让学生分析学校的花木资源分布是否合理，尝试提出整改意见。

3. 培养学生爱护植物的意识，让学生学会护理校园植物，进一步提高学生爱护校园环境的生态意识。

活动方案：

1. 理论授课：教师讲解调查报告的规范写法，组织学生以小组为单位，规定好每组学生校园的活动路线并且明确活动内容。具体活动路线以及活动内容如下。

第一组调查教学楼区和东侧校园围墙，第二组调查行政楼区域和南侧校园围墙，第三组调查宿舍区和北侧校园围墙，第四组调查操场附近和西侧校园围墙。

活动内容为调查校园植物的种类、数量、分布以及生长状况，关注植物的生长状况，并找出哪些植物不适宜在校园内种植，倡议学生认养生长状态差的植物，对某些植物的栽培养护提出合理化建议。

2. 活动过程。

（1）参观调查。组织学生调查各种植物在校园各处的分布情况、植物搭配情况、各类植物的长势情况，并做详细记录。

（2）讨论交流。实地考察结束，学生回到教室组内讨论交流，并认真填写调查报告，最终得出校园植物总体分布情况、各种植物混种情况以及长势情况。

（3）合作探究。组织学生组内再讨论，分析出现长势较弱植物的原因，从光照、水分、土壤等非生物因素，竞争、捕食等生物因素以及人为因素找出解决问题的方法。

（4）汇报展示。以小组为单位，每组选派一名学生从各区域植物的种类、分布情况、植物搭配情况和各类植物的长势情况四方面汇报调查和讨论结果。

（5）学生以班级为单位形成校园花木资源分布调查报告，提交学校总务处备案。

案例分析：本案例促进了学生的发展，学生系统地了解了校园花木的知识，深刻理解生物学知识在实际生活中的应用。此次调查活动，进一步提高了学生的自主学习能力和实践能力，培养了学生的合作交流能力，调动了学生学习生物学的兴趣，激发了学生热爱家乡的情感，同时提高了学生珍爱花木资源的生态意识。

案例4-26 调查池塘生物 [1]

活动背景：五大连池市讷谟尔中学是典型的农村偏远地区基层教学单位，教育资源短缺。但是农村基层学校也具有独特的教学资源和教学优势：学校地处乡镇边缘地带，周边有大量可耕种土地，还有树林和池塘等资源。学校西北边有大片农田，农田种植有大豆、甜菜等北方特色农作物；西南边为大片针叶林地，树林底部生长多种草本植被，并有多种鸟类、昆虫等在此栖息；校内西南角有一个直径为10 m的花坛和一个长、宽分别为12 m和10 m的池塘，塘内有草鱼、泥鳅、青蛙等动物及多种水生植物。本校的学生从小在农村长大，对动植物的生长发育过程比较了解。生物学教师可以利用学校特有的环境资源设计生物学教学的户外调查实验活动，

---

[1] 任江涛. 因地制宜开展农村中学生物教学户外调查实验活动 [J]. 黑河教育，2008（6）：22.

让学生亲身体验调查研究的过程，从而获得鲜活、明了又系统的生物学知识。

活动目的： 根据学校的自然状况，教师选择池塘为观察对象，引导学生认识池塘群落中的常见生物，使学生形成对池塘生命活动和生命现象的基本认识，感受生物世界的多姿多彩，了解环境对水生生物的影响，以及水生生物与人类生活的密切关系，激发学生善待生物、保护环境的热情。

活动方案：

教师要让学生了解池塘群落所处的地理位置，群落的总体构成，种群生物的种类，每种生物的生活习性、生理结构等。将学生分成若干小组，选择 7 月至 8 月间池塘群落繁荣的季节，进行为期一个月的观察活动，要求每个小组每天都要对群落进行观察并写观察笔记。观察内容包括池塘中水草生长发育情况，观察到的鱼类和其他动物的大概数目及生长发育情况，以及物种之间的生理活动关系。在观察期间，每周生物学课上都要预留一定时间，由教师对一周以来学生记录的观察笔记进行点评和总结，并对记录的具有代表意义的池塘群落种群间或种群内部的生理活动或生命现象进行科学的解释，让学生根据本小组的调查内容填写表格（表格内容包括地理位置、群落类型、生物种类、食物链、生物之间的关系、自然环境对群落的影响、人类对群落的影响、总结）。

案例分析： 通过对大自然的观察与体验，使学生获得第一手研究资料，在一定程度上弥补了学校教学资源的不足，增强了学生探究生物活动规律的积极性和主动性。学生在调查过程中领悟科学的研究方法，认识到人类活动对自然的影响，增强学生的环境保护意识。

案例 4-27　寻找身边的绿——有关青县城区段运河污染的调查与研究[1]

活动背景： 近年来，河北省青县县城发生了翻天覆地的变化，宽阔的

---

[1] 姚叔凝. 寻找身边的绿: 有关青县城区段运河污染的调查与研究 [J]. 中学生物学, 2006, 22（6）: 45-46.

马路、高耸的商住楼、如茵的绿地，但不见了清澈的河水，污浊的河水中漂浮着各种各样的垃圾。

活动目的： 了解青县城区内运河污染的问题，并找到解决方法。

活动方案：

1. 理论授课。

教师使学生明确绿的含义（由学生讨论得出绿象征着健康、环保），进而讨论与绿有关的生活或环境现象（以小组形式进行），在此基础上，师生共同列举出如下课题供活动选择：①废旧电池对环境的污染。②含磷洗衣粉对地下水的影响。③生活垃圾的处理及其对人们生活的影响。④有毒物品及其预防。⑤汽车尾气对空气的污染。⑥运河污染问题。⑦日常生活与臭氧层破坏。⑧食品包装与白色污染。⑨涂改液对学生健康的影响。⑩涂改液对植物的影响。⑪绿色食品与绿色消费。⑫生活中的环境问题。⑬居民的环境意识调查。

学生根据兴趣分小组讨论，确定课题，自主设计活动方案，包括以下内容：①课题名称。②研究目的（课题活动的目的）。③课题研究的必要条件准备（资料、时间、问卷、人力、范围、社会团体等）。④课题研究的过程。⑤预期成果。

某一小组设计方案如下。

（1）课题名称：青县城区运河污染问题。

（2）活动目的：了解青县城区运河污染的问题，并找到解决方法。

（3）活动的方式及内容。

活动方式：走访、调查、搜集资料。

活动内容：查阅资料，登录污水网站查询水污染问题，收集资料；分工采集运河水样，拍照片，收集两岸垃圾；走访运河沿岸的居民，询问运河情况；把取回的水样制成玻片标本，在显微镜下观察污水情况；撰写调查报告，并研究治理运河的方法。

（4）活动过程（活动时间安排及活动计划）。

活动时间：两周（12月17日—31日）。

活动地点：实验小学附近。

12月17日：收集运河旁垃圾，并采集水样，拍照片，集中展开讨论。

12月18日：调查走访运河沿岸居民。

访谈对象：退休干部、家庭主妇、上班族。

访谈内容：

①您家里的垃圾主要排放到哪里？

②您认为运河污染对您有何影响？

③您认为运河污染与附近居民有关吗？

④您认为还有哪些因素影响运河环境？

⑤您有何意见或建议向政府或有关部门提出？

12月19日—23日：整理调查资料，写出心得体会，研究下一步任务。

12月24日—25日：查找资料，包括水污染有关问题、古运河美景图片。

12月26日—31日：撰写调查报告。

（5）任务分工：分工查阅资料，撰写调查报告，调查走访。

（6）条件准备：自行车、笔记本、相机、显微镜、载玻片、塑料袋、塑料瓶。

（7）预期成果：调查报告。

2.活动过程：学生利用放学时间和休息日观察并记录运河污染现象，拍摄河岸垃圾图片；调查走访运河沿岸居民生活垃圾处理问题及污染的河水对他们生活的影响；采集运河水样，分析水质情况；上网查找资料，将古运河美景图片及其历史作用与当今对比，阐明治理运河污染迫在眉睫；撰写调查报告，提出合理的建议。

3.调查结果的统计分析、撰写报告。学生根据此次调查情况（调查记录及表格、问卷略）得出结论。运河污染的原因如下：

（1）居民生活垃圾的随意倾倒。

（2）沿岸的白色垃圾与不可回收垃圾随手抛向河中。

（3）沿岸农民喷洒农药时将残液倒入河中及农药瓶的随意丢弃。

这些污染使运河失去昔日容颜，给沿岸居民带来很大的影响；被污染的河水散发的臭味造成大气污染；严重影响了地下水源，使我们的生命之水遭到污染。

案例分析：本案例充分利用学校周围环境资源，在活动中激发学生对科学探究的兴趣，提高学生的环保意识、科研意识以及相互合作意识。在实践活动过程中促进学生创造性思维的发展，培养学生设计表格及汇总资料的能力，使学生懂得科学研究的基本手段是调查研究，促使学生形成一定的科学研究方法和探究策略。同时，也使学生明确我们每一个人不仅是环境污染的受害者，也是环境污染的制造者，更是环境污染的治理者。

案例4-28 "柑橘栽培"校本课程[1]

活动背景：湖北省宣恩县一中校园后山（青龙山）有柑橘园多亩（注：15亩=1 hm^2），东侧是县里著名的柑橘园艺村。柑橘在宣恩县广泛种植，县内还有著名的有"柑橘之乡"之称的李家河乡，可以为柑橘栽培教学提供教学实习基地；学校曾开设劳动技术教育课"柑橘栽培"，包括笔者在内有两位教师从事过"柑橘栽培"的教学，有良好的理论基础；通过分析学生的问卷调查，发现绝大部分学生想要了解有关柑橘栽培等方面的知识。

活动目的：对湖北省原来开设的地方课程"柑橘栽培"进行改编，结合宣恩的县情和柑橘生长季节，联系学生实际，注重学生的动手能力和实验技能的培养，注重与新课标实验教材的结合。

活动方案：

1.教学目标。

（1）获得柑橘栽培与储藏等方面的基础知识，知道宣恩县柑橘栽培的主要发展方向和成就。

（2）初步学会客观地观察和描述生物现象；通过观察或从现实生活中提出与柑橘栽培有关的、可以探究的问题；听取他人的意见，利用证据和逻辑论证自己的结论，对结论做必要的反思和修改。

（3）初步形成生物体的结构与功能、局部与整体、多样性与共同性相统一的观点，生物进化观点和生态学观点，树立辩证唯物主义自然观，

---

[1] 杨通华. 宣恩县一中生物校本课程开发的研究 [D]. 武汉：华中师范大学，2006：22-25.

逐步形成科学的世界观；关心宣恩县的生物资源状况，对宣恩县柑橘栽培技术发展状况有一定的认识，更加热爱家乡、热爱祖国，增强振兴中华民族的使命感与责任感；养成质疑、求实、创新及勇于实践的科学精神和科学态度，认识生物科学和技术的性质，能正确理解科学、技术、社会之间的关系；能够运用生物学知识和观念参与社会事务的讨论。

2. 课程教学内容（纲要）。

绪论（宣恩县的气候特点和柑橘品种与引种介绍）

第一章　宣恩县柑橘栽培的主要优良品种介绍

第二章　柑橘果实的采收和储藏

第三章　柑橘的栽培

第四章　柑橘的修剪、嫁接和水肥管理等技术

第五章　柑橘的病虫害防治

3. 课程教学策略。

（1）学生学习动机的培养与激发动机是源于个体的内在需求和内部唤醒状态。大多数选择参加这门课程的学生对柑橘的栽培和储藏知识有着不同程度的兴趣，可以说存在一定的学习动机。但是对那些尚无学习动机的学生来说，提高他们的学习动机的最好方式是依靠富有成效的教学活动，使他们体验到学习本身的乐趣。

（2）学生的动手能力以及探究和创新意识的培养是本课程的核心，课程中大部分知识都是需要学生通过亲身体验和实践才能获得。

（3）课程的成果形式。主要是完成一篇研究报告，研究内容可以自己确定也可以从教师提供的课题中选择，课题的组织形式通常是4～5人为一研究小组，小组内分工合作，包括查阅资料、嫁接实验、向他人请教经验等，最后完成一篇图文并茂的研究报告。课程结束时学生将自己最满意的作品与全校同学分享（放在宣恩县一中的文化长廊橱窗里展示）。

（4）课程的评价设计。本课程以学生的自评和互评为主要的评价方式，教师组织的客观评价占1/3左右。课程结束时学生将自己最满意的作品放在文化长廊的橱窗里展示，作品不仅可以得到课程学员团体内部的评价，还可以得到全校师生的评价。由于课程内容的特殊性，学生的学习成

果采用自评和互评的方式显得较为客观。

案例分析：本案例充分利用当地自然资源柑橘园，为柑橘栽培教学提供教学实习基地；充分利用教师资源，教师本身有着良好的理论基础。课程打乱了原劳技教材的编排顺序，与柑橘生长周期同步进行教学，课堂多设在柑橘园里，让学生即使不坐在教室里也同样可以获得知识，而且这些知识很多是通过自己的亲身体验和实践获得的。此外，课堂中谈论的话题非常生活化，实用价值很高。在学习的过程中，学生之间以及教师和学生之间以一种非常平等的关系进行交流，教师不再是权威的代表，而更像是一个与学生志同道合的指导者、合作者。在这样一个学习氛围较为轻松的环境中，学生的学习动机逐渐被培养和激发起来。课程内容的安排顺序是依据教学时间和柑橘生长期同步进行的，如将"柑橘果实的采收和储藏"这一教学内容放在秋季开学后进行。此外，很多技术知识的学习需要学生亲自参与，如挖沟、施肥以及帮橘农采收果实、参观柑橘的储藏室等。经过几次实践之后，学生大有收获，有的学生能根据自己的理解进行大胆创新。在评价过程中，学生明白了如何认可自己的劳动成果，如何对自己的作品进行客观而公正的评价，同时还学会如何认可、尊重、欣赏、客观地评价他人的成果，这不仅能拓宽学生的视野，还有助于学生形成健全的人格。

案例 4-29　动物解剖实验[1]

活动背景：农村的孩子早当家，农村学生从小就帮家里干家务活，生活经验比较丰富，而且大部分的学生家长都是从事农业或者畜牧业。因此，学生平时有意无意地观察动植物的形态特征、生长过程、生活行为，这些都慢慢地在他们的脑海中积累，形成宝贵的经验，并且能够在学生进行生物实验时提供指导和方向。

活动目的：通过对农村常见的动物的解剖来让学生了解各种动物所具有的结构。

---

[1] 庄秀虹. 充分挖掘乡村资源　促进乡村中学生物教学 [J]. 华章, 2013 (31): 319.

活动方案：在动物解剖实验中，教师可以让学生分组带来牛蛙（两栖类）、鲫鱼（鱼类）、鸽子（鸟类）、兔子（哺乳类）。没有多媒体教室的农村学校，教师要在实验进行前通过挂图来让学生了解各种动物所具有的结构，并指导解剖的步骤与方法，以及解剖过程中应该注意哪些方面的问题，这样学生就能够有目的地进行解剖。由于一些学生平时在家里有宰鸡杀鱼的经历，结合教师的讲解，一般情况下，他们能把不同的组织器官例如心脏、肝、肾、精巢或卵巢等分离出来，保证了实验的顺利进行。教师可以指导学生通过对不同类动物的解剖结果进行归纳总结，了解从两栖类发展到哺乳类，动物内部的组织器官也在不断地发展。

案例分析：与城市生物学教学相比，农村生物学教学存在自身的优势，农村生物学教师应该充分挖掘和利用农村资源，激发学生的学习兴趣，开发学生的学习潜力，提高农村学校生物学教学的整体水平，同时让生物学教学反过来促进乡村的发展，达到双赢的目的。

案例4-30　验证昆虫冬眠实验 [1]

活动背景：当冬天到来的时候，一些动物有休眠的现象，以渡过不良的环境。农村学生对这一现象十分熟悉。

活动方案：教师在课堂上边讲解边做这样一个小实验：取一大烧杯，内盛装2/3冰水混合物，并置于投影仪上，接着再取一透明无色塑料袋，把蝴蝶放入袋中，系上袋口，放进烧杯中。过一会儿，便看到活跃的蝴蝶渐渐僵硬，进入了麻木状态。取出塑料袋，在室温条件下，蝴蝶又渐渐"复活"。实验证明，温度对动物的休眠有一定的影响，低温能够引起动物的休眠。按照上述方法，把苍蝇放入塑料袋中，实验发现，苍蝇却死了。捉取苍蝇的幼虫，做上述实验，结果和蝴蝶相同。通过以上三个实验，学生深刻理解了教材中有关冬眠的内容。有一些昆虫是以成虫渡过冬天的，如蝴蝶。还有许多昆虫是以卵、幼虫或蛹越冬的，如苍蝇以幼虫越冬：秋天，发育完全的幼虫进入很深的土中；春天，当麻痹解除后，幼虫立即化作蛹。

---

[1] 吴秀杰. 验证昆虫冬眠的实验 [J]. 生物学教学，1995（2）：29-30.

案例分析：本案例利用动物冬眠这一十分常见的现象，通过教师的演示实验引起学生的注意，因为实验对象、用具在农村地区简单易得，所以教师也可以将该案例改为学生动手的实验，有助于提高学生的实验操作能力。本案例还可以激发学生的好奇心，培养学生对周围环境的观察能力和敢于质疑、善于提问的精神。

案例 4-31　认识农林害虫——蝗虫

活动背景：蝗虫是北方常见的农林害虫，北方农村学生对它并不陌生。

活动目的：对蝗虫进行探究活动，引导学生认识蝗虫的结构特点，探究蝗虫对农林生产造成巨大危害的原因，以及防治蝗虫的最佳时机和方法，形成重视农业生产、科学防虫治虫的思想。

活动方案：

1. 课前准备：教师准备好探究活动需要的材料，包括蝗虫活体（也可由学生自带）、农林害虫的标本和图片、解剖盘、镊子、试管或水杯、凡士林等。

2. 活动过程。

教师根据本地发生虫害的实例进行引入，也可以展示发生虫害和没有发生虫害的对比照片。

（1）教师安排学生以小组为单位观察蝗虫实物，认识蝗虫身体各个部分的分界和各部分的结构。教师可以事先指导学生观察的方法：把蝗虫放在小蜡盘上，使其左侧向上，观察外部形态。对照教材的插图区分蝗虫身体的头、胸、腹三个部分，并按照顺序对其结构加以识别。

（2）教师首先演示解剖和观察蝗虫口器的方法，然后指导学生以小组为单位进行解剖观察。（蝗虫口器的观察顺序为：先用镊子夹出上唇，然后按顺序取出上颚、下颚、下唇、舌等部位）在学生观察时，教师请学生思考蝗虫口器的特点与其取食和生活的关系。学生观察结束后，教师组织学生进行讨论。

（3）教师提问："蝗虫是靠什么进行呼吸的？"然后找几名学生进行回答，进而组织学生设计探究实验进行探究。关于"蝗虫呼吸'门户'

在哪里"的实验，总的思路是想办法将蝗虫的气门堵住，或者将蝗虫的头部捂住，与外界空气隔绝。过段时间，观察堵住不同位置的蝗虫有什么变化。应该是堵住气门的蝗虫死亡，捂住头部的蝗虫照样活着。根据这一基本思路，可以用下面的实验方法进行实验：①取两只蝗虫分别将其头部和中胸到腹部浸入水中，过一会儿看结果。发现胸腹浸入水中的蝗虫死了，而头部浸入水中的蝗虫活着。②找两只大小相似的蝗虫，把其中一只身体两侧的气门全部用凡士林堵住，另一只不做处理，将它们分别放在两个可以透空气的容器中，过几个小时再观察。发现气门被涂上凡士林的奄奄一息，另一只安然无恙。教师还可以鼓励学生用其他的办法进行证明。

（4）教师安排学生以小组为单位，观察蝗虫的生活史标本（教师可以组织学生饲养蝗虫），并讨论蝗虫一生会经历哪几个发育阶段，在哪个阶段对蝗虫进行防治最好。学生讨论结束后，教师请各组代表阐明本小组观点。

（5）教师引导学生通过讨论总结蝗虫的形态结构与其生活习性相适应的特点，列举本地常见的农林害虫，并对其进行描述。（参考：①蝗虫的体表有外骨骼，可以保护内部的柔软结构，防止水分蒸发，能更好地适应陆地生活。②蝗虫的胸部腹侧有三对分节的足，前足和中足适于爬行，后足发达，适于跳跃。③蝗虫的胸部背侧有一对革质的前翅和一对膜质的后翅，适于飞行。④蝗虫既有适于跳跃的足，又有善于飞行的翅，扩大了陆地上的生活范围）

案例分析：本案例用农村学生常见的农林害虫——蝗虫来引导学生对昆虫进行探究，并明确防治害虫的常见方法。研究对象蝗虫在农村地区简单易得，通过对蝗虫的解剖和呼吸实验，学生对蝗虫的结构特点有了更加直观形象的认识，学生的实验操作能力和问题探究能力得到了进一步的提高。

案例 4-32　观察小麦生长区生态系统特点 [1]

活动背景： 赵集中学是比较典型的农村基层教学单位，生物学实验教学环境落后，与实验教材相关的教学设施不够健全，但是学校周边地区存在大量耕地，是观察动植物生产和相互关系的理想条件，同时，该校学生多为农村长大，对当地的各种植物生长和动物生活比较了解。

活动目的： 本实验主要是针对农村学校周边地理环境——赵集中学正前方河道地带的小麦种植区进行生物学实验教学，提高学生参与生物学实验的兴趣；通过生物学实验活动，提高学生的动手操作能力，激发学生的学习热情；通过实际操作检验课堂理论学习效果，及时发现问题，解决问题，提高团队合作意识；引导学生拓宽学习视野，初步认识生物学理论学习与学校周边农业生产、地理环境之间的关系。

活动方案：

1.活动准备。

（1）确定课外实验的基本内容。

根据赵集镇小麦生长的季节特点，首先，组织学生完成实验地小麦生长区生态系统特点的观察实验，并且对小麦生长地中的动植物分布做阶段性记录。其次，观察动植物的形态结构特点，可以根据具体的条件，通过小组集体活动或者个人单独观察，得出结论。最后，教师以小组为单位，要求学生结合理论知识，总结小麦生长区的食物链关系，进而总结麦田里的动植物对小麦生长的影响。

①明确实验地小麦生长区的生态系统特点，并尝试从生产者、消费者和分解者的角度对麦田里的动植物进行分类。

②探究蝗虫、蚯蚓、麻雀、燕麦、荠菜等动植物的形态结构和生活环境特点。

③尝试写出不同生态系统下的食物链关系。

（2）确定课外实验活动时间：基于小麦的种植时间，以及生长过程中出现病虫害的时间，初步把时间确定为 4 月上旬。

---

[1] 谢囡囡. 皖北农村初中生物实验教学案例研究 [D]. 芜湖：安徽师范大学，2016：22-26.

（3）确定课外实验活动的地点：出于安全和便捷的考虑，选取学校正前方河道地带的小麦种植区作为实验活动的场所。

（4）调查内容：以5人为一个小组，确定1名组长，在具体的实验活动中，可根据需要分配每一组及每一名学生承担相应的任务。按照班级人数共分为8个小组。

第一组观察蚯蚓的生活环境和形态结构特点；第二组观察麻雀的生活环境和形态结构特点；第三组观察燕麦的生活环境和形态结构特点；第四组观察荠菜的生活环境和形态结构特点；第五组观察麦田、附近沟渠的生态系统特点；第六组与第五组合作，找出生态系统中存在的不同生物种类，并从生产者、分解者、消费者的角度进行分类；第七组观察麦田里各种生物之间的关系；第八组走访农户，调查打药、施肥等人类活动对小麦等生物的影响。根据小组任务，要求每个小组按要求认真观察并做好记录。在活动过程中，实验教师应该及时掌控小组动态，不定时对各个小组进行检查指导，以确保班级整体活动的有序推进。在具体的观察中，要求每一名学生都要完成图表数据统计，对观察结果做翔实记录，并发表个人感想。

2. 活动过程。

（1）调查所需材料：笔、放大镜、昆虫网、调查表等。

（2）调查过程：学生以小组为单位观察小麦生长区中的各种动植物，总结它们的生活环境与形态结构特点，以及它们与小麦之间的食物链关系。

3. 总结和交流：实验活动结束后，学生以个人或者小组的形式完成实验活动报告，总结实验活动的结论性数据，并且就存在的问题在小组间交流。

4. 评价与反思：教师给学生下发实验活动评价表，要求学生先完成实验活动的自我评价，然后进行小组总结。教师根据学生的具体表现，给予客观评价。

案例分析：本案例利用学校周边地理环境开展生物学实验教学，充分调动了学生学习生物学知识的兴趣和热情。通过实验活动，学生对自己身边的生物环境有了更深刻的认识，对常见的动植物生存关系有了比较系统的了解，尤其是对各种动植物的存在对小麦生长的影响作用有了新的认识，加深了理解。同时，在活动过程中，小组合作探究学习的方式不仅提高了学生的团结协作能力，还增强了学生的环境保护意识。

第五章

农村中学教师及学生生物学课程资源

在诸多的课程资源中，教师是重要的课程资源，教师的经验、智慧、理解、感受、问题、困惑、情感、态度和价值观等对教学过程产生重要的影响，决定了课程资源的识别范围、开发和利用的程度以及发挥效益的水平。学生的性格、兴趣、爱好、特长、知识背景、思维方式都是学生隐性的创造性因素，也是学生参与各种学习活动、习得知识和能力的基础。如何将教师的资源融入学生活动的设计之中？如何激发学生已有的经验，与新知识的学习有效衔接？在关注生物学核心素养培育的今天，对于这些问题的探讨，无疑具有十分重要的意义。

第一节 教师资源

在学校生活中,教师对学生的影响是极其重要的。教师不仅决定课程资源的鉴别、开发、积累和利用,其自身也是实施课程首要的基本条件资源,而且在整个课程资源开发与利用中起着主导和决定性作用。因此,教师是课程资源开发最重要的主体和基本力量。

一、教师是重要的课程资源

(一)教师是课程资源的开发者

教师不仅需要编制、组织、实施、评价课程,还需要开发、拓展教材这一重要的课程资源。

1. 教材内容要靠教师去发掘

教材包含丰富的学科知识,要让学生学好教材知识,理解并能运用教材知识,光靠学生自学是不行的,必须辅以教师的指导。教材中不论是显性的还是隐性的资源,都需要教师充分发掘,并在使用过程中使这些资源不断地丰富。因此,教师要在使用教材方面多下功夫,做好教材的"二次开发",才可能更好地开发课程资源,为育人服务。

2. 教材的拓展要靠教师进行

面对当前信息、知识急速发展的趋势,教师应该积极主动地拓展、加工教材知识,使教材发挥更为重要的作用。教材中的教学资源是有限的,而教师以此创造出的教学资源却可以是无限的。因此,教师在运用教材的过程中,一方面要注意有科学的态度;另一方面也要结合当地实际对教材进行深度开发,拓展教材的内容。另外,教材尽管是专家编写的,但在内容上也可能存在不足之处，教师可以通过自己的再创作，使其内容得以完善。由此看来，教师可由教材的忠实讲授者转变为课程资源的开发者。

（二）教师是课程实施的主体因素

教师除了参与课程资源的开发，还进行课程资源的利用。我们也可以说，最终是教师将其他主体参与开发的课程资源运用到课程实施的实践中，使开发的各种课程资源能够与教育教学活动联系起来。

1. 教师是课堂的组织者

课堂是落实教育教学任务，发展学生核心素养，培养学生德、智、体、美、劳全面发展的主阵地。教师是课堂教学的参与者、观察者、监督者、指导者、评价者，更是组织者。所以，教师在课前要做好充分准备工作，认真研读教材教辅，查阅相关知识的背景资料，结合当地资源适当拓展，同时要考虑农村学生的学习条件，分析学情，从而创设切合学生实际的教学设计。

2. 教师是学生学习的促进者

在课堂教学过程中，充分发挥学生的主观能动性，指导学生开展自主学习、合作学习、探究学习等学习活动，同时要勤于观察、善于倾听、善于点拨、精准提问、及时评价，促进学生养成良好的学习习惯。教学过程中也要创设丰富的教学情境，特别是对于获取信息资源途径有限的农村学生，在授课过程中结合一些时事或最新科学进展，有利于培养学生的学习兴趣，充分调动学生学习的积极性，激发学生的学习动机。

（三）教师是素材性资源的携带者

素材性资源包括知识、技能、经验、活动方式和方法、情感、态度和价值观等。

1. 教师的知识和经验

对学生来说，教师是知识探究的先行者，是富有的知识源。教师对知识的掌握和生活的感悟对学生有重要影响。教师的经验、智慧、能力、机智，甚至兴趣、爱好、生活习惯等都对教学活动实施的深度和广度具有重要影响。[1] 对于农村生物学教师而言，更需要不断学习，拓展知识的深度和广度，积累更丰富的生活经验、生活常识，了解更多的活动方式和方法。走进学生的生活，让学生在生活中自然而然地获取更多的知识。

2. 教师的教学技能

教学技能是支撑教师构建高效课堂的最关键因素。随着信息化社会的到来，大量的生物学教育信息在现代信息技术这股"大风"的挟带下扑面袭来，生物学课程资源随时随地都可以被筛选、开发、交流、共享和运用。教师要不断学习、不断创造、不断反思，借助现代教育技术对学习过程和教学资源进行设计，不断提高自己的专业技能。因此，促进教师专业发展并以此推动农村地区生物学课程资源的开发和利用迫在眉睫。

3. 教师的人格魅力

教师的人格魅力是无形的教育资源，教师在教学中要有认真、负责、亲切的教学态度，积极饱满的教学情感，善良、随和的性格特征，要以温婉激励的语言、温馨关爱的眼神以及鼓励赞扬的动作等拉近师生之间的距离。教师良好的人格品行是一种人格魅力，在言传身教中成为学生的榜样。所以，教师的言行举止、价值取向、行事作风等都可能对学生的一生产生影响。

4. 教师的教学创新力

一个教师的创新力同样是重要的课程资源，拥有创新力的教师总能将更多新鲜、有价值的教学内容呈现给学生，开阔学生的视野。对教师来说，创新既包括"创造"出新的教学方法、教学用具、活动方式等，也包括在原有教学基础上，重新组合并发现新的教学方法和策略。创新型教师往往具有丰富、渊博的知识，这对学生来说是一种吸引力，促使学生不断学习、不断进步，同时也使学生形成创新思维，具备创新能力，养成创新精神。

---

[1] 高双桂，郭东岐. 农村课程资源的开发与利用[M]. 西安：陕西师范大学出版社，2006：52.

二、如何开发教师资源
（一）树立正确的课程资源观 [1]

教师的资源观念决定着开发利用资源的深度和广度。如果教师认为只有教材、教辅才是课程资源，那就会对身边丰富多彩的资源视而不见，更不会去利用。如果教师只把注意力放在条件资源方面，那么他就会怨天尤人、无所作为。正如一些地处贫困地区的条件薄弱学校的教师说的那样：需要用钱换的课程资源在那里没有优势，但从大自然无偿获取的"绿色"课程资源方面看，农村学校的课程资源也是丰富多彩的。他们还说："由于课程资源意识的淡薄而导致大量课程资源，特别是素材性资源被埋没，在当前是普遍现象。"教师要牢牢地掌握这些观点：课程是由课程资源构成的，课程实施的过程就是课程资源开发和创生的过程，课程资源成为课程要经过筛选、整合等过程，有创生的课程才是有生命力的课程，才是有效课程。教师是课程资源开发的主体，学生也是课程资源开发的主体，贴近生活、贴近实际的课程资源尤其可贵。

（二）发挥自身特长，凝聚教师集体的教育合力

在课程资源的开发与利用中，首先，教师要最大程度地发挥自己的积极性和创造性，根据自身的特点，发挥自己的专长，挖掘自己的潜能，形成自己的教学风格。其次，教师要注意学习其他教师好的教学经验，分享他人的教学成果，做到取长补短、精益求精。最后，只有全体教师团结合作、共同参与，才能使学校课程资源得到合理、有效地开发，才能有鲜明的学校课程特色。例如，项目式学习的主要特征就是跨学科合作学习，在开展项目式学习时需要不同学科教师密切合作、互相配合，才能促进学生跨学科学习，完成项目、形成作品。

（三）调查研究学生，提高课程资源开发的针对性

开发课程资源时，教师不但需要了解受教学生目前已经具备了哪些知识、技能和素质，而且应该兼顾学生的个性化差异，设计大量方案，组织多种活动，准备丰富的材料。比如，对于研究性学习，教师可以提供不同

---

[1] 高双桂，郭东岐. 农村课程资源的开发与利用 [M]. 西安：陕西师范大学出版社，2006：70-71.

的活动方案供能力与水平相当的学生选择适合的课题去完成。生物学知识与实验技能的练习，教师要根据循序渐进的原则进行不同梯度的编排，指导学生选择使用。这样既可以避免某些学生因练习过于简单而降低了对问题的敏感性，也可以避免部分学生因过大的问题梯度而阻碍了探究问题的兴趣。

（四）观摩学习，积极参与，促进教师专业成长

农村教师参加高水平优质课比赛的机会可能比较少，所以可以通过观摩优质课视频来丰富自己的教育教学知识，进而挖掘各种课程资源。还可以在校内观摩其他教师的课程教学，互相评课研讨，推陈出新，开发课程资源。教师应抓住一切机会积极参与各类、各级别的教研课、展示课、研讨课，并认真学习总结，梳理完善所学内容。另外，教师可以通过参加中学教师继续教育培训来丰富自己的教育理论，了解课程资源。

（五）利用农村生活经验，开发课程资源

农村教师有独特的生活经历、经验，部分教师，尤其是年长的教师，参加过农业生产实践，对于一些生物学现象可以形象地讲解。教师可以带领学生走近大自然，进行生物的多样性调查、采集、制作标本，观察各种生物，等等。另外，还可以结合劳动技术课教学开展生物科技活动。通过教师的示范和学生的实践，使学生掌握一些实用技术，培养学生劳动的观念、习惯和技能，如花草栽培、蔬菜栽培、果树栽培、林木栽培、食用菌栽培等的教学及实践活动。

第二节　学生资源

学生资源是课程资源中重要的人力资源之一，是在课堂教学中学生本身自发或是自觉表现出来的资源，以及在师生互动、生生互动中产生的可被开发和利用并且有助于课程实施的各种表现和行为。在课堂教学中，学生资源具体表现为学生的潜能和学生在学习过程中表现出的智慧与人格力量。学生与教育媒介、教育内容、教育手段、教育组织形式和活动方式、

教育场地和设备等一起构成了教师在教学过程中的教育资源。[1] 由于这一资源在形式上具有多变性、不确定性、灵活性，因而往往被许多教师忽视。在教学过程中，教师要对灵活多变的学生课程资源进行有效开发。教学的主角是学生，学生在生物学课堂中起着主体作用，而教师仅仅是主导者，所以教师要服务于学生，关注学生的发展，并将学生作为一种独特的教育资源。教师可从多方面入手，多角度、多层次地挖掘学生资源。

一、学生是重要的课程资源

（一）学生是课程的人力资源[2]

学生是最为基础的课程人力资源，一切教育都以学生为对象，没有学生也就不存在教育一说。首先，学生是独立自主的学习者。每个学生都有不同的思维方式、生活经验等，教师通过"因地制宜"的个性化指导，让学生积极主动地对新的学习内容进行理解、剖析，将其纳入自己的知识体系中，完成复杂的知识构建，调动学生的学习兴趣。其次，学生是课程资源的创生者。在教学情境中，学生与教师、学生与学生间对某一知识点发生分歧、提出质疑，并对此进行深刻的讨论，有了思维与思维的碰撞，这样碰撞出的火花会产生一种生成性的课程资源。最后，学生还是学校与家长之间的纽带。学生作为两者的中介，将家庭和学校连接起来，起着沟通、连接和协调的作用，可以通过学生发掘、利用家长课程资源。

学生作为基础课程教育改革的受益者，也是一种重要的课程人力资源，但往往很容易被忽视和遗忘。学生是课程的创造者，他们触摸到课程，用自己的眼睛去看它，用自己的经验去感受它。他们并不是单纯的课程教材的被动接受者，而是课程开发和课程实施的中坚力量。

（二）学生的生活经验是课程资源

学生的生活经验是无形的课程资源。学生的生活经验实际上就是学生已有的知识水平、认知结构、社会阅历和生产实践等，这是教学的起点，

---

[1] 张慧琪. 学生：可开发利用的宝贵教育资源：参加生物新教材培训的思考 [J]. 云南教育，2001（20）：5-6.

[2] 张姝. 学生：作为课程资源 [D]. 西安：陕西师范大学，2018：31.

因为新知识的获取必须以学生已有的知识和经验为基础。如果将这些已有的知识和经验渗透于生物学教学，定能活跃课堂氛围，提升教学质量。如学生患病时的痛苦感受，对身边动植物生命活动的基本了解和观察，饲养动物、种植植物的经历，户外劳作的体会，以及从电视、互联网中获得的相关信息等，都可能是生物学课程联系学生生活实际的来源。生物学教师要更多地利用学生的生活经验和已有的知识储备，帮助学生将他们头脑中零散的、只存在于感官的生物学知识完整化、系统化，使学生既有的知识经验和积极的探究愿望为教学所用，成为教学的动力之源、能量之库。

二、开发学生资源应遵循的原则

在课堂教学活动中，学生是课堂的主人，是学习的主体。如何在动态的教学活动中有效地开发和利用学生资源，提高课堂教学质量，促进学生核心素养的发展，是每位教师面临的现实问题。教师个人实践性知识的不同，在课堂教学中利用学生资源的策略和方式也会不同。总体来说，应该遵循以下原则。

（一）确立以学生为本的学生资源开发利用的理念

对教学活动的精准预设是开发利用学生资源的基础条件。对学情的准确研判，对教材的精准把握，是教师进行教学设计的逻辑起点。个性化与差异化共同交织的学生网络组成复杂多元的课程与教学资源，而开发利用这些丰富资源的前提条件就是了解学生。在开发利用学生资源时，要根据学生学习实际的起点来确定适用于学生学习的教学起点，尊重学生，关心学生，倾听学生的心声。充分挖掘和利用学生资源，根据学生的需求和现状设计有利于学生发展的教学活动，促进学生的综合素质提高。

（二）加强师生之间、生生之间的情感沟通和交流

只有生成没有预设的课堂是零基础的、没有方向的；只有预设没有生成的课堂是僵化的、没有生命气息的。预设与生成犹如课堂教学中的连体婴儿，两者不可分割。教师在课堂教学过程中要有效地捕捉学生表现出来的错误、突发的灵感、思想的碰撞、课堂发言及课堂教学中的突发事件等，将这类资源有效地转化成与课堂教学内容相联系的资源，并加以利用，从

而促进学生有效学习。这就要求教师在开发利用学生资源时做到充分地尊重学生，理解学生，真诚地对待学生。只有这样，学生的潜能才能充分发挥，才能使学生资源得到真正的开发利用。本文的研究也证实了开发利用学生资源能促进师生关系的和谐发展。

（三）引导学生学会自我反思

自我反思在促进学生学习中是极为重要的，人本主义心理学家罗杰斯把自我反思当作学习的方法之一。教师开发利用学生资源时，要突出学生的主体地位，让学生进行自我反思，这样才能有助于发展学生的独立性、创造性和自主性，增强学生学习的自信心。

三、学生资源开发利用的策略

（一）确立"以学定教"的教学理念

在课堂教学过程中，要想有效而充分地开发和利用学生资源，教师必须有正确的理念指导。"以学定教"是有效开发利用学生资源的指导性理念。"以学定教"是根据学生的"学"确定教师的"教"。学生的"学"指学习动机、学习起点、学习方式、学习效果等与学生的学习发展有关的内容；教师的"教"指教学期望、教学内容、教学方式、教学效果等与教师的教学活动有关的内容。教师只有树立"以学定教"的理念，才能将学生视为教学活动中的重要资源加以开发利用。"以学定教"是课堂教学由讲授中心转向学习中心的操作理念和实践要求，其教学意蕴在于通过对教与学关系的重构，回归学生学习的本体性价值和教学的逻辑起点。但是，在具体的实践教学中，有些教师并没有依据学生的基本情况、成长需求、认知基础、发展水平等设计和实施教学活动。

"教"的目的是育人，而非展示教师"教授"的水平。教学的逻辑起点是学生的"学"，学习只能通过学生的主动行为而发生。确立"以学定教""为学而教"的教学理念，首先，确保了学生作为学习主体的主人翁地位，教师的关注点应该聚焦在怎样设法让学生参与学习活动。其次，"以学定教"能够使教师重新认识自己的角色，明白"教"的作用是为了引导、促进学生进行有效学习。最后，"以学定教"颠覆了传统教学过程中的授—

受关系，使教学活动成为师生、生生互动交往的过程，为学生自主学习、合作学习和探究学习提供了平等、对话、交往的空间。

（二）重构课堂"教"与"学"的关系

佐藤学认为，在以学为中心的课堂教学中，教师的精力集中在深入地观察每个学生，提出具体的学习任务以诱发学习，组织交流各种各样的意见或发现，开展多样化的师生互动以让学习活动更丰富，让学生的经验更深刻。只有从根本上变革课堂教学过程中"教"与"学"的结构关系，以学生的"学"为中心，培养学生学习的自主性和主动性，使学生的自主学习、个性化学习和合作学习得到基本保障，学生资源的开发与利用才能落到实处。课堂教学是学校教育的主阵地，是学校教育的主体与核心，对课堂"教"与"学"关系的重构是开发学生资源、挖掘学生潜力的前提条件。学生资源的有效利用依赖于"教"与"学"关系的重构，即由以"教"为中心的课堂教学转变为以"学"为中心的课堂教学，二者关系的重构依赖于教师和学生角色与地位的改变。教师要由知识的灌输者和主宰者转变为课堂教学的组织者、学生构建知识的促进者，学生要由接收知识的"容器"转变成知识意义的主动构建者和知识内化的主体。

（三）引发学生产生深度学习的行为

在课堂教学过程中培养学生深度学习的意识，提高学生深度学习的能力，引导学生体验深度学习的过程，是提升学生学习力、提高学生综合素养的重要途径，也是开发利用学生资源的根本目的。

交往、体验与反思是实现深度学习的前提条件。这就要求教师在教学过程中，既要重视个体的独立学习，也要重视小组的合作学习，每个学生都有自己的分工与任务，自主探究、合作共享、交流反思。在实践过程中，运用自主、合作、探究的学习方式让学生亲自参与教学实践活动，习得知识和能力。深度学习的最终旨归是回归个体的自主学习，学生的学习乃是不断地从个体出发，又回归个体的。虽然学生之间的交往互动具有无限丰富的内容，但合作交往是为了促进个体更好地学习与成长。如果教师的教学活动能关注每一个个体的学习状态，与每个个体展开对话和交流，那么学生资源的开发利用就达到最高水平，实现终极目的。

在具体的教学实践中，对于学生资源可以采用灵活的方式加以利用。

一是采用"热处理"的方法来利用学生资源。"热处理"的方法就是对学生主动表现出来的良性资源或是经过教师引导开发出来的学生资源及时处理并引入到教学过程之中。在课堂教学中，学生往往会结合自己的经验，迸发出一些奇思妙想，符合教学目标，有利于教学进行和学生发展的资源，要及时加以利用，特别是学生表现出来的典型的、有代表性的资源，要让这些资源服务于教学。

二是采用"温处理"的方法来利用学生资源。"温处理"的方法就是对学生资源采取个别利用和延时利用的方法。个别利用是指对于开发出来的和学生主动表现出来的非典型性、个别的学生资源采取个别开发的策略。这种资源一般只对于个别学生来说是有价值的资源，但对于绝大多数学生来说，是意义不大的资源。延时利用是指与正在进行的课堂活动和教学内容关联程度不大的学生资源，可以一带而过，当时不予以处理，留到以后再利用。

三是采用"冷处理"的方法来利用学生资源。"冷处理"的方法就是置之不理，对于不良的学生资源，教师可以采取不理睬、不利用的策略。在课堂中，有时学生也会说一些与教学内容无关的话，也有调皮的学生故意恶作剧，只是为了引起教师和其他学生的注意，这时教师可以不去理会，或者课下再去解决。

第三节　研究与实践

案例 5-01　做七彩面点

活动背景：中国民俗：年二十八把面发，二十九蒸馒头，三十晚上熬一宿。新年蒸发面大枣馒头、做彩鱼等不同样式的面食，不仅美观，而且寓意吉祥。平时市场上有许多不同颜色的面食，大多用食用色素调色，样式也不是很丰富。随着健康意识、饮食安全意识的不断增强，人们对有色食物的要求越来越高。北方农村的学生大多会做面活，教师可以引导学生用植物给食品染色，建议学生开展健康美食活动，发动学生就地取材，做颜色丰富的面食。

活动过程：

1. 上色环节。通过讨论确定了几种颜色：黄色——南瓜，粉色——火龙果，绿色——菠菜，紫色——紫薯，橙色——胡萝卜。

2. 制作环节。过年吃饺子是中国传统习俗，五色饺子缤纷多彩，绿白搭配的白菜饺子寓意"摆财"很受欢迎。用不同颜色的发面做成形态各异的小动物（刺猬、兔子、小猪……），再搭配"薯条""火锅"，丰富极了！其中，彩色的鱼寓意"连年有余"，应该是最受大人们称赞的。

活动反馈：用火龙果调制粉色，颜色很好看，给饺子皮调色比较合适，用于冰皮月饼着色也很好看。但做发面时，和面时发面颜色是粉色，面食蒸好后就会变成黄色。后来改用草莓、樱桃代替，但是冬天用这些水果需要提前用冰箱冷冻储存，而且颜色也不如火龙果调色的鲜艳。学生会继续寻找发面用火龙果调色会变色的原因和使其不变色的方法。

3. 学生把自己的作品上传到班级微信群。各小组投票评比，交换意见，不断改进。

案例分析：学生的认知规律、个性特点、学习能力等也是一种课程资源。由于不同年龄、不同学段、不同家庭等因素的存在，导致学生的认知水平、个性表现、学习能力等都会出现差异或不同，这就促使教师根据学生这些的不同，设计合理的教学方案，增加学生学习的参与度。此次活动，不仅使学生学习能力得到普遍提高，还能促进个性发展，也反映了教学相长的师生关系。

案例5-02　制作牛轧糖

活动背景：新年将至时，家家户户都会买上一些糖果招待客人，牛轧糖往往是首选。

活动过程：学生通过上网查阅资料决定选用黄油、棉花糖、奶粉、坚果、果干作为制作牛轧糖的材料。用果干做出的牛轧糖，比较受欢迎，学生选择首先尝试做果干牛轧糖。在实践中发现，火候不好控制，不知道什么时候放棉花糖，做出的糖太软，等等。在教师的指导下，学生组成两人小组合作操作。经过多次尝试发现，做牛轧糖黄油要适量，太多了糖软，少了糖硬。一般 500 g 棉花糖放 50 g 左右黄油。小火化油，油化开就放棉花糖，小火慢放及时翻炒，否则会硬在锅底。两个人合作，一个看火，另一个放料，多数小组操作成功。最后一步把糖压平晾凉切块，用喜欢的糖纸包上。值得欣慰的是，通过做糖创新开发了新产品。例如：牛轧糖制作中加入饼干，就制成了雪花酥；加入大米花就制成了米花酥；等等。自己吃的小食品自己做，卫生又绿色。

案例分析：本案例利用生活资源使学生参与家庭劳动，学会生活。制作材料贴近生活，有利于激发学生的探究兴趣，提高课堂的趣味性与互动性。同时，本案例学习制作牛轧糖的方法非常贴近学生生活，便于学生学以致用，培养了学生的动手能力和尝试探究的兴趣。

案例 5-03　尝试制作葡萄酒

活动背景：中国是世界四大文明古国之一，是酒魂所在的国度。在上下几千年的浩荡历史中，酒在中国人的社会生活中占据重要地位。酒文化作为中国文化中不可或缺的一部分，在传统的中国文化中有其独特的地位。许多地方在得天独厚的地理和气候条件下生长的葡萄适合酿造葡萄酒。教师可以指导学生尝试用野生葡萄和种植葡萄做葡萄酒，了解发酵过程。

活动目的：学生自己动手制作葡萄酒。

活动方案：

1. 教师备课：教师查阅葡萄酒制作方法，并提前进行实验。

2. 学生准备：学生复习葡萄酒制备工艺。

3. 理论授课：教师具体讲解葡萄酒制作的方法步骤，引导学生进行分组并且制订实验计划。

4. 材料准备：透明玻璃瓶（或塑料瓶）、纱布、当地产葡萄（多个品种各适量）、冰糖、一次性塑料手套、榨汁机。

5. 活动过程：

（1）对实验用仪器、材料进行消毒：玻璃瓶经高温煮沸（或用开水浸泡一段时间）；纱布煮沸消毒（或用医用纱布）；榨汁机清洗并用开水多次浸泡消毒。

（2）葡萄清洗：挑去腐烂、破损的葡萄；将葡萄在水龙头下缓水冲洗，洗去葡萄表面污物。（注意葡萄不可过分清洗，否则会将葡萄皮表面酵母菌洗去）

（3）摘下葡萄粒：葡萄表面水分晾干后，将葡萄粒从茎上摘下待用。

（4）用榨汁机将葡萄榨成葡萄汁，或手戴一次性塑料手套将葡萄捏碎。

（5）在葡萄汁中加入一些冰糖（根据个人口味适量添加），混匀后置于玻璃瓶，或将捏碎的葡萄与冰糖一层一层间隔放置在玻璃瓶中，最后用盖子密封玻璃瓶。（注意：玻璃瓶内应该留 1/3 左右空间）

（6）每天将玻璃瓶盖拧松几次，释放酵母菌发酵释放的 CO_2。（注意：盖子不能完全打开，不能让空气中的 O_2 进入发酵瓶）释放气体时，可以闻一下是否有酒味产生。

（7）第二周以后（环境温度不同，这个时间会有变化）将发酵瓶内物质用纱布进行过滤，得到滤液，将滤液换至另一个干净的玻璃瓶，进一步发酵、沉淀。

（8）第三周后，将玻璃瓶内的沉淀滤去，得到清醇的葡萄酒，再将葡萄酒转至储存瓶即可。

在实践中遇到的问题：学生在葡萄汁制取时发现野生葡萄粒少，味道略酸；种植葡萄粒大而饱满，肉厚汁多。酿酒容器若不干净，发酵时会发霉。葡萄洗净后带梗一起用锅煮，然后加入冰糖，煮开晾凉后装瓶发酵，发酵后口感比较差，葡萄的果香味不足，又尝试在葡萄汁里加入少量白酒，继续发酵，口感还是比较差。

解决办法：咨询身边有经验的乡里，知道了家庭制作葡萄酒可以直接将葡萄洗净略晾干后破皮出汁，加入冰糖就可以密封发酵了。放在阴凉的地方大约 2 个月，用纱布过滤，葡萄酒便可制作成功。

案例分析：本案例充分利用日常生活中常见的材料与工具，制作活动使学生对食品发酵过程的理解更加直观、深入，同时也锻炼了学生的动手能力，学生在乐趣中学习，教师的教学效果也会大幅度提高。

案例 5-04 恩施糯米甜酒[1]

活动背景：恩施糯米甜酒在土家族、苗族地区通常被俗称为醪糟、甜酒，由字面便知恩施糯米甜酒有蜜的甘甜和酒的醇香。细细品味，它似乎又不仅是两者的简单相加，它虽有酒的醇香却无酒的火辣与刚烈，有蜜的甘甜却胜于蜜的沁人心脾和回味无穷。这是因为糯米甜酒的制作过程涉及生物学中多糖的转化过程，从而使其含有糖、醇、酸、酯等多种成分。

活动目的：将糯米甜酒作为"细胞呼吸"以及"微生物发酵"的课程资源。

活动方案：

活动一：学生课后参观、调查甜酒的制作，课堂上师生共同分析甜酒酿制过程中糖类的变化及酵母菌的呼吸作用，进一步认识糖的种类及细胞呼吸等知识。

活动二：在课堂上，通过让学生介绍甜酒的制作方法，使学生认识甜酒的制作原理、菌种的来源、发酵条件、发酵装置等知识，并与果酒和果醋的制作进行对比分析，帮助学生学习微生物发酵的相关知识。

活动三：学做糯米甜酒。

1. 选糯米。上等好糯米要求糯米颗粒形状一致，无粳米、黑米、霉烂米、石子、泥沙混杂。劣质糯米或者陈糯米均制作不出好的甜酒。

2. 泡糯米。将糯米洗净后用冷水浸泡 10～16 小时，视环境温度决定浸泡的时间长短。温度高，浸泡的时间短；温度低，浸泡的时间稍长。以米粒充分吸足水为准。

3. 滤糯米。将冷水泡好的糯米捞出，用簸箕滤水 1～2 小时，视米的

---

[1] 刘永赤. 从"多糖的转化"到甜酒的制作：生物教学中实用技术开发之四 [J]. 新课程学习（上旬），2013（7）：54-55.

浸泡程度决定滤水的时间长短。泡的时间短，滤水的时间也短；泡的时间长，滤水的时间稍长。以表层米粒的水分散发到不互相粘连为止。

4. 蒸糯米。用木甑子将滤好的糯米蒸熟，这样便得到了熟的糯米饭。一般要蒸 30～50 分钟，大约蒸至 30 分钟的时候，口嚼检查一下糯米饭的含水量。如果糯米饭显得干硬，则洒少许水，再继续蒸；如果糯米饭显得绵软，则不洒水，后续的蒸煮时间稍微短点。此过程就是在一定范围内调节糯米饭的含水量。

5. 摊凉糯米饭。把蒸熟的糯米饭倒入一个开放的大容器内冷却，洒少许水，然后用筷子把糯米饭拌散，再摊凉至温度 30℃ 左右（有温度计，则选定 29～31℃；没有温度计，则以手背接触饭团 10 秒没有烫手的感觉为准）。如果糯米饭依然显得干硬，则稍微多洒些水；如果糯米饭显得绵软，则只洒少许水。如果不洒水，不易把糯米饭团拌散；如果水洒多了，则成品甜酒易发生溶糟现象，煮出来的汤汁也有混浊现象。

6. 拌酒曲。酒曲的质量和多少直接影响甜酒质量的好坏和风味。一般的酒曲，每千克糯米需要 10 g 左右。笔者的经验是，选 3 种以上的酒曲捏碎混合均匀后，再按照每千克糯米 10 g 酒曲的比例与摊凉至要求的糯米饭混合，此时留点酒曲备用。（注意：摊凉后的糯米饭在拌酒曲前，温度绝对不能高于 35℃，否则会将酒曲中的微生物烫死，导致甜酒制作失败）

7. 装盆。糯米饭拌好酒曲后，将其装入搪瓷盆或者陶盆等容器，并把饭团稍微拍紧，摸光，上面做成山包一样的圆头形，并在"山包"的顶部做一个凹坑，然后把上一步剩余的酒曲均匀地撒在"山包"的表面，再用拧干的湿布盖上进入下一步发酵阶段。该步骤的操作决定甜酒的风味。如果拍得过紧，则成品甜酒有"闷"味；如果拍得过松，则成品甜酒有酸味。"山包"的顶部做个凹坑的目的是观察甜酒发酵情况，作为下一步的观察点。"山包"的表面均匀撒一层酒曲，可以防止杂菌感染，被杂菌的孢子感染的甜酒会有苦味。

8. 发酵。装盆后趁热进入发酵阶段。恩施糯米甜酒发酵的方法通常是将拌好酒曲的糯米饭用盆装好放入甑中进行密封，如果在冬天，则还要用微火加热，夏天则不必（该阶段的要求是保持环境温度在 30℃ 左右）。

这样过 36 小时左右，即可打开观察发酵程度：如果凹坑被醇香的甜酒汁充满，则发酵完成，可以出窝而食用或者移入瓦罐、陶坛中密封待食。如果凹坑没有甜酒汁，冬天则是环境温度不足，需归窝后适当提高环境温度，而继续发酵至凹坑被甜酒汁充满；夏天则可能是酒曲的质量问题，须添加另外的酒曲继续发酵 12 小时左右。待密封的糯米饭发酵至有酒香味时，便要将其装入事先准备好的瓦罐或陶坛中，再经过几个星期的密封，便可得到令人陶醉的甜酒。

案例分析：本案例充分利用南方常见的一种米酒创设学习情境，教师将其作为"细胞呼吸"以及"微生物发酵"的课程资源，让学生动手亲自制作糯米甜酒，学生在感受地方文化的同时，增强了动手操作能力，同时提高了课堂的趣味性，便于学生对教材中内容的理解掌握。

案例 5-05　腊肉、香肠 [1]

活动背景："红萝卜，蜜蜜甜，看到看到要过年……"在四川、重庆，腊肉和香肠是过年过节餐桌上不可或缺的一种美食，自制腊肉、香肠早已经成为一种习俗、一种风尚，延续至今。一进入腊月，人们便开始奔忙：先要在市场上采购猪肉，做腊肉则用盐和香料腌制，做香肠则将其切成小块，加入调料、香料腌制后灌入肠子中，然后挂在阳台上、窗门外，让腊月的寒风吹干，之后就是熏制，前后往往要花十天半个月，甚至一个多月。

活动目的：利用腊肉、香肠为生物学教学创设课程资源。

活动方案：

活动一：腌制食品在制作或贮存过程中难免有亚硝酸盐的产生，亚硝酸盐是致癌物质，属于化学致癌因子，这与高中生物学中"细胞的癌变"的内容联系密切。

在学习本节课时，教师可提出建议：养成健康的生活习惯，注意营养均衡，少吃腌制食品，多食新鲜食物。

活动二：若腌制食品中不慎产生亚硝酸盐，怎样测定亚硝酸盐的含

---

[1] 李正权. 过年闲说腊肉香肠 [J]. 大众标准化，2012（1）：22-24.

量，确保食品安全？这可与高中生物学教材中的"制作泡菜并检测亚硝酸盐含量"的内容联系起来。

在学习本节课时，教师可将腊肉、香肠带到课堂上，让学生观察并思考问题：生活中常见的腌制食品有哪些，它们是如何制成的？学生了解了腌制食品的制作后，再深入思考以下问题：这些腌制食品为什么能长时间保存？亚硝酸盐是怎样产生的，如何测定它的含量？学习本节课后，教师引导学生尝试检测腊肉、香肠中亚硝酸盐的含量，最后就腌制食品的制作与食用提出建议，鼓励学生做到学以致用，让学生认识到生物学与日常生活紧密联系，其来源于生活，又服务于生活。

案例分析：本案例充分利用腊肉、香肠作为生物学课程资源，它们不仅在川渝地区常见，在整个南方尤其是南方的农村地区都是非常常见的。对于住在偏远山区且条件艰苦的人们来说，逢年过节或招待客人食用腊肉、香肠既方便又实惠，且平时的荤食常以腊肉、香肠为主。教师可充分利用学生熟悉的这一资源来创设情境，让学生在该情境中树立健康饮食的意识。

案例 5-06　东北大酱

活动背景："烀黄豆，摔成方，缸里窨成百世香；蘸青菜，调菜汤，叨上一匙油汪汪。"这首童谣唱的就是东北大酱。在东北农村，家家都做酱。东北土质肥沃，盛产大豆，大豆是做酱的优质原料。东北地区产的大豆，粒饱、瓣大、含油多，做出的酱金黄如乳、香气馥郁，人称"黄酱""家酱""东北大酱"。

活动目的：通过东北大酱这一实例，让学生切身感受东北文化，并且通过东北大酱的制作过程理解发酵工艺。

活动方案：

1. 教师备课：查阅东北大酱的制作过程。

2. 学生准备：可参与家庭东北大酱的制作。

3. 活动过程：课堂上，教师讲解东北大酱的制作过程（也可以让学生进行讲解），根据制作过程教师进行设问。发酵原料是什么？所需微生物是什么？所需微生物是需氧生物还是厌氧生物？最适温度是多少？发酵原理是什么？等等。并让学生参考泡菜制作流程，归纳东北大酱生产工艺流程图。

东北大酱制作过程：

（1）黄豆的蒸煮：把黄豆淘洗干净，浸泡至全部涨开，放在锅里煮熟。这可是个技术活，水不能多，也不能少。黄豆煮熟后，调节水位至黄豆下面较低位置（基本没有多少水）。盖严实锅盖，封闭下用文火（实际上是柴草炭火余热），封闭灶门，保温过夜。

（2）大酱块子的制作：保温过夜的熟透黄豆，颜色呈棕红色，锅内没有剩余的水分，熟透黄豆也不干燥。将石磨事先冲洗干净，保证磨豆酱前石磨是干燥的。牲口拉磨，两个人合作磨豆酱。一个有经验的人站在磨上，用木拐将熟透黄豆压进磨眼，木拐的粗细与磨口接近。另一个人把熟透黄豆准确添加到磨眼里，同时负责收集磨出来的豆酱，放在干净处。如果家里人手多，就分工合作，连续作业。磨出的豆酱呈蒸馒头前的面状，就像做窝头一样，把豆酱做成大酱块子。长一尺（1 尺 ≈ 0.3333 m）左右，宽、高半尺左右，中间掏空，有利于干燥。一般在初冬进行。把成型的大酱块子放到干燥的地方进行干燥，一般放于农家的室内棚顶上，过冬干燥（同时会有部分发酵，但不严重）。

（3）发酵管理：仲春到初夏之间是酿造黄豆酱的开始阶段。把食盐用井水溶解，浓度为 10% ～ 15%，浓度低了容易酸败。如果食盐不干净，用干净白布把盐水过滤一次。把盐水置于陶瓷缸中，把大酱块子掰成小块，加到盐水里。酱缸上面用酱缸帽子（类似东北人的大草帽）盖上。浸泡 1 ～ 2 周后，开始发酵管理。用一个长把木榔头（俗称酱耙子）作为捣碎工具，每天至少搅拌 2 ～ 3 次，俗语称"打酱缸"，每次打酱缸 100 下。白天要晒太阳，晚上盖上酱缸帽子，保温发酵（实际上是高温、高盐发酵）。如果有条件，白天用白纱布把酱缸蒙上晒太阳，可以防止苍蝇、蚊子等飞虫落入酱缸。每天打酱缸的次数越多，发酵成熟越快，大酱的味道越好。

案例分析：本案例充分利用东北特色食品东北大酱这一在东北农村地区非常常见的食品，教师在进行微生物发酵内容的讲解时，可以以东北农村学生熟知的大酱来创设情境，据此设置问题串。学生在该情境中通过解决问题可以真正明白发酵工艺的本质，明确科学技术与社会科学是相互交叉、相互渗透、相互融合的。

案例5-07　白族乳扇

活动背景： 乳扇是白族传统手工乳制品中极具特色的一种食品，因其形状薄如扇面而得名。乳扇色泽呈乳白色或白中带黄，半透明状，油润光滑且具韧性，不容易被折断，具有独特的味道，深受人们的喜爱。据测定，乳扇含蛋白质35%，脂肪49.3%，乳糖6.8%，钙、磷及微量元素等2.5%[1]，水分6.4%，所以我们可以把乳扇称为是大理特色营养食品。

活动目的： 学生通过白族乳扇的制作过程理解发酵工艺。

活动方案：

1. 教师备课：查阅白族乳扇的制作过程。

2. 学生准备：可参与家庭乳扇的制作。

3. 活动过程：

课堂上，教师讲解白族乳扇的制作过程（也可以让学生进行讲解），根据制作过程教师可设问：发酵原料是什么？所需微生物是什么？所需微生物是需氧生物还是厌氧生物？最适温度是多少？发酵原理是什么？等等。并让学生参考泡菜制作流程归纳白族乳扇生产工艺流程：鲜乳→鲜乳滤液＋酸浆（50～60℃）按2∶1混合→加热（63～65℃）→搅拌→凝固→揉团→洗涤→缠绕→上架→晾干→成品。

乳扇制作原料：一是鲜牛乳。制作乳扇所用鲜牛乳为全脂乳，用云南大理州土种黄牛——邓川牛所产的牛奶制成。该牛乳与其他品种牛所产牛乳相比，干物质、乳脂、蛋白质含量均较高，做成的成品乳扇色黄，风味好。二是酸浆。取生产乳扇时剩余的乳清，盛在瓦罐中3～5天，使其中的乳酸菌在无氧条件下进行自然发酵（微生物的无氧呼吸方式），产生乳酸，当pH值为3.45～3.87时，即可用于制作乳扇。

---

[1] 昆明市科学技术局.科学饮用牛奶常识[M].昆明：云南科技出版社，2006：39.

案例分析： 本案例充分利用白族特色食品乳扇，教师在进行微生物发酵内容的讲解时，可以以白族乳扇这一实例来创设情境，据此设置问题串。学生在该情境中通过解决问题可以真正明白发酵工艺的本质，明确科学技术与社会科学是相互交叉、相互渗透、相互融合的。除此之外，可将其与高中生物学教材中的"分子与细胞"和"呼吸作用"联系起来，作为乳酸菌进行无氧呼吸的课程资源。

案例 5-08　植物细胞与竹筒饭、竹筒肉

活动背景： 对于云南的农村中学来说，少数民族学生的比例很大，在教学中，利用他们的民族风俗进行教学，可以提高课堂教学的有效性。

活动目的： 通过竹筒饭、竹筒肉这一实例，理解植物细胞相关知识。

活动方案：

1. 教师备课：教师在进行七年级生物学植物细胞的教学设计时，可查阅竹筒饭、竹筒肉相关信息，并且准备相关视频。

2. 活动过程：课堂上，教师可以讲解拉祜族的日常生活习惯。如拉祜族人民喜欢将菜、肉以及佐料或者大米和水一起放入一段鲜薄竹筒内煮熟，煮出的食物既有竹之清香，又保持原有食材的香味，进而引出植物细胞的生物学知识。此时教师提问：为什么这样煮出的食物会有竹子的清香？学生根据自己吃竹筒肉、竹筒饭的经验回答：新鲜竹筒含有水，水流到肉或饭里会使肉或饭带有竹子的清香。教师追问：竹子内为什么会有水？细胞液为什么会流出来？为什么用火烤了竹子后里面的水就会流出来？不用火烤行吗？等等。这些问题让学生感到新鲜以及不解。教师可以总结：因为竹子的细胞中含有细胞液。在竹子细胞的中央有一个大大的泡状结构叫作液泡，里面含有细胞液，细胞液中有很多的营养物质、色素等。所以当竹子的细胞液流出后，与食物一起加热，食物就会有竹之清香。由于竹子细胞含有一层控制物质进出细胞的细胞膜，用火烤破坏了细胞膜，细胞液才会流出来。另外，因为植物细胞有纤维素含量较高的细胞壁，导致竹子比较坚硬，所以，为了吃的时候方便，选择较薄的竹子。教师总结刚才讲过的液泡、细胞液、细胞膜、细胞壁等结构在细胞中的分布以及地

位，补充剩余的结构，完成植物细胞的结构与功能这一节的教学内容。

案例分析： 本案例充分利用当地学生司空见惯的特色美食——竹筒饭、竹筒肉创设植物细胞的结构与功能的学习情境，把学生的生活实际与教学联系起来，在学生已有的生活经验上进行探索，吸引学生的注意力，激发学生的学习兴趣，提高课堂教学的有效性。

案例5-09　苗族酸汤与玉米白酒[1]

活动背景： 贵州地处云贵高原东侧，属于亚热带季风气候，气候较潮湿，以前食物非常不易保存，容易腐烂变质，苗族人为了延长食物保存时间研制出了多种"酸"的制作方法，进而有了"三天不吃酸，走路打蹿蹿"的俗语，现在，苗族酸汤已经成为风味名菜。

活动过程：

1. 苗族酸汤。苗族酸汤分为"白酸"和"红酸"，有的民族地区的酸汤鱼就是利用"红酸"做成的。酸汤的主料：大米，当地产的各种籼米、粳米和糯米；野生西红柿（主要用于制作"红酸"）。制作过程：将淘米水（淘米的水一定要用山泉水）放到腌制坛或瓦缸装起来，盖上盖子，三天左右就能制成酸汤，如果酸味不够，可再放到锅里煮，并用水瓢冲扬，煮开后舀入缸内，就更酸了。

2. 玉米白酒。苗家玉米白酒又称"苞谷烧"，具体制作方法如下。

（1）原料处理：将一定的玉米洗净后，放入锅中煮（有时可将玉米粉碎，粉碎玉米的目的在于便于蒸煮，使淀粉充分被利用，粉碎的细度约占玉米的一半，不能太细）。

（2）初蒸冷却：待玉米煮熟透后取出让其冷却，再用清水洗过，放在木甑上蒸（利用蒸煮的方式使淀粉糊化，有利于淀粉酶的作用，同时还可以杀死杂菌。蒸煮的温度和时间视原料种类、破碎程度等而定，蒸煮的要求为外观蒸透，熟而不黏，内无生心即可），蒸熟透后，倒入大簸箕中，

---

[1] 武丹. 中学生物学课程资源中苗族民俗文化元素挖掘和应用：以"苗家糯米酒的制作"为例 [D]. 贵阳：贵州师范大学，2016：13-14.

让其冷却。

（3）拌曲发酵：待蒸熟的玉米冷却后，和以酒曲（主要含酵母菌和霉菌两种微生物）放在晒簟（竹编的晒席）内堆成堆，上用簟盖好，发酵过程中要掌握好温度，发酵时间的长短，根据各种因素来确定，大约一周。一般当簟内温度上升至 36～37℃时，即可结束发酵。

（4）复蒸取酒：拌以酒曲一星期后，发酵的玉米散发香气，这时候将玉米再放入木甑中蒸。木甑的侧面开一个眼孔，架一涧槽（接引山涧水的水槽），槽端安一竹管，管下放一大缸，甑内酒蒸出就流入缸中，在木甑的上端安一口大锅，锅中装着清水，俗称"天锅水"。清水在大火中烧开后形成蒸汽，蒸汽上升遇锅底的冷气便凝成酒，流入涧槽中。

活动目的： 苗族酸汤与玉米白酒两个实例为传统发酵技术课程提供资源。

活动方案：

活动一：苗族酸汤和玉米白酒的制作都利用了微生物的发酵。酸汤里主要含有乳酸菌、酵母菌及醋酸菌几种微生物，其中主要是乳酸菌的发酵作用。玉米白酒所用的酒曲主要含有的微生物为酵母菌和霉菌，发酵主要是酵母菌的呼吸作用。在高中生物学教学中可以将玉米白酒的制作作为"ATP 的主要来源——细胞呼吸"的课程资源。同样还可以其发酵条件、制作原理和方法等和传统发酵技术的应用中的课题"果酒与果醋的制作"进行对比，并融入其中形成课程资源。

活动二：在学习"果酒与果醋的制作"的内容时，先让学生课前收集苗族农家玉米白酒的做法，课上让会做玉米白酒的苗族学生作代表介绍玉米白酒的做法，其余学生在听的同时进行对比分析苗族的玉米白酒和自己收集了解到的玉米白酒的做法是否相同，将它的制作原理、酒曲的制作、菌种的来源、发酵条件、发酵装置等和果酒与果醋的制作进行对比分析、思考。带着这些知识基础来学习本节知识内容，学完之后再进行两种酒做法的对比分析，归纳总结先前知识存在的不足，学会玉米白酒、果酒与果醋的做法，课外选择其中一种自己制作，做成之后进行经验的交流分享，弥补自己的不足之处。

案例分析： 本案例充分利用当地学生司空见惯的特色饮食创设学习情

境，把学生的生活实际与教学联系起来，提高学生的注意力，激发学生的学习兴趣，提高了生物学实验的趣味性。

案例 5-10　物质跨膜运输实例与三道茶

活动背景：一些地区的农村中学，少数民族学生的比例很大，在教学中，利用他们已有的民族风俗进行教学，可以提高课堂教学的有效性。三道茶是白族人民敬献宾客的饮品，也是一种民族特有的礼仪形式，其独特之处可简要概括为"一苦二甜三回味"。

活动目的：通过三道茶这一实例，学生能理解物质跨膜运输相关知识。

活动过程：教师在讲解高中生物学"物质跨膜运输"这一课时，可简单介绍白族三道茶特殊的制作方法，通过提问：茶味是如何获得的？茶多酚是如何进入水中的？茶多酚的浓度与茶的味道有关吗？引入新课。

头道茶，苦茶。制作头道茶的方法是，将茶叶放入用火烘热的土陶罐中，用文火烘烤，边烤边抖动翻转茶叶，直至叶片微黄并发出清香味后冲入开水，此时茶叶中茶多酚等物质经过细胞膜进入水中，茶汁浓酽。二道茶，甜茶。配制方法为先将核桃仁片、烤乳扇和红糖等配料放入茶杯，再冲入滚烫的茶水即可敬献客人，此时茶叶中的茶多酚与其他配料相混合，茶水又甜又香，十分可口。三道茶，回味茶。配制方法是先将蜂蜜、花椒、姜片、桂皮末等按一定的比例放入茶杯中，再冲入沸腾的茶水，茶多酚与其他成分混合，集麻、辣、甜、茶香于一体，饮用时令人回味，故名回味茶。极具白族民族特色的三道茶除了美味可口、饮来别有风味，其先苦后甜，再回味的感觉，颇具生活哲理。也正因为如此，三道茶深受白族群众喜爱，并被不断改进终将其发展成一项极具特色的茶文化礼仪。

案例分析：本案例充分利用学生熟知的三道茶来创设物质跨膜运输的学习情境，把学生的生活实际与教学联系起来，在学生已有的生活经验上进行探索，提高学生的注意力，激发学生的学习兴趣，提高课堂的有效性。

案例 5-11　鼓楼 [1]

活动背景： 侗族标志性的建筑鼓楼，是侗族人商议决定重大事宜的场所。侗族人在修建鼓楼时，是仿照杉树形状进行修建的，因而鼓楼从外观上看像一棵高大的杉树。之所以这样设计，更多的是因为杉树在侗族人民生活中有着非常重要的作用。侗族人民善于培植杉树，有自己独特的种植方法。侗族人修建房屋、桥梁和制作家具等常用到杉树，对杉树更是有一种敬仰的心理，他们把杉树看作吉祥的象征，将杉树称为"杉仙""遮阴树"，因而鼓楼是侗族人的精神寄托。

活动目的： 通过类比鼓楼进行生长素的学习。

活动过程： 教师在讲解完顶端优势的知识点以后，在课件上展现鼓楼这一侗族标志性建筑图片。教师提出问题：鼓楼按照杉树的形状进行修建，如果我们要让园林中的树木也长成这样，请结合所学知识分析我们应该保护主干上的顶芽还是侧芽？学生观察图片并思考教师提出的问题。教师进行总结，详细阐述顶端优势在农业中的应用。

案例分析： 本案例将鼓楼这一建筑运用到"顶端优势"的学习内容中，让学生通过类比鼓楼学习生长素相关的知识。在此过程中，教师将课本内容与生活中常见的建筑进行联系，既能提升教学内容的可视化，同时也引导学生将所学知识应用于生活实践。

案例 5-12　苗族村寨 [2]

活动背景： 在苗族村寨，房屋多是吊脚木楼和半边吊脚木楼，依山而建，这大概和地理环境有关。在黔东南州，雷山县西江镇 1000 多户苗族人家，居民近 6000 人，为全国最大最典型的苗寨，素有"苗都"之称，2005 年，中国民族博物馆西江千户苗寨馆在西江正式挂牌，西江是研究苗族历史和文化的"活化石"。

---

[1] 景娇娇. 贵州侗族民俗中的高中生物学课程资源开发与实践研究 [D]. 贵阳：贵州师范大学，2018：17.

[2] 敖丽. 贵州苗族民俗中的高中生物课程资源的开发与实践 [D]. 贵阳：贵州师范大学，2017：10-11.

活动目的： 通过类比苗族村寨进行生命系统结构层次的学习。

活动过程： 将苗族村寨（以西江千户苗寨为例）与高中生物学中的"细胞是生命活动的基本单位"这一节的内容结合，苗族村寨的每一个人是作为"生命系统结构层次"的"个体"，在"个体"中以血液循环系统为例进行剖析，进而讲解"系统""器官""组织""细胞"；苗族村寨内的所有人形成一个"种群"，苗族村寨内所有生物种群形成一个"群落"，这个群落和苗族村寨的无机环境相互关联，形成一个统一的整体，这就是"生态系统"。

案例分析： 苗族地区的学生对苗族村寨构造有所了解，将其作为课程资源，尊重学生的原有经验和前概念，能创造冲突、真实的学习情境，将抽象的生命系统结构层次转变为形象化的可视的苗族村寨实例，有利于提高课堂的有效性。

案例5-13 酸食[1]

活动背景： 侗不离酸，喜好酸食是侗族同胞饮食的特色之一。根据配置的食品，酸食有荤素之分。荤酸食的主料是肉质食品，以猪、牛、鱼肉等为主；素酸食常用的材料是芥菜、豇豆等。素酸食制作的大致流程为清洗蔬菜→开水烫→晒干→装入坛子→倒入米汤或淘米水→封口，其原理在于微生物的发酵，主要产生作用的是乳酸菌，乳酸菌通过发酵将食物中的糖类分解为乳酸，使得食物尝起来酸而可口。

活动目的： 理解无氧呼吸的基本原理，了解食品安全的有关知识。

活动过程：

活动一：教师在讲解无氧呼吸具体案例时，根据酸食制作过程，强调酸食中的乳酸菌发酵需要在无氧条件下进行，因而是厌氧型细菌。

活动二：教师在讲"制作泡菜并检测亚硝酸盐含量"这一节时，课前让学生查找侗族酸食制作的相关材料，小组分析讨论以后，写一份关于酸

---

[1] 景娇娇. 贵州侗族民俗中的高中生物学课程资源开发与实践研究[D]. 贵阳：贵州师范大学，2018：16.

食制作所需的条件、原理、流程的报告，与课本中的泡菜制作实验进行对比。课上小组进行汇报以后，结合教师的讲解对报告内容进行补充。通过教师对检测亚硝酸盐含量操作的讲解，学生可在课后尝试去测定我们生活中食用的酸食在各阶段亚硝酸盐的含量，并根据卫生标准规定总结酸食食用的最佳阶段和食用的数量。

案例分析：本案例通过让学生了解酸食的制作过程，以及酸的形成原理，助力学生理解无氧呼吸的过程。通过这种教学方式，增加学习内容的丰富性，提升学生的实际操作和资料分析能力，同时帮助学生建立科学、健康的饮食习惯，并提高食品安全方面的自我保护意识。

案例 5-14　乡村卤猪脚

活动背景：一些农村地区过年时会杀猪分猪肉，若有幸分到一块猪脚肉，那可真要高兴半天，因为这猪脚肉寓意着在接下来的一年里能够顺顺利利。卤猪脚是农村必不可少的美食。随着日子过得越来越好，卤猪脚已然成了乡间最为常见的滋补佳品。

活动目的：为学生学习蛋白质相关知识创设情境。

活动过程：在讲解"生命活动的主要承担者——蛋白质"这一节时，在上课伊始，教师可以播放卤猪脚的制作视频，也可以请学生讲述家里制作卤猪脚的过程，进而引入本节课：猪脚中含有丰富的胶原蛋白，这种胶原蛋白营养丰富，据说可以养颜美容。那么，什么是蛋白质呢？在课堂最后，教师可再次引用该案例提问：请根据本节课的内容回答，吃猪脚真的可以美容吗？引发学生的认知冲突，并且回答："吃猪脚（包括肉皮、蹄筋等）能美容"的说法源于以形补形——猪脚能提供丰富的胶原蛋白，使皮肤更光洁、紧致、有弹性。但实际上，这只是爱美者一厢情愿的想法。所有蛋白质（包括胶原蛋白）都是在消化分解成氨基酸或 $2\sim3$ 个氨基酸组成的寡肽后才能被人体吸收，并非以原型吸收。被吸收的氨基酸是否用来合成胶原蛋白由人体蛋白质代谢状况和自身合成需求等情况决定，因此胶原蛋白分解产生的氨基酸并不一定会用来合成胶原蛋白。组成胶原蛋白的氨基酸完全可由其他氨基酸转化而来，即便不吃猪脚、肉皮等，也不用担心会缺乏这些成分。胶原蛋白最终的利用率主要与年龄密切相关，一个18岁少女会因为没补充胶原蛋白而皮肤没有弹性吗？同样道理，一个80岁的婆婆会因为天天吃猪脚而皮肤光嫩吗？而且猪脚中不光含有胶原蛋白，还含有脂肪、胆固醇等，大量摄入还可能引起肥胖、血脂异常等问题。所以猪脚还是适量吃为好。教师最后可以引导学生举出以形补形这一错误说法的常见实例。

案例分析：本案例充分利用学生熟知的卤猪脚来创设蛋白质的学习情境，把学生的生活实际与教学联系起来，在学生已有的生活经验上进行探索，引发学生的认知冲突——并不能以形补形，激发学生的学习兴趣，提高课堂教学的有效性，培养学生在日常生活中用生物学思维思考问题，以辩证的视角看待问题。

案例5-15　议榔与生态保护[1]

活动背景：议榔是苗族传统社会中的一个村寨或若干个村寨进行集议、制定共同遵守的某种规范的一种议会组织形式。其职能是制定适合苗族当地的社会规范。它虽没有法律的强制执行力，但有道德约束的作用，通过议榔议定并固定下来的社会规范就称为"榔规"，榔规涉及伦理道德、生活生产、社会治安、婚姻缔造、男女社交、公共财产、私有财产、氏族结社及其成员的权利与义务等方面，其中关于自然环境保护的榔规就是环保榔规。现在，议榔在苗寨中虽逐渐消失，但其内容仍有着自律作用。

关于环保榔规，在贵州苗族村寨中普遍存在且内容大致相近。雷山县西江千户苗寨榔规规定：村寨公有山林、田土不准村内外私人侵占，违者令其退出，风景树被砍，令其补栽，以上处罚不服，另罚一只鹅或鸭。[2] 施秉县杨柳塘镇高坡苗寨1936年制定的"榔规条约"规定：在古巴山只能捡干柴或砍马桑树和小米树，其他树种不能砍，砍一捆罚大洋5块，若

---

[1] 敖丽. 贵州苗族民俗中的高中生物课程资源的开发与实践[D]. 贵阳：贵州师范大学，2017：14-15.

[2] 侯天江. 中国的千户苗寨：西江[M]. 贵阳：贵州民族出版社，2006：28.

砍伐成材的杉树和柏树则还要重罚。[1] 凯里市三棵树镇南花村榔规规定：偷砍他人林木的，按所盗林木的价值予以罚款，情节严重或数量较大的还将另罚偷盗者抬粪、修桥、补路。[2] 除了山林资源保护，苗族榔规还涉及野生动物资源保护和污染防治方面的内容。西江千户苗寨榔规规定：河鱼允许钓或网捕，若炸或用药毒的罚50两银子，并令其找鱼苗补放；公有防火塘大家爱护，不准倒垃圾、粪便，违者令其清理。[3] 贵州苗族地区植被覆盖率高，生物种类多样，得益于环保榔规使得苗族地区的植物和动物等资源得到了保护。

活动目的： 通过议榔这一实例，对学生进行生态环境保护教育。

活动过程： 在进行高中生物学"生态系统及其稳定性"和"生态环境的保护"的教学前，教师可让学生查阅"议榔"这一苗族特殊的议会组织形式的相关资料，了解相关知识，课堂上教师可让某一个小组分享查阅到的信息，其他小组补充，引导学生讨论分析其与生态系统的稳定性的关系，以及对生态环境保护的启示。

案例分析： 本案例将"议榔"这一苗族特殊的议会组织形式作为课程资源运用到教学中，在对学生进行生态教育的同时，让苗族地区的学生加深对本民族的认同感，增强民族自豪感，并且还能让非苗族的学生形成文化认同并产生学习兴趣。

案例5-16 福州方言文化 [4]

活动背景： 语言，特别是方言，本身既是一种非物质文化遗产，也是其他非物质文化遗产的载体。本土方言是地方历史文化遗产的重要组成，也是普通话健康发展的资源和保障，应当得到保护与传承。

---

[1] 余贵忠. 少数民族习惯法在森林环境保护中的作用：以贵州苗族侗族风俗习惯为例 [J]. 贵州大学学报（社会科学版），2006，24（5）：35-41.

[2] 沈堂江. 贵州苗族习惯法的历史、现状及发展 [J]. 贵州民族学院学报（哲学社会科学版），2000（S2）：101-108.

[3] 侯天江. 中国的千户苗寨：西江 [M]. 贵阳：贵州民族出版社，2006：28.

[4] 何槿，陈榕. 方言文化在初中生物学教学中的渗透 [J]. 福建基础教育研究，2019（8）：136-137.

活动目的： 开展本土方言在初中生物学教学中的应用研究，在提升学生生物学学科核心素养的同时，增强学生的文化自信和民族自豪感。

活动过程：

活动一：学习"环节动物的代表动物蚯蚓"时，请来自福州地区不同区县的学生用自己所在地的方言称呼蚯蚓，学生会惊讶地发现不同区县的福州话音调有所不同，有的甚至发音完全不同。在接下来的"节肢动物""两栖动物"和"爬行动物"等内容的学习时，教师在课堂上增加了让学生用各地方言说出蜻蜓、蚊子、苍蝇、蟑螂、蝉、蜘蛛、蜈蚣、青蛙、蜥蜴和壁虎等这一教学环节，使学生在深感生物的多样性的同时，对福州方言"五里不同调，十里不同音"的现象有了直观的认识，激发学生尊重自然、热爱自然、保护方言这一语言"活化石"的社会责任与担当。

活动二："一螺穷，二螺富，三螺开酒库，四螺没饭吃，五螺做乞食，六螺圆车车，七螺做老爹，八螺是庙祝，九螺会当家，十螺管天下。"（福州方言《指纹谣》）这里的"螺"指的是漩涡式或圆圈式的指纹类型，童谣中描述了各种"螺数"对应着不同的命运。由此，教师引导学生根据这个童谣提出生物学问题：每个人的指纹为什么不一样？指纹真的能决定命运吗？经过对相关资料的搜集与阅读，分组讨论或辩论，以及教师的指导，学生明白：实际上指纹是由基因控制的，世界上没有两枚完全相同的人类指纹。"螺"的数目并不能决定命运，这是基因的多样性的真实写照。以福州方言童谣创设问题情境，激发学生提出疑问，开展探究实践活动。

活动三："伲囝相拍跋落浦，看见鲤鱼礼讨姆。虾精鳖怪吹嘀嗒，乌龟掏棰拍京鼓。青甲先行扛高照，黄蜱扛轿嘴突突。"（福州方言《伲囝相拍跋落浦》）这首童谣描述了小孩子嬉戏打闹掉落小河后看见的场景，借鲤鱼娶亲的热闹场面，重现了福州人婚嫁娶亲的风俗，有着浓厚的民俗味道。教师利用这首童谣中提及的鲤鱼、虾、鳖、乌龟、青甲（绿色的蛙）和黄蜱（褐色的蛙）等动物，指导学生探究其所属的动物类群，使得生物学知识学习与本土方言文化熏陶有机结合，提高了学生的学习效率。

活动四：学生对腔肠动物比较陌生，课堂教学气氛沉闷。这时，教师故意用福州方言说：" '塔'就是腔肠动物的代表——海蜇。""哇！这不是咱们餐桌上常见的食物吗？"学生一下子就兴奋起来，有效地激发了学生的学习兴趣。同样，学习"蕨类植物"时，正好是春天，此时市场上售卖一种蕨菜（其幼芽福州方言称"国"）。当教师用福州方言模拟摊贩叫卖蕨菜时，学生不禁仿效教师的发音跟读，并议论从家人那里听到类似的发音。接着教师讲解："这些蕨菜外观虽然相似，但是它们属于不同属或种。"学生惊呼："哇，原来如此！我的家乡居然有这么多种蕨菜呀！"还有学生发问："为什么现在市场上只卖少数几种蕨菜呢？""这是由于随着人类生产活动、环境变迁或农药滥用等原因，许多以往随处可见的植物慢慢地淡出了我们的视野。"教师利用此契机对学生进行环境保护教育，促进学生形成环境保护意识。

案例分析：许多福州方言童谣中不但具有民俗价值，还可以从中挖掘出生物学学科教育价值。在初中生物学课堂教学中，适当使用本土方言描述学生身边所熟知和喜爱的动植物，或者巧妙穿插脍炙人口的俗语民谚，可以充分利用学生对家乡特殊感情的心理因素，既能让学生更好地掌握学科知识，也能够激发学生对家乡的热爱，激励学生树立建设美好家乡的远大理想和社会责任，这正是生物学核心素养的综合体现。

案例5-17　对联 [1]

活动背景：当下，农村初中的教学条件普遍得到了很大的改善，不过与城市初中相比，教学设备、学生基础、师资力量等课程资源依旧处于劣势，但由于农村受城市现代文化冲击的幅度相对较小，以至于在传统文化方面的课程资源相对城市有一定的优势。农村是传统文化的沃土，其中对联更是传统文化中的一朵奇葩，将对联应用于中学生物学教学中，对学生生物学素养的提高有很大的帮助。

活动目的：通过活动了解对联对仗的基本特点，提高学生对生物学知识的分析、概括能力。

---

[1] 胡展娴，黄光文. 生物学教学中对联艺术的应用 [J]. 当代教育理论与实践，2012，4（4）：105-106.

活动方案：

方案一：引入教学。

教师在讲授油茶专题前，板书了一副对联：深山茶籽无污染；金色油光保健康。

学生感到有点奇怪：油茶课怎么写起对联来了？教师解释：茶油是从山茶科植物种子提取的高档健康型植物油，油茶树生于丘陵山地，无农药残留和重金属污染。于是，学生了解油茶知识后求知欲被激发。

在上下知识点的连接上也可以运用对联。如：肽链突变分子病；基因疗法机体康。

上联归纳了分子病的机理——肽链上个别氨基酸的突变，是上一部分的结语，下联作为导入语引出新内容——可以恢复机体健康的基因疗法。

方案二：总结记忆。

在上完一个知识点、章节或课程时，可以采用对联这种易读易记的形式进行总结和记忆。

1. 太阳光能驱电子，放出氧；二氧化碳共水分，合成糖。

此联表述了光合作用的机理和产物。

2. 气孔开合，控制水分丧失；蒸腾作用，拉动矿质上升。

细胞全能，形成个体；激素适宜，分化组织。

此二联分别总结了蒸腾作用和组织培养。

3. 芳香结构酪苯色；碱性氨酸赖组精。

天谷酸胺易换；组脯杂环构成。

此两联总结了不同氨基酸的结构特点。

4. 反应物，终产物，调节物，活酶，体内变化的组成体系；核苷酸，氨基酸，脂肪酸，单糖，生命分子之基本单元。

此联中以三个"物"对应三个"酸"，很容易就记住了这两个知识点。

5. 螺旋折叠空间构；氢键疏水稳定因。

此联总结了蛋白质空间结构形成的主要形式和作用力。

6. 移花接木；点石成金。

此联可以作为基因工程的概括："移花接木"是对基因工程的手段的

形象描述,"点石成金"是对基因工程成果的赞誉。

方案三:讲解知识。

1. 对联的许多特质与一些知识点有相通之处。例如,核苷酸有四种碱基,分为嘌呤和嘧啶两类,各自主要有两个,这正好对应拼音的四声,其中阴平和阳平为平声,上声和去声为仄声。在对联中,平声和仄声相对仗,而核酸分子中,嘌呤和嘧啶形成碱基对。对联中并非绝对平仄相对的,有时也有平对平和仄对仄的情况,就如同碱基对有时也是由嘌呤和嘌呤、嘧啶和嘧啶配对的。核酸中嘌呤和嘧啶往往交叉排列,对联中平声和仄声也多是如此。二者的相似之处还有很多,不一一列举。

2. 去序列冗余,基因表达经过核酸剪接;成空间结构,分子伴侣帮助肽链折叠。

此联对比了核酸剪接与分子伴侣两种分子机理各自的功能与差别。

案例分析:生物学知识点多,科学性强,在教学中需要运用高超的教学技能才能高效地将知识传授给学生。对联,具有易读易记、贴近生活、趣味性强的特点,在生物学教学中如能适当运用,将会取得较好的教学效果。虽然对联在生物学教学中大有用武之地,且效果非常不错,值得各位教师在教学中尝试,但是,对联易学难精,而科学知识要想浓缩也需要一定功力,特别是科学术语在平仄上的处理很不方便。因此,要想创作出既能很好涵盖科学知识又符合对联要求的作品比较难,还需要对联爱好者和生物学教师共同努力。

案例 5-18 侗族"坝生"[1]

活动背景:侗族同胞将腌鱼称之为"坝生",其历史悠久,是一道绝佳美味,常用来招待贵宾。其原料主要为草鱼,将草鱼清洗以后用粗盐浸渍 3~5 天,再以米酒、糯米饭、辣椒面、姜蒜等辅料和盐水一起进行均匀的搅拌,最后采用合适的方式将制好的糟和草鱼一起装入腌桶,腌制 1

---

[1] 景娇娇. 贵州侗族民俗中的高中生物学课程资源开发与实践研究 [D]. 贵阳:贵州师范大学,2018:15-16.

个月左右。其制作的原理在于微生物和酶的相互作用，鱼在腌制过程中加入粗盐，形成了高渗透压的环境，进而使得草鱼脱水，在此过程中腌桶内的溶氧性降低，抑制了好氧微生物的活动，有利于厌氧微生物的繁殖。受到微生物和所产生酶的作用，原有肉质中的组织发生相应的改变，逐渐变得越来越软，在此过程中由于蛋白质分解以后氨基酸态氮的含量增加，从而形成了特有风味的腌鱼。[1]

活动目的：通过侗族"坝生"这一实例，教师可为学生学习物质跨膜运输以及水盐平衡的调节创设情境。

活动过程：

活动一：教师将学生生活中常见的腌鱼导入本节课的学习中，或者教师以腌鱼的制作原理进行反面举例，引导学生理解细胞膜具有选择透过性这一知识点。例如，教师提问：同学们，对于腌鱼想必大家都不陌生，作为我们生活中必不可少的美食，可谓是酸、辣、香俱全，同学们能否根据老师提供的素材，思考在制作腌鱼的过程中，其所有的细胞膜还具有选择透过性吗？学生对教师提出的问题进行思考并回答，在此基础上教师进行引导性解答：从以上实例我们可以思考在制作腌鱼的过程中，鱼作为一个生物体，由于腌制过程中盐的高渗透作用，细胞已经死亡，失去了选择透过性，离子可以自由地出入细胞，因而细胞膜失去了选择透过性，此时细胞膜是全透性膜，所配制的调料能够自由进出细胞，使得腌制出的鱼酸、辣俱全。

活动二：教师将学生生活中常见的腌鱼导入本节课的学习中。腌鱼作为一道美食，我们常能品食。请学生思考，常吃腌制食品对我们体内的水盐平衡调节会带来什么影响？是否会对身体有害？学生思考讨论以后，教师进行如下总结。在腌制食品的过程中需要大量食盐的浸渍，因此腌制食品的含盐量很高，当我们大量食用后，会引起体内渗透压的改变，从而刺激下丘脑渗透压感受器，作用于垂体释放抗利尿激素增加，加大肾小管和

---

[1] 章银良，姜春鹏.加速腌鱼风味成熟新技术的研究[J].中国调味品，2010，35（6）：111-114，117.

集合管对水的重吸收，造成水、钠的潴留，血压升高。[1]因而我们应该建议身边的高血压患者尽量少吃腌制食品。

案例分析：本案例充分利用学生熟知的腌鱼来创设情境，让学生了解了腌鱼的制作原理与制作流程，不仅为学生学习知识奠定基础，还可以引导学生在学习知识的基础上关注生活健康，提高食品安全意识。

案例5-19　"剑门豆腐文化"校本课程 [2]

活动背景：剑门豆腐是四川省广元市剑阁县当地的一道特色美食。2007年，剑门豆腐制作技艺入选四川省市（州）级非物质文化遗产代表性项目名录，这为开展校本课程开发研究提供了广阔的空间。因为当地的学生从小到大受到的熏陶让他们对豆腐文化有深刻的认知，所以"剑门豆腐文化"校本课程的开发与实践研究，可以更深层次地加强学生对家乡的感情。

活动目的：开发"剑门豆腐文化"高中生物学校本课程。

活动过程：

结合剑门关高中的实际情况，确定了"剑门豆腐文化"背景下校本课程的开发程序：分析环境—确定目标—选择内容—实施课程—评价课程。由于校本课程开发是一个不断完善的过程，所以这五个阶段是相互影响并相互制约的。基于前期对学生的学情分析以及环境分析，本研究将"剑门豆腐文化"背景下高中生物学校本课程的内容划分为剑门豆腐的前世今生、走进豆腐世界、豆腐的加工、剑门关风景区的旅游文化四个主题。

具体课程组织如下：

1.剑门豆腐的前世今生。

（1）教学目标：

①了解剑门豆腐的文化渊源、非遗信息等知识，感受家乡豆腐文化的浓厚气息。

②说出剑门豆腐的品质特点、工艺特点。

---

[1] 杨坤.高中生物说课研究[D].济南：山东师范大学，2011：59-60.
[2] 李晗.高中生物学"校本课程"的开发与实践：以"剑门关中学"为例[D].重庆：重庆师范大学，2018：2，9-10，22-28.

③了解剑门关镇豆腐的生产情况，以及豆腐在人们日常生活中的影响。

④学会实地调研，尝试把调研的结果整理成报告，并展示分享。

（2）教学方法：讲授法、PPT（演示文稿）演示法、视频演示法、讨论法、汇报法。

（3）教学过程：

①课前将学生分组，每组对不同的豆腐加工厂进行调研，整理信息。

②教师分发教材供学生阅读，同时以PPT和视频的方式向学生展示剑门豆腐的相关资料。

③每组选一个代表展示课前整理的调研报告，分享剑门关镇如今的豆腐生产盛况，让学生感受家乡的富饶与繁盛。

④学生讨论豆腐在日常生活中的应用。

（4）教学评价：学生在课后撰写小作文；小组长记录学生课堂平时表现；学生在期末完成自评互评表。

2. 走进豆腐世界。

（1）教学目标：

①了解豆腐的发展历史，豆腐的营养价值、药用价值和副作用，了解豆腐的分类、世界纪录、储存方法等其他常识，从而拓宽知识面。

②掌握鲜豆腐的制作工艺，理解从黄豆变成豆腐的制作原理。

③学会设计探究影响豆腐品质的实验方案，培养科学探究思维。体会制作豆腐的过程，让学生感受生物学的奇妙。

④通过实地参观、豆腐制作的活动课，让学生学会与人交流、团队分工协作、成果分享，从而提升相应能力。

（2）教学方法：讲授法、PPT演示法、视频演示法、讨论法、实地参观法、实验法。

（3）教学过程：

①教师结合教材、PPT和视频介绍豆腐的发展历史、功效与副作用以及其他基本常识，组织学生自学、讨论发言、演讲、辩论等。

②教师利用视频、教材等资料，以及组织学生的活动（小组合作设计实验方案、学生自学并展示等），引导学生了解豆腐的制作工艺、豆腐的

分类、南北豆腐的区别、点卤工艺。

③带领学生参观鲜豆腐作坊，让学生形成豆腐制作的直观感受。让学生在休息日准备之后实验所需的物品。

④4人一小组，分为6组，分别进行鲜豆腐制作的实验，同时完成彩色豆腐的创意作品（利用不同的蔬菜汁制作多种颜色的豆腐）。

⑤6个小组分别进行原料、打卤剂、温度、水质、水量、时间6个因素对豆腐品质影响的探究实验，教师在实验过程中给予一定的指导。实验结束后，各小组派代表阐述实验方案、实验过程、实验结果。

（4）教学评价：对学生进行期末测试；学生参观豆腐制作工厂后撰写心得体会；教师根据学生的实验方案、实验成果打分；小组长记录组员课堂平时表现；学生在期末填写自评互评表。

3. 豆腐的加工。

（1）教学目标：

①理解微生物在腐乳制作中发挥的作用，掌握腐乳制作的原理，明确腐乳的制作流程。

②认识常用的食用微生物，学会用显微镜观察微生物。

③举例说出豆腐的加工品以及烹饪方法，并尝试制作创意的豆腐料理。

④模仿腐乳制作工艺，在实验室利用微生物制作腐乳，并探究影响腐乳品质的因素，加强对探究实验一般思路的理解，并巩固实验操作技能。

⑤通过探究实验、实地参观、课外实践、课堂展示分享等活动，让学生感受生物学学习的乐趣，体会合作学习的愉悦，从而使学生相应的综合素质得到一定程度的提高。

（2）教学方法：讲授法、实地参观法、实验法、学生展示分享。

（3）教学过程：

①教师利用教材中的传说故事、资料分析帮助学生理解腐乳制作的原理和流程，并让学生针对一系列问题进行讨论，加深对操作注意事项的理解。引导学生设计实验探究影响腐乳品质的因素（微生物的质量、盐的用量、酒的种类、酒的用量、发酵温度、发酵时间），学生分为6组分别进行探究实验，并在课下坚持完成。

②教师结合教材和课件向学生介绍参与豆腐发酵的微生物有毛霉、酵母菌、曲霉、青霉等，并分别讲解这些微生物的特点、作用、生长环境等。

③学生课前查阅资料，了解在日常生活中有哪些食品跟微生物相关。教师引导学生展示学习成果，结合学生的展示进行补充，并组织学生利用显微镜观察常见的微生物。

④学生利用休息日的时间，分组参观剑门关镇多个豆腐加工厂的豆制品（豆腐干、豆腐乳、臭豆腐、豆皮等）生产，感知豆腐可以制作成很多的加工品，感知豆腐的应用，并撰写参观报告。

⑤学生利用休息日的时间，查阅豆腐有哪些烹饪方法，以小组为单位，选择一种烹饪方法，制作一道豆腐佳肴（要求带有创意色彩）。

⑥组织学生展示豆腐加工厂参观报告以及豆腐料理。

（4）教学评价：对学生进行期末测试；学生参观豆腐加工厂后撰写参观报告；教师根据学生的实验成果、实验方案打分；小组长记录组员课堂平时表现；学生在期末填写自评互评表。

4. 剑门关风景区的旅游文化。

（1）教学目标：

①了解剑门关风景区的旅游文化，进一步加深学生对家乡的热爱之情。

②关注身边的自然和人文资源，让学生形成传承家乡历史文化的意识。

③通过豆制品营销的社会实践活动，锻炼学生组织活动的能力、领导能力、与人交流的能力。

（2）教学方法：讲授法、PPT 演示法、视频演示法、实践法。

（3）教学过程：

①教师结合教材、PPT 和视频介绍剑门关风景区的发展历史、地理环境、自然资源、主要景点、历史文化和地方特色。同时组织相应的课堂活动，如辩论、演讲等。

②学生以风景区豆制品营销为主题，设计活动策划方案，开展活动。

③活动结束后，学生进行活动总结，撰写心得体会。

（4）教学评价：学生在课后撰写小作文；教师根据学生活动成果打分；小组长记录学生课堂平时表现；学生在期末完成自评互评表。

案例分析：针对剑门关高中开展的"剑门豆腐文化"背景下高中生物学校本课程，可以让对生物学或者食品制作感兴趣的学生，在课堂中发挥自己的才能，挖掘自己的潜能，让学生的个性得到充分的发展。通过豆腐的理论知识普及，可以拓展学生的知识深度，让学生了解必修课程之外的知识；"彩色豆腐制作""腐乳制作"专题可以锻炼学生的动手操作能力、团队合作能力，同时培养学生形成科学的探究思维；"参观豆腐加工厂"能够给学生更多的机会去领会当地的产业特色，丰富学生对家乡的感情；"剑门关风景区"豆制品营销活动，能够充分锻炼学生的口头表达能力、人际交往能力。

剑门关高中是剑阁县示范性普通高中，与剑门关风景区毗邻，开展"剑门豆腐文化"背景下高中生物学校本课程，能够充分利用剑门豆腐这一地方文化来凸显学校的特色，让这一课程成为学校的一大亮点，也能够长期作为学校校本课程的选择。

案例 5-20 蚕文化 [1]

活动背景：江苏是我国古代蚕业的发源地之一，江苏的桑蚕丝绸发展历史悠久、源远流长，自宋代以来江苏即成为我国丝绸的重要产地，明清两代以来尤为繁荣。而苏州从古至今都是江苏的重点蚕区之一，历史悠久的蚕业影响着苏州古今农业、经济、文化等各个方面，使苏州形成了具有丰富内涵、独具特色的蚕文化。

活动目的：挖掘基于苏州蚕文化的生物学资源，使学生获得知识的同时激发热爱苏州的情感。

案例 5-20-01 探究重金属离子对家蚕生长发育的影响

1. 教学背景：随着工业的发展，冶炼等工厂排出的废气、废物极有可能通过雨水进入灌溉系统，由此进入桑田，通过桑树根吸收而被家蚕摄入，进而影响家蚕的生长发育。因此，本课题选取了重金属离子这种污染物来

---

[1] 陆丽萍. 苏州蚕文化背景下高中生物校本课程的开发与实践 [D]. 苏州：苏州大学，2009：10，32-33，36-40.

研究其对家蚕生长发育的影响，以此增强学生的环保意识。

2. 教学目标：了解家蚕生活史及其一般生物学知识；树立人与自然、社会和谐发展的观点，养成保护环境的意识；培养学生自主制订研究方案的能力。

3. 教学方法：选取实验材料、实验仪器（喷瓶、天平、卷尺等），配制实验试剂（硝酸铅溶液和氯化镉溶液），学生自主设计实验，并通过一系列的实验探究重金属离子对家蚕生长发育的影响。

4. 教学过程：

步骤一：分组。学生分组并进行分工。

步骤二：围绕课题提出问题——镉离子和铅离子对家蚕的生长发育有怎样的影响？

步骤三：做出假设——镉离子和铅离子会减缓家蚕的生长发育（包括体长、体重等指标），并且在不同的浓度之下，影响也不相同。

步骤四：实验预期。

用不同浓度的重金属离子溶液喷洒桑叶，用这些桑叶喂养家蚕，一段时间后，家蚕的生长发育受到了不同程度的影响。

步骤五：设计实验步骤。

（1）准备家蚕：将孵化出的家蚕以正常桑叶喂养，到三龄时，选取体长、体重类似的家蚕300条分组饲养，分成6组，每组50条。

（2）配置药品：制备不同浓度的重金属离子溶液。

（3）分组饲养：给家蚕喂食用不同浓度的重金属离子溶液喷洒的桑叶。第一组使用600 ppm的铅离子溶液喷洒的桑叶，第二组使用500 ppm的铅离子溶液喷洒的桑叶，第三组使用300 ppm的镉离子溶液喷洒的桑叶，第四组使用30 ppm的镉离子溶液喷洒的桑叶，第五组使用600 ppm铅离子溶液+300 ppm的镉离子溶液喷洒的桑叶，第六组使用清水喷洒的桑叶作为对照。

（4）记录观察：每日观察家蚕的生长情况，记录相关数据。

步骤六：得出结论。

对记录进行整理，并根据所记录内容对数据资料进行分析，得出结论。

步骤七：表达交流。

请学生写课题总结报告，包括实验背景、实验步骤、实验结果等，并在班上做汇报，分享心得体会、经验总结。

案例 5-20-02　蚕丝的主要成分与酶的专一性实验

1. 教学目标：掌握蛋白质与酶的基本概念；培养学生自主制订研究方案的能力。

2. 教学方法：选取实验仪器，配制实验试剂，学生设计实验，并通过实验来探究蚕丝的主要成分并深入地研究酶的专一性。

3. 教学过程：将蚕茧用沸水煮过后抽取蚕丝，并使用脱胶液与溶胶液将其溶解为液体，参照教科书上检测糖类、淀粉、脂肪、蛋白质的方法，指导学生自主设计实验检测蚕丝的主要成分。学生在生活中可能了解到，丝绸制品是不能用洗衣粉洗涤的，为什么呢？学习酶的知识后，学生可以知道因为洗衣粉中含有蛋白酶，会分解蛋白质，毁坏丝绸制品，基于此，指导学生自主设计实验来探究酶的专一性。

案例 5-20-03　制作并观察桑树根尖分生组织细胞的有丝分裂

1. 教学目标：掌握细胞周期以及有丝分裂的基本概念；学会正确使用显微镜；学会制作装片并进行观察。

2. 教学方法：选取实验仪器，配制实验试剂，制作临时装片观察有丝分裂。

3. 教学过程：学生查阅相关文献，参考教科书上洋葱根尖分生组织细胞的制作方法，尝试制作桑树根尖细胞有丝分裂装片，并观察有丝分裂的过程，比较细胞周期不同时期的时间长短，绘制桑树细胞的有丝分裂简图，加深对有丝分裂的感性认识。

案例 5-20-04　探究植物生长调节剂对桑树插条生根的影响

1. 教学目标：掌握植物生长调节剂的基本概念及其生理作用；培养学生自主制订研究方案的能力，学会自己设计实验探究某种植物生长调节剂对桑树插条生根影响的最适浓度；能够正确使用实验器具，进行生物学实验的操作；养成科学态度和科学精神。

2. 准备实验材料、仪器，如桑树的枝条、α-萘乙酸（NAA）、吲哚-3-乙酸（IAA）、刀、烧杯、天平等。学生自主设计实验，并通过一系列的实验探究植物生长调节剂对桑树插条生根的影响。

3. 教学过程：

步骤一：分组。学生分组并进行分工。

步骤二：围绕课题提出问题。NAA、IAA对桑条生根有怎样的影响，两者的效果一样吗？

步骤三：做出假设。适宜浓度的NAA、IAA都可以使桑条产生大量的不定根，但各自的最适浓度可能不同。

步骤四：实验预期。经过一段时间后，适宜浓度的NAA、IAA可以使处理的桑条产生大量的不定根，且两种生长调节剂的最适浓度不同，而其他浓度下的枝条长出少量的不定根。

步骤五：设计实验步骤。

（1）制作插条：选取桑树的绿枝45条，将枝条剪成约10 cm的短枝，并把枝条分为9组，每组5条。

（2）准备药品：配制不同浓度的IAA与NAA溶液。

（3）分组处理：将9组枝条分别浸入清水，10 mg/L、20 mg/L、40 mg/L、80 mg/L的IAA以及NAA溶液中，浸泡24小时。

（4）植入烧杯：将浸泡过后的枝条取出，分别插在装有营养液的大烧杯中，保持温暖和通风。

（5）观察记录：3～4周后，观察每组插条的生根情况，并做好记录。

步骤六：得出结论。对记录进行整理，并根据所记录内容对数据资料进行分析，得出结论。

步骤七：表达交流。请学生写课题总结报告，包括实验背景、实验步骤、实验结果等，并在班上做汇报，分享心得体会、经验总结。

案例分析：本案例基于苏州蚕文化，充分利用当地的蚕以及桑树资源，与中学生物学结合，开设了一系列的活动，使学生能够更好地了解蚕文化，激发学生热爱家乡的感情，同时提高了学生学习生物学的兴趣。有一定条件的教师也可以基于此文化开设校本课程。

案例 5-21 "镇江醋文化"校本课程[1]

活动背景：镇江醋有着悠久的历史，是镇江的古老文化传承。镇江香醋是江苏镇江的传统名产，居"四大名醋"之首，采用传统的酿造工艺，利用生物学微生物发酵的原理，是生物学校本课程开发的优秀本土资源。

活动目的：开发"镇江醋文化"背景下的高中生物学校本课程。

活动过程：

1. 搜集和整理镇江香醋的发展历史和酿造工艺。

镇江醋文化中，流传着很多有趣的传说，传说的背后，也有很多科学依据。例如，"杜康造酒儿造醋"的传说中，杜康的儿子黑塔给醋命名时说"二十一日酉时即为'醋'"，其中酒糟泡二十一日生成醋是有生物学依据的。学生利用发达的网络资源和地方的图书馆资源，搜集整理镇江醋文化的由来以及香醋的酿造工艺，并与其他名醋的原料和工艺加以比较，了解镇江香醋与其他名醋口感上有差异的原因。

2. 联系生物学相关知识，了解发酵及各工序操作的生物学原理。

让学生联系所学的生物学知识，查阅资料，解释镇江香醋的酿造原理和各工艺操作的原因。香醋的酿造过程，其实就是生物学上微生物发酵的过程，分为三大工序。

（1）酒精发酵：利用曲霉、根霉和酵母菌等微生物将糯米中的淀粉分解为葡萄糖，并发酵产生酒精。

（2）醋酸发酵：利用醋酸杆菌进一步发酵产生醋酸。

（3）淋醋和杀菌。每个工艺都包含了生物学原理，每个操作程序都有生物学依据，与高中生物学教材的内容联系紧密。例如，酒精发酵涉及"细胞呼吸"的内容；醋酸发酵的原理与"果醋的制作"原理相同；发酵过程每个阶段控制的时间、温度等条件都不同，这与微生物的生存和代谢特点有关。

3. 参观镇江中国醋文化博物馆，实地感受醋文化。

---

[1] 李桂梅. 本土文化在生物校本课程资源开发中的应用：以镇江醋文化为例[J]. 新课程（中学），2018（5）：2.

对于醋文化和香醋酿造工艺的感知，镇江的学生有着得天独厚的优越条件。镇江建有中国醋文化博物馆，馆内设有醋史馆、老作坊、陈列馆三大主题展馆，以及一个体验馆，全馆使用声、光、电等现代表现形式，全面展示醋文化及酿造工艺。学生通过参观博物馆，近距离感受香醋的产生。

4.给外地游客介绍镇江醋文化。

学生充分了解了家乡的醋文化和酿醋工艺以及原理后，自豪感会倍增，同时会产生表达和分享的愿望。学生可以利用休息日去做志愿导游，给游客介绍镇江醋文化。这样的志愿者活动，既检验了学生的学习效果，又能促进学生积极主动地深入探究学习。

案例分析：本案例的镇江醋文化，对于镇江学生来说，一方面，是他们熟悉和感兴趣的，并引以为豪的文化资源；另一方面，与学生所学知识相联系，能激发学生的探究欲望和参与热情，提高学生的学习效率。镇江醋文化作为生物学校本课程的教学资源，给生物学教师的创造性智慧提供了生长点。教师通过研讨和实践，挖掘、利用醋文化和微生物发酵的联系，有效开展校本实践。在此过程中，教师的课程设计能力和教育教学能力得到提升。充分利用镇江醋文化等本土特色资源，开发校本教学资源，丰富了学校校本资源库，为学校的校本课程建设提供了一条途径。

案例 5-22　苗族"开秧节"

活动背景：苗族地区，凡有农田的地方都开沟引水灌溉，没有水的地方，大都建拦山沟，利用雨水灌田，并选择有利的地形修筑水坝和水塘蓄水。山区苗族农田多为梯田或旱地，所以苗族的农业梯田以种植水稻为主，旱地则种植旱稻、玉米、薯类及豆类等粮食作物（交叉种植）。每年在播种前都会举办"开秧节"，节日过后再进行大规模的种植、播种。"开秧节"活动实际上是苗族人民根据"秧头"对气候的了解，对农事的熟知，来选择最好的插秧时间。"秧头"必须是一位了解当地气候变化，知道最适宜的栽植时间且很会插秧的人。

活动目的：通过苗族"开秧节"这一实例，教师可为学生学习光合作用创设情境。

活动过程： 在学习"光合作用的原理和应用"时，教师可以以"讲故事"的方式导入本节课内容。教师首先向学生讲述苗族的农俗节日"开秧节"，学生听完故事后思考："开秧节"里的"秧头"是随便选择时间插秧的吗？苗族人民插种的每一行秧苗之间的距离是随便的吗，它与光能的合理利用有没有关系，如果有，有什么关系呢？农民们将玉米与豆类交叉种植有科学依据吗，为什么？苗族人民的这些农业生产活动是否利用到生物学知识，如果有，有哪些？是否每一种农作物都要进行光合作用？从而引出本次课的内容——光合作用的原理和应用。

案例分析： 本案例充分利用农村学生熟知的播种场景，并以苗族"开秧节"来创设情境，教师以讲故事的方式描述"开秧节"的文化和习俗，不仅为学生学习知识奠定基础，还可以引起学生学习生物学的兴趣。

案例5-23 长白山 [1]

活动背景： 长白山的白云峰海拔 2691 m，是东北境内海拔最高的山峰。长白山有悠久的历史文化，是东北民族文化的象征，是开发长白山区民族文化资源的依托。中国农业发源最早的区域也有长白山区；长白山区是肃慎、挹娄、勿吉、高句丽、靺鞨、女真、满族等繁衍生息的地方，特别是女真和满族皆把长白山区当作是本族的发祥地，并且非常敬仰长白山。长白山蕴含着丰富的民俗风情，流传着许多历史故事。

活动目的： 将长白山丰富历史民俗文化资源应用于生物学教学中，可以扩展学生的知识面，弘扬民族文化，培养学生热爱家乡、热爱祖国的情感态度和价值观。

活动方案：

活动一：为"隔离与物种的形成"创设情境。长白山区作为满族发祥地，满族有视长白山为神的祭祀山神信仰。从康熙到乾隆年间经历了100多年，清代的长白山祭祀礼发展成了礼仪。长白山区还有神秘的传说，如"天池

---

[1] 宋金枝，周丽威，宋金俐. 长白山区乡土生物课程资源的开发 [J]. 通化师范学院学报（自然科学），2015，36（6）：66-68.

怪兽"、"仙女浴躬处"（满族发祥地）、"老把头"等，都是可以开发的文化旅游资源。在学习高中生物学的"隔离与物种的形成"内容时，让学生讨论是否真的有"天池怪兽"，如果有，它形成的原因可能是什么（是长期的地理隔离形成的）。这样学生既学习了课本知识，又受到了辩证唯物主义教育，同时更调动了学生学习生物学的积极性。

活动二：为"现代生物进化理论的由来"创设情境。长白山区是满族发祥地，同时也是朝鲜族聚集地，既具有满族民俗文化特征，也具有朝鲜族民俗风情特征。在学习"生物进化"时，教师可以这样讲解：进化论与特创论进行了持久的斗争，是因为人们当时信仰特创论，人们的思想长期被特创论思想束缚着，就像满族先人女真人建立金朝后，将长白山视为"兴亡之地"，先后封之为"护国灵应王"和"开天宏圣帝"，并建有庙宇每年定期祭祀一样。这样学生既学习了课本知识，又了解了乡土风情。

案例分析：本案例充分利用长白山区民俗文化资源，让学生了解到长白山有丰富的历史民俗文化资源，为"隔离与物种的形成"和"现代生物进化理论的由来"创设教学情境。从学生熟知的传说、习俗入手创设学习情境，可以激发学生对生物学的热爱，以及激励学生继承和发扬传统文化。

案例5-24 农村姻亲状况调查[1]

活动背景：河北省沙河市结婚不出村和近距离结婚的情况较为普通。高中生物学课本介绍了近亲结婚、遗传病与优生等方面的有关知识，为巩固学生对这些知识的学习，培养和锻炼学生的社会实践能力和创新能力，增强学生创建和谐家园的意识，增加学生的人文科学意识，这次研究性学习的课题定为"沙河市农村姻亲状况调查"。调查对象限定为1980年以后结婚的夫妇，涉及沙河市5个镇、5个乡、5个办事处所。

---

[1] 薛书花.沙河市农村姻亲状况调查：高中生物学"研究性学习"案例[J].中学生物学，2006，22（4）：41-42.

活动目的： 调查沙河市农村姻亲关系现状，并分析形成原因，从中发现研究性学习的方法和作用。

活动方案：

1. 活动准备：在教师引导下，学生进行分组，明确调查对象，确定调查内容，确定调查方法（抽样调查，取样量：350 户），制订调查计划并准备调查工具。

2. 活动过程：分 4 个小组深入各村调查。同时注意不公开被调查者的真实姓名和相关资料，但要求资料可靠、属实。最终共计收到 350 份原始资料。查看本市行政区划图，确定村与村之间的实际距离，对有疑点的资料进行核对，剔除部分不符合目标要求的资料。最后得到符合要求的资料共 320 份。将 320 份资料按婚前居住地远近分 5 档：0 km（同村）；0～1.5 km（含 1.5 km）；1.5～5 km（含 5 km）；5 km 以上。最后对资料进行分析，得出调查结果。

案例分析： 本案例使学生明确"研究性学习"并非高不可攀的神秘之物，通过抽样调查的方法了解农村姻亲关系的现状，有利于培养学生知法懂法、遵纪守法的意识。只要留心观察，动手操作，采用正确的方法，一定会有所收获。

案例 5-25 民间谚语

活动背景： 生物学是一门源于生活的学科，在日常生活中经常用到生物学方面的知识；而民间谚语源自民间，经过了千百年的总结、提炼，是来源于生活的语言精华。中学生物学课本中有很多谚语，诸如日常口头语、农谚和地方性俗语等。

活动目的： 运用民间谚语来辅助教学，增强教学效果。

活动过程：

1. 学习"遗传与进化"时，可以以"龙生龙，凤生凤，老鼠的儿子会打洞"或"种瓜得瓜，种豆得豆"导入，并设疑：这些俗语分别讲述的是自然界的何种现象？然后集体讨论并分析：龙的后代仍然是龙，凤的后代仍然是凤，老鼠的后代也仍然保持其亲本打洞的特性，这实际上都生动地反映了生物的遗传和变异现象。把深奥、抽象、难于理解的遗传和变异现象，化为简单、直观、通俗易懂的谚语，大大降低了概念理解的难度，并能迅速把学生的思绪顺畅地领入新课，有效增强了学习的趣味性。

2. 学习"食物链"时，可以以"螳螂捕蝉，黄雀在后；鹬蚌相争，渔翁得利"导入，并提问：这句谚语中包含了几条食物链，隐含了几个营养级？通过讨论，明确蝉—螳螂—黄雀、鱼—鹬、鱼—蚌三条食物链，对食物链知识做了复习，同时明确在食物链中只有生产者和消费者，第一营养级必须是生产者，从而突破营养结构这一难点。

3. 在学习森林生态系统的作用时，可引用"山上多植树，胜似修水库；有雨它能吞，无雨它能吐"这一谚语，来形象说明森林生态系统在涵养水源、调节气候等方面的作用。这不仅有形象感、亲切感，而且有助于学生迅速牢固理解新知识，提高学生的环保意识。

4. 学习"食物中的营养物质"时，可以以"人是铁，饭是钢，一顿不吃饿得慌"导入，并辅以"人为什么要吃饭？"等问题。

5. 在学习"生态系统的能量流动"这一内容时，引用"万物生长靠太阳"这一句谚语，能够使学生很自然地理解太阳能是生态系统的能量来源，并引导学生分析太阳能进入生物群落的途径及其转换情况。

6. 以"有收无收在于水，多收少收在于肥"来复习植物对水、无机盐的利用，以及水、肥对农业生产的重要性。

7. 以"麻屋子，红帐子，里面睡个白胖子"来复习果实、种子的差别及果实、种子的组成。

8. 以"管天管地，管不住咳嗽放屁"来复习动物或人的先天性行为。

9. 以"墙上芦苇，东风西倒，西风东倒"来说明生物对环境的适应；以农谚《九九歌》来说明生物生长与环境温度的关系。

10. 利用"一碗黄河水，半碗是泥沙"，使学生了解因为黄河中游水土流失严重，形成了上述景象。学生对此有较深的认识后教师再加以引导，学生就会体会到植物对涵养水源的意义和植树的好处，认同人与自然的和谐关系。

案例分析：在日常生活中，流传着许多脍炙人口的民间谚语，教师应该多总结、多思考生物学素材的挖掘与创新性应用。本案例利用学生熟知的民间谚语激发学生兴趣，调动学生学习生物学的积极性，大大提高课堂效率。

案例 5-26　诗词成语 [1]

活动背景：在生物学教学中，常常会碰到较为拗口的概念或术语，学生因不理解其意义，而记忆困难、书写时出现错别字等，致使考试和作业中失分较多，大大影响了生物学的学习效果。教师在讲授这类概念和术语时若换个角度，将相关成语、朗朗上口的古诗词穿插其中，学生看得清楚、听得明白，自然而然会理解透彻、记忆深刻，达到事半功倍的效果。

活动目的：运用诗词成语来辅助教学，增强教学效果。

活动过程：

活动一：高中阶段在讲解生物生殖这部分内容时，首先讲解生殖的定义——生殖是生物为延续种族所进行的产生后代的生理过程，即生物产生新的个体的过程。生物分有性生殖和无性生殖两种。有性生殖必须经过两性生殖细胞（精子、卵细胞）的结合形成受精卵，再发育成新个体。无性生殖不需要通过两性生殖细胞的结合，由母体直接产生新个体。与生殖相关的生物学术语较多，学生在学习中不容易记忆。可以运用体现生殖的诗词成语等帮助记忆，举例如下。春来江水绿如蓝——体现了生物的生殖。有心栽花花不开，无心插柳柳成荫——体现植物营养生殖的方法之一扦插。落地生根——无性生殖，营养生殖。离离原上草，一岁一枯荣——生殖发育。移花接木——植物营养生殖的方法之一嫁接。

活动二：在讲解动植物生命调节内容时，教师要引导学生收集更多的资料做对比。首先明确植物生命调节是各种植物激素对植物生命活动进行调节，大多数情况下并不是单独一种激素在起作用，而是由多种激素的平衡协调作用，共同控制着植物的生长发育。引导学生把收集到的资料用通俗的诗词等帮助记忆，举例如下。霜叶红于二月花——植物色素的作用或

---

[1] 李晓春. 结合诗词俗语，打造生物高效课堂 [J]. 学园，2015（20）：89-90.

温度的影响。满园春色关不住，一枝红杏出墙来——向光性。

活动三：在定义动物生命调节时，教师要讲解高等动物体内主要激素的种类及其生理作用，体液中的化学物质和神经系统对高等动物生命活动以及行为的调节机理。引导学生把收集到的资料用通俗的成语等帮助记忆，举例如下。惊弓之鸟、鹦鹉学舌——鸟类的条件反射。画饼充饥、望梅止渴、杯弓蛇影、睹物思人、见字如见人以及一朝被蛇咬，十年怕井绳——人的条件反射。六亲不认——动物后天性行为中的印随。毛骨悚然——交感神经兴奋，皮肤立毛肌收缩，骨骼肌不由自主地战栗。

活动四：在讲解生态系统内容时，生态系统组成成分的作用，生物成分中的种内关系、种间关系，生物与环境关系等知识不易理解，因此可以引导学生把收集到的资料用通俗的诗词成语等帮助记忆，举例如下。落红不是无情物，化作春泥更护花——微生物的分解作用。野火烧不尽，春风吹又生——草原生态系统易破坏也易恢复。同心协力——种内互助。自相残杀——种内斗争。党同伐异——种内互助和种间斗争。螳螂捕蝉，黄雀在后——捕食关系。大鱼吃小鱼，小鱼吃虾米——捕食关系。橘生淮南则为橘，生于淮北则为枳（或称南橘北枳）——温度对生物的影响。枯木逢春——温度等生态因素对生物的影响。飞蛾扑火——应激性（趋光性）。北雁南飞——鸟类的迁徙。

案例分析：在生物学教学中，适时、适当地运用文学常识，可以提高学生对生物学概念的理解、知识的掌握，培养学生的生物学素养，帮助学生树立正确的情感、态度和价值观。

案例5-27 《阿罗找布谷鸟》民间故事[1]

活动背景：哈尼族是我国历史悠久的少数民族之一，主要聚居在云南的哀牢山、无量山等地，在漫长的历史发展过程中，哈尼族创造了富有民族特色的灿烂文化和丰富多彩的民间口传文学。尤其值得重视的是：哈尼族民间故事中蕴含的生态意识、生态伦理和生态智慧与现代生态学的某些

---

[1] 于敏. 论哈尼族民间故事中的生态意识[J]. 红河学院学报，2015，13（2）：1-3.

观点不谋而合，显示了传统民间文化的现代性特征。深入挖掘民间故事中的生态意识，对继承和发扬优秀的民族文化，促进民族地区的可持续发展与生态文明建设，具有重要的借鉴作用。

活动目的：运用哈尼族民间故事进行生态教育。

活动过程：教师在教学中，可以讲述《阿罗找布谷鸟》的故事：先民们最初不懂得如何分四季、不懂得何时该从事农事活动。有一个小伙子阿罗，听说有一种布谷鸟，会报日子，会分四季，会告诉人们过年和栽秧的时间，他便每天去寻找布谷鸟，却一直没找到。后来他求助天神阿牛，向他祈求说："我们哈尼族住在高山上，成天在田里做活计，生活苦，不会过日子。天神啊，放出布谷鸟吧，让它给我们分分四季，报报日子，让我们哈尼族好好地过日子吧。"天神被他感动了，就放出了布谷鸟，不同的月份，布谷鸟都会提醒哈尼族人民该做什么适合时令的农事活动。布谷鸟给哈尼族人民分了四季，有春天，有夏天，有秋天，有冬天。有了谷子，不怕五黄六月；有了绵羊皮，不怕天寒地冻。从此每年布谷鸟都来叫，告诉哈尼族人民种田和过年的时间。教师进一步分析：在这个有趣的故事中，阿罗是善良的为族人着想的，天神是有人情味的，布谷鸟是可爱的、对人类充满友爱的，展现了人类与自然亲如兄弟的大地伦理观念。这样进而培养学生人与自然和谐相处的观念。

案例分析：本案例运用哈尼族民间故事的生态教育，让学生体会到一方水土养一方人，每一个地区都有自己口口相传的民间故事，体现本地区人民的智慧。充分利用这些故事，可以为学生学习创造素材，激发学生学习生物学的兴趣，以及落实生物学核心素养。

案例 5-28　客家黄酒制作 [1]

活动背景：客家文化作为我国岭南文化的一支特殊文化分支，其历史悠长，很多生活习俗都保留至今。客家黄酒是我国黄酒的一个分支，在黄酒行业中占有一席之地，具有酒体甘醇、香气浓郁、鲜甜爽口、回味悠长、

---

[1] 温伟盛. 客家黄酒制作：生物实验校本课程开发尝试 [J]. 中学生物学，2011，27（4）：42-43.

酒精度数适中和营养丰富等特点，是广东省的传统特产，也是客家地区最具代表性的特产。其制作过程一直都是靠客家妇女口传身教，很少见于中学课程中。

活动目的： 通过在生物学实验课堂上再现客家黄酒的制作过程，让学生能够系统地体验与体会微生物在发酵食品制作中的应用，同时也是对学生民族文化自豪感的一种培养。具体目的为学生运用微生物发酵原理，尝试独立完成整个黄酒制作过程，能够解释微生物在发酵过程中所起的作用，并能够对黄酒的品质进行评定，了解客家黄酒文化。

活动方案：

1. 理论授课。

教师讲述客家黄酒制作过程，即取适量糯米→浸泡→清洗沥干→蒸熟→冷却→拌曲→糖化发酵→后发酵澄清→过滤→黄酒。在教师引导下，5个学生为一组，分组准备实验仪器和材料。由于实验中要用到各种电器，要向学生强调安全问题。整个实验需要时间约14天，发酵后的第2天开始记录发酵观察表，最后需对全班制作的黄酒进行评定，记录评定结果，并进行讨论分析。

2. 实验准备。

（1）材料：糯米、酒饼、山泉水。

（2）实验仪器：玻璃杯（约250 mL，带盖子）、烧杯、玻璃棒、玻璃盆、电磁炉（配不锈钢煲）、电饭煲、滤筛、温度计等。

3. 实验过程。

（1）发酵前工作：把糯米洗净后浸泡一夜，然后用电饭煲煮成糯米饭。用电磁炉煮好开水，把玻璃杯、烧杯、玻璃棒、玻璃盆等玻璃仪器放到开水中煮沸10分钟后取出冷却。将糯米饭全部转到已消毒的滤筛中摊开，然后边用山泉水（先烧开，然后冷却至室温）浇淋，边用玻璃棒搅拌，直至饭完全摊凉，过滤掉多余的水后把饭转至已杀菌的玻璃盆中。

（2）拌曲装瓶发酵：用适量的温水把酒饼拌散，然后淋在饭上并搅拌均匀（酒曲溶液的量为米饭量的10%）。装取适量米饭于玻璃杯中（约为容积的3/4），并把米饭压实，之后在米饭中间挖出一个深至杯底的洞，方便观察出酒情况，盖上盖子，但不要旋紧。

（3）静置发酵：把玻璃杯放到实验室的储物柜中静置发酵，保持储物柜内阴凉。2天后打开盖子观察，并做记录（发酵时间、是否闻到酒味、是否在米饭洞中观察到酒液、是否有感染杂菌）。出酒之后，室内就可以闻到阵阵的酒香。用一个干净的勺子，搅拌一下容器中的米饭，让液体和固体充分混合，然后继续发酵到第10天。

（4）后发酵澄清阶段：发酵结束后，用纱布（预先用沸水消毒）把发酵玻璃杯中的酒液过滤到烧杯（已消毒）中，然后把盛有酒液的烧杯放到热水（70～75℃）中水浴灭菌20分钟，以杀灭酒液中的酵母菌和其他细菌。将灭菌后的酒液转到已消毒的容器中封装。

（5）品质评价：学生以小组为单位，从色泽、香味等方面对黄酒进行品质评定。

备注：黄酒色泽级别包括A级（颜色淡黄或琥珀色，清澈透明，无沉淀物和悬浮物）、B级（颜色淡黄，透明，但有少量沉淀）、C级（颜色黄，明显浑浊，沉淀物较多）、D级（酒色浑浊，沉淀物成团）。黄酒香味级别分为A级（香味馥郁，黄酒香味醇）、B级（黄酒香味较浓，无其他异味）、C级（有黄酒香味，但有其他异味）、D级（虽有黄酒香味，但其他异味较重）。

（6）结果分析：学生对上述品质评定的结果进行分析。制作出的黄酒被评定为C级和D级的实验小组，教师要求这些小组对黄酒的制作过程进行反思，找出品质不佳的原因。同时选出品质评定良好的黄酒，邀请其他教师进行品质评定并给出评价意见。

案例分析：本案例通过结合本地区特有的客家文化背景，从学生熟识的当地特产入手进行实验选材和开展实验教学，进行校本课程的尝试。虽然在实验教学中会出现实验的失败，但这些都作为一种经验为本次课程的进一步完善提供了参考。

案例 5-29　"剪纸"模型 [1]

活动背景：剪纸艺术是中国古老的民间艺术之一，作为一种镂空艺术，它能给人以视觉上透空的感觉和艺术享受。剪纸是用剪刀将纸剪成各种各样的图案，如窗花、门笺、墙花、顶棚花、灯花等。每逢佳节或新婚之时，人们便将美丽鲜艳的剪纸贴在家中窗户、墙壁、门和灯笼上，喜庆的气氛也因此被烘托得更加热烈。在农村，剪纸通常是由妇女、姑娘们来做。在过去，剪纸几乎可以说是每个女孩所必须掌握的手工技艺。剪纸艺术通过一把剪刀、一张纸，就可以表达生活中的各种喜怒哀乐。

高中生物学教学中构建的常规模型一般可分为三类：物理模型、概念模型、数学模型。与其他材料相比较，纸是日常学习生活中常见的一种材料，容易获取，且纸的价格远低于其他材料，此外，通过对纸的剪裁我们能按照个人的意愿获得所需的形状，随后还可以将获得的"剪纸"进行组合、拼接，从而获得相应的模型。"剪纸"将枯燥的、抽象的文字知识转化为生动的、具体的图像，学生在剪纸、组合、拼接过程中对所要学习的生理过程、生理结构等产生了视觉冲击，能深刻地将知识印于脑海中。此外，通过剪纸活动也能活跃课堂气氛，调动学生的学习兴趣。

活动目的：利用"剪纸"模型进行生物学教学。

活动方案：

活动一：将剪纸应用于"基因工程"教学。

基因表达载体的构建作为基因工程的核心，需要在 DNA 分子水平通过目的基因和载体的剪切和拼接来实现。而农村中学不具备开展这一实验的条件，对于学生来说这是一项既神奇又"高不可攀"的先进技术，它看不见，也摸不着，所以需要依靠学生丰富的想象力来脑补这一过程。因此，教师可将"剪纸"模型应用于该教学过程中。

为学生准备一把剪刀、一张印有质粒与含目的基因的外源 DNA 片段的纸张（如图 5-1 所示），让学生模拟目的基因和质粒载体的剪切和拼接。

---

[1] 殷立群."剪纸"模型在高中生物教学中的运用 [J]. 中学生理科应试，2018（9）：53-55.

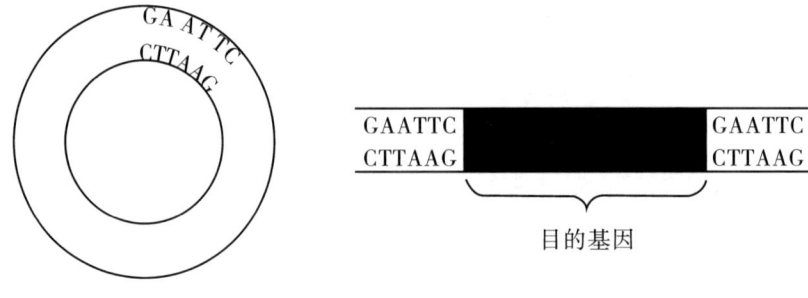

图 5-1

首先，请学生观察图中两个 DNA 分子有何共同点，比如：两个 DNA 分子含有相同的碱基种类，且碱基之间都遵循碱基互补配对原则，即 A 与 T 配对，C 与 G 配对，这为质粒与目的基因进行拼接提供了理论结构基础。其次，结合课本上学到的限制性核酸内切酶 *Eco*RI 的相关知识，在质粒、外源 DNA 上找到 *Eco*RI 酶的识别序列及其切割位点，用剪刀进行剪切，获得黏性末端，比较所得黏性末端的碱基序列，根据碱基互补配对原则，将剪切得到的末端进行拼接。

这一活动，一方面，实现了课本知识真实化；另一方面，因为使用同种限制酶切割质粒与目的基因后所得黏性末端相同，学生在进行拼接时会出现不同的连接方式，使学生认识到使用同一种限制酶切割目的基因和载体时会存在怎样的弊端，如目的基因发生自身环化、目的基因与质粒反向连接等。教师进而引导学生进一步思考：为避免这些弊端的出现，应该如何正确选择限制酶？由此既实现基因工程中教学重点和难点的突破，也让学生眼观为实。

活动二：将剪纸应用于"细胞分裂"教学。

"剪纸"模型不但能解决像基因工程这样既抽象又无法在农村中学开展真实实验的内容，还能用于讲解需要学生了解动态变化过程的知识内容，如细胞分裂。细胞分裂一直是高中生物学教学中的重点和难点，通常，教师通过在黑板上绘制细胞分裂各时期图像来演示细胞分裂过程，学生亦可通过实验观察有丝分裂、减数分裂过程，能加深对处在细胞分裂某一时期细胞的印象。通过这些方法，学生对于细胞分裂各时期的特征基本上掌握得比较好，但在做题过程中一旦遇到细胞分裂的综合题，学生往往有种似曾相识的感觉，却又不知从何下手，追根溯源还是对细胞分裂的动态过程没有直观的认识，没有充分的理解。究其原因，不管是绘制的图像，还是实验观察到的细胞皆是静态的图像，学生要以这些静态的图像作为想象的支点，将细胞分裂各个时期静态的图像串联起来，在脑海中将其转化为一个连续的、变化的、立体的动态过程，这既需要教师的合理引导，更离不开学生丰富而强大的想象力。

减数分裂的教学过程中，教师可尝试运用"剪纸"模型。为学生准备好印有细胞轮廓图的讲义，代表染色体的"剪纸"，并利用"剪纸"尝试模拟减数第一次分裂前的间期染色体的复制、减一前期同源染色体两两配对、减一中期同源染色体排列在赤道板两侧、减一后期同源染色体分离……学生通过动手摆放染色体模拟减数分裂过程中染色体行为变化的动态过程，体会同源染色体分离的同时非同源染色体自由组合，更好地理解减数分裂各时期染色体、DNA等的数量变化规律。为进一步加深印象，使学生熟练掌握减数分裂的动态变化，可以让学生在课后利用"剪纸"自己进行操练，然后课上组织学生进行一场小型比赛，以小组为单位，由教师或者学生出题，要求某个小组立刻摆放出某一时期的细胞分裂图，通过这一活动让学生巩固所学知识。当学生遇到此类题目时，在脑海中能显现出减数分裂的动态变化，或者能借助摆放"剪纸"实现情景再现，以动态的过程来解决静态的题目。

活动三：将剪纸应用于遗传变异练习题的讲解。

在一些遗传变异的综合练习中，同样可以运用"剪纸"模型来解决问题。如：两对等位基因位于两对同源染色体上时，两对染色体及基因的分配情况如何？当两对基因位于一对同源染色体上时，一对染色体及基因的分配情况又如何？准备好模板及染色体"剪纸"，让学生模拟染色体及基因的分配。这是正常情况下同源染色体上等位基因的分离与非同源染色体上非等位基因的自由组合，但有时在题目中会遇到一些异常情况，如：性染色体组成为XYY的个体，该异常个体是父方还是母方减数分裂异常造成的，是减数第一次分裂异常还是减数第二次分裂异常造成的？通过摆放"剪纸"

以上问题就可以迎刃而解。结合该题目的分析,学生可以举一反三解决其他相关的变异类题目。

案例分析:教师需要事先准备好这些"剪纸"材料,可能需要占用一定的时间,增加工作量。在实际的教学中,该模型看似静态,但只要善于利用、合理修改,就能很好地攻克某一教学重点或难点。教学中利用"剪纸"模型,不仅可以使学生相对容易习得知识,还能使学生深刻感受剪纸文化,感受中华文化的博大精深。

第六章

农村中学生物学信息化课程资源

在信息化和数字化技术尚不发达的时代里，传统的单向传播式（也称广播式）的教学模式，几乎称得上是最佳选择，并在人类的教育史和文明史上起过并还在起着重要作用。信息技术的发展，对以往的教与学的结构模式形成巨大的挑战，学习知识的渠道和媒介也不再是单一的，不仅有纸媒文化，还有电子媒介，尤其是网络上的各种数字化知识和资源，这些都对教师的中心地位形成挑战。利用好信息化课程资源，既是信息时代高素质教师的核心素养，也是新时代生物学教学改革的基本要求。

第一节 信息化课程资源的特点及内涵

人类社会进入 21 世纪，信息技术已渗透经济发展和社会生活的各个方面，人们的生产方式、生活方式以及学习方式正在发生深刻的变化，全民教育、优质教育、个性化学习和终身学习已成为信息时代教育发展的重要特征。面对日趋激烈的国力竞争，世界各国普遍关注教育信息化在提高国民素质和增强国家创新能力方面的重要作用。

一、信息化课程资源的内涵和特点

信息化课程资源是课程资源的一种，简单来说，信息化课程资源是以现代信息技术为基础进行设计、存储和处理的一切支持教与学活动的资源。[1] 有研究指出，信息化课程资源是指经过数字化处理，可以在多媒体计算机上或网络环境下运行的，具有课程价值的各类教学资源。[2] 具有课程价值主要指的是能够为课程活动服务的内容或支持课程活动的开展与进行。它依赖于计算机系统和网络环境，同时又具有数字化、媒体化以及开放性、扩展性、网络共享性和交互性的特点。[3] 还有学者认为，信息化课程资源是指经过数字化处理，可以在多媒体计算机上或网络环境下运行的，并在互联网上公开发布，具有课程价值

---

[1] 霍秀敏. 初中物理信息化教学资源应用的现状与对策：以广州市越秀区为例 [D]. 广州：广州大学，2012：3-4.

[2] 何楚红. 中学语文信息化课程资源的开发和利用研究 [J]. 中国电化教育，2006（9）：75-78.

[3] 魏静茹. 中小学信息化课程资源的选择与运用策略探析 [J]. 中小学电教，2013（5）：26-29.

的各类教学资源。在内容上它达到文字、图像、声音、视频等多种媒体高度集成，在结构上它采用超文本的快速链接和友好互动，在时空上它可以随时扩充与全球共享。[1] 还有研究者将其定义为"通过利用数字化手段进行获取、分类、加工、呈现的，能够为课程活动的顺利开展起支持作用的多媒体资源，这些资源主要指以图像、声音、视频、动画、文本等形式呈现的课件、纪录片、教学材料、配乐、演示型动画等资源"。[2]

信息化课程资源具有信息容量大、直观性、快捷性、情境性等特点，随着计算机的普及和网络时代的到来，信息化课程资源为一线教师提供了丰富的教学资源，比如一些自然资源、社会资源、人文资源、课内课外资源、校内校外资源等。教师可以在海量的信息资源中寻找跟教学内容相关的、可以起到辅助教学作用的信息资源，这些丰富的信息资源可以极大地拓展教学内容，满足学生个性化学习需求，拓宽学生的学习视野。信息化课程资源结合多媒体教学还体现直观性的特点。教师通过网络筛选、加工、整合需要的信息资源，将抽象内容直观化，帮助学生克服抽象思维和理论思维过程中的困难，使得知识更加直观、生动，从而促进学生形象思维的发展。同时，网络资源可以通过计算机终端随时随地获得，这就极大地方便了课程资源的查找，可以免于所需要的时间和空间等因素的限制。查找资源时，教师可以根据自己的教学需求，自主选择资源内容，创造性地组织教学。随着互联网的飞速发展，网络成为沟通世界的桥梁，当下世界发生的任何重大新闻，都可以第一时间通过互联网搜索到，教师可以通过网络等媒体获得最新、最快的讯息并将其带入课堂，给课堂注入亲切感、新鲜感和时代感。

生物学课程标准强调核心素养是学生在课程学习过程中逐渐发展起来的，在解决真实情境中的实际问题时所表现出来的价值观念、必备品格与关键能力。有效的教学情境，能够激发学生的好奇心和求知欲，点燃学

---

[1] 杜芳. 对信息化历史课程资源有效利用的思考 [J]. 中国电化教育，2009（4）：82-84.
[2] 何谨谕. 高中生物学信息化课程资源：获取、分类、加工、呈现 [D]. 石家庄：河北师范大学，2015：11.

生的学习热情，使学生形成良好的求知心理，从而使学生主动参与对所学知识的探索发现和认识过程，体验学习的乐趣。这样的学习方式，不仅能够帮助学生有效掌握知识，灵活解决问题，也能够培养学生不断探索、勇于创新的科学精神，实事求是的科学态度，以及终身学习的能力。信息化课程资源恰恰可以提供生动、具体、形象的情境，教师在教学中，通过利用信息化课程资源，创设具有一定情感体验或者形象直观的情境，可以激发学生的兴趣，吸引学生的注意，增强学生的感性认识。将教学内容应用于具体、形象的情境中，才能更好地提高课堂教学有效性。比如：通过音乐渲染开启情境，让学生在音乐中快乐地学习、思考、讨论；通过图像再现强化情境，增强学生的直观认识；通过视频资料激活情境，将课本知识与生活实际相联系；通过动画演示展示情境，将抽象知识形象化；通过虚拟实验室再现真实实验情境；等等。[1] 信息化课程资源的这些特点对于延伸感官、扩大教育教学规模和提高教学效果有着重要的作用，是其他课程资源所无法替代的，了解它的内涵和特点有助于对其进行开发利用。

二、信息化课程资源的开发利用

课堂教学是学校教育最基本的教学形式，信息技术与课程的有效整合能够为教学提供丰富的资源环境和高效的学习工具，提高课堂教学的效率。教师信息技术与教学整合能力要求教师能结合教学内容，适时、合理地融合信息技术以更好地达到教学目标。信息技术的快速发展为课堂提供了诸如图片、视频、模拟实验等丰富多样的教学资源。充分利用以"互联网+"为代表的教育技术可在一定程度上减少主动学习活动对实验耗材及相关场地条件的依赖。教师应充分利用这一技术优势，开展多种形式的主动学习活动，提高教学效果。

近些年来，国家对信息化课程资源开发提出了要求，《基础教育课程改革纲要（试行）》指出，要"积极利用并开发信息化课程资源"，《教

---

[1] 何谨谕. 高中生物学信息化课程资源：获取、分类、加工、呈现[D]. 石家庄：河北师范大学，2015：12.

育部关于全面深化课程改革落实立德树人根本任务的意见》(教基二〔2014〕4号)中指出要："充分利用现代信息技术手段，改进教学方式，适应学生个性化学习需求。""整合和利用优质教育教学资源。采取多种方式，构建利用信息化手段扩大优质教育资源覆盖面的有效机制。加快推进边远贫困地区小学教学点数字教育资源全覆盖项目建设。大力开发与课程教材配套的基础教育和职业教育优质数字教育资源。建设一批高校精品视频公开课程和精品资源共享课程。各地可通过购买服务等方式，引导学校、科研院所、社会机构等开发服务于学生的优质教育资源。地方各级教育行政部门要整合区域内各种优质教学资源，建设共享平台。加强信息技术教学应用展演交流，促进优质教学资源开发和应用。"

《义务教育生物学课程标准（2011年版）》中关于"课程资源开发与利用建议"中指出："充分重视信息化课程资源的利用，包括各种生物学教学软件、网络上的生物科学教育资源等。计算机多媒体以其极强的交互性和模拟功能显示出它在生物学教学中的重要作用。生物学教师应该在教学中充分利用各种教学软件，包括教师自制的教学软件，提高教学效率。伴随网络的发展，互联网传递着越来越多的生物学教育信息，如动植物的图片、动植物的趣闻、生物科学新进展等。这些信息也应在生物学教学中得到充分利用。"《普通高中生物学课程标准（2017年版2020年修订）》中也指出："为了更好地开发和利用课程资源，学校和教师应特别重视信息化环境下的学习，关注媒体资源、信息技术资源、生活资源和社会资源的开发和利用。""积极开发和利用信息技术课程资源。学校应加强信息技术资源的建设，鼓励教师开发课件、微课以及各种多媒体课程资源，不断丰富校园网上的各种生物学信息。学校应创造条件，鼓励教师积极运用信息技术资源，一方面服务于课堂教学活动，改进课堂教学方式，增加师生间和生生间的互动交流，提高课堂教学效率；另一方面服务于学生的自主学习活动，让学生利用校园网上的课件、微课、微视频，以及各种生物学信息资源，开展自主学习，拓展学科视野。"并且在该课程标准中增加了两个应用信息化课程资源的教学案例："案例7 探究光合作用中氧气的来源"和"案例8 基于在线学习平台的教学"。

"案例7 探究光合作用中氧气的来源"利用交互式平台，将教师专用平板电脑与学生专用平板电脑（每人1台）、智能光电白板等硬件连接为一个整体，为学生的自主学习、合作学习和探究学习，提供了信息化的课程资源和网络互动教学环境，师生通过这一系统开展"光合作用的研究历史"一课的活动。科学史通常是以文字形式记载的，在教学中可借助信息技术将其转换成直观的视频或者图像予以再现。同时，在教学中教师可借助交互式白板及时了解学生设计的方案，发现学生设计中的薄弱点，开展有针对性的教学引导，指向本节课的教学目标。该信息技术平台所提供的快速交互功能，有助于学生分享不同的设计方案，为培养学生的逻辑思维和团队合作能力提供条件。

"案例8 基于在线学习平台的教学"利用Moodle（魔灯）平台，教师向学生提供有声教学PPT、扩展资料、在线评价测试等学习资源，由学生自主完成在线学习。在课堂实践部分，学生通过拼装细胞模型，讨论回答相关问题，以及利用网络资源探究模型中出现但教材中未出现的"新的细胞器"等学习过程，认识细胞结构和功能相互协调的关系，发展生命观念、科学思维和科学探究等核心素养。相比于传统的课堂，借助信息技术的生物学教学利于发挥学生自主性；丰富的教学资源，利于扩展学生视野，激发学习热情；基于学生课下的在线自主学习，教师在课上可更有针对性地解决学生的疑惑，开展更有挑战的学习活动，提高课堂教学的有效性。

在开发信息化课程资源时，不能照搬照用，要进行加工处理，使其更适合教学需要。要正确认识到信息化教学资源的辅助教学作用，不能盲目大量应用，使其喧宾夺主，影响教学效果。要重视信息化课程资源的共享共建，在教研组内、校内、地区和国家层面建设信息化资源库，鼓励教师自主开发信息化课程资源，并且实现资源共享，促进信息化课程资源的有效利用，更好地服务于教学工作。

第二节　信息化课程资源的利用

　　信息化课程资源是指经过数字化处理，可以在计算机或网络环境下运行的、为学生学习提供支持的多媒体材料或教学／学习系统。信息化课程资源的数字化、网络化、智能化和多媒体化，极大地提高了知识获取、选择与创新的效率。数字化图书馆、电子阅览室、网上报刊和数据库、多媒体电子书等信息化资源为学生提供获取知识的快捷手段；虚拟实验室、微世界、教学游戏、情境认知等信息化资源又给学生提供了足不出户的实践与体验机会；信息化的认知、效能工具帮助学生提高学习效率，发展批判性、创造性和综合性思维能力；而信息化的通信工具帮助学生不受时间与空间限制，与世界各地的人们交流。

　　随着信息技术的发展，信息化课程资源对中学生物学教学的影响越来越大。《教育部等五部门关于大力加强中小学线上教育教学资源建设与应用的意见》（教基〔2021〕1号）明确提出："完善资源应用动力机制，学校要从实际出发，将应用线上教育教学资源纳入教育教学基本要求，作为教师教育教学能力评价和绩效考核的重要内容，切实保护好、调动好、发挥好教师统筹利用平台教育资源实施教育教学的积极性和创造性。"对线上教育资源的应用提出了明确的要求。

一、信息化课程资源在生物学教学中的作用

　　信息化课程资源与其他课程资源在功能上具有通性，都可以优化课程实施的过程，丰富课程实施的方式，促进教学过程的生成，以及达成课程目标。生物学包含宏观和微观两个方面的教学，重视培养学生的实验能力和科学素养。信息化课程资源以其特有的优势特点，在生物学教学中发挥着至关重要的作用。

（一）拓宽信息来源，丰富备课资源

　　教师在备课中常常会寻找大量教学素材、查阅大量参考资料。然而，在传统的教学中教师获取备课资料主要通过教材、教参、教辅和光盘等手段，获得信息的方式是非常有限的，不够灵活、及时、方便和交互。随着

科技的发展和互联网的突飞猛进，教学内容不再仅仅局限于教材内容，大量知识信息的获得来自教材之外，特别是互联网的强大功能，使教师可以在网络上方便迅速地搜集到所需要的信息，将当下生命科学研究发现的最新成果补充到教学设计中，做到与时俱进，创新发展。教师通过应用丰富多样的信息化课程资源不仅可以大大减轻备课负担，而且使备课变得更加高效。同时，各种信息技术工具的出现，例如各种投屏工具、即时反馈工具等，为课堂教学提供了更多的选择。

（二）转变教学方式，变革学习方式

随着生命科学技术的迅速发展，高中生物学课程中也加入一些从分子水平甚至基因水平研究生命本质的问题，如基因工程、细胞工程等现代生物科技专题内容。传统教学内容的呈现方式和教学手段很难达到理想的教学效果。将信息化课程资源引入生物学课堂，可以有效地解决这一难题，而且应用得当可以达到事半功倍的教学效果。例如，在教学过程中恰当地利用 PPT，将文字与视频、音频、动画等信息资源有机地融合在一起，讲述基因工程、细胞工程在现代生活中的应用和发展，极其吸引学生眼球，能够达到意想不到的直观教学效果。另外，还可以将生物学中包含的一些微观领域、抽象难懂的概念和规律通过信息化课程资源形象、直观、生动地呈现给学生，这样不仅可以有效地改变课堂结构，而且有利于突破教学重难点。同时，还可以把各种 App 引入课堂教学之中，丰富教学的形式。因此，信息化课程资源使教师的教学方式更加丰富多样，学生也不再被动地机械性学习，而是在参与体验中自主学习与合作探究学习相结合的主动学习，从而实现了教师"教"的方式和学生"学"的方式的双重改变。

（三）创设学习情境，加强师生互动

构建主义学习理论强调，知识存在于具体的、可感知的、情境性的活动或事物当中。通过借助多媒体技术，信息化课程资源成为展示或创设真实情境的有力工具，因此，作为支持构建性学习的信息化课程资源能够创设生动的学习情境，激发学生的主动认知和探究。教师在课堂中恰当地引入生物学信息化课程资源，通过创设生动具体的学习情境配合设计几个相关的问题，将抽象知识形象化，吸引学生的注意力，激发学生的求知欲，

启发学生的思维，使学生变被动学习为主动思考。同时，课堂引入信息化课程资源，不仅活跃了课堂气氛，也极大地丰富了师生、生生之间的互动交流方式，由传统的教师单向口头式讲解变为双向乃至多向的情感式互动，师生之间的交流变得更加民主、广泛、和谐。

二、信息化课程资源在中学生物学教学中利用的方式

（一）侧重学生学习的应用

对于学生的学习来说，充分利用信息化课程资源可以帮助学生进行个性化学习。教师可以精心编制学习任务单，学生按照自己的需要选择学习内容和确定学习进程，而且还可以选择相应的学习策略进行自主学习。学生也可以利用练习类、探究类资源强化和巩固所学的基础理论和概念方面的知识。通过模拟型、仿真型、问题求解、个案分析等资源培养学生操作技能和分析解决问题的能力。

便捷信息化交流工具和丰富的课程资源使学生在线协作学习成为可能。协作学习不仅有利于促进学生高级认知能力的发展，还有助于学生创作意识、技巧、能力、责任心等方面素质的培养。例如，学生可以使用WISE学习平台开展探究活动，也可以通过知网等开展文献研究。信息时代对学生的能力提出了更高的要求，因此在教学中要关注学生信息技术应用能力的培养，帮助学生熟练地使用信息技术，如计算机、网络、常用的软件工具等。也要培养学生获取信息的能力，尤其是懂得如何（通过哪些途径）获取所需的信息。

（二）侧重教师教学的应用

当前，信息化课程资源大多应用于课堂教学演示，即把信息技术作为工具，用以改善教学内容的呈现方式。例如，教师使用现成信息化资源，或者利用PPT，对生物学课程内容进行讲解。另外，还可以利用生物学虚拟仿真实验室、VR（虚拟现实）等进行实验演示，帮助学生理解所学的知识。信息时代的到来，对教师信息技术应用能力提出了更高的要求。生物学教师不仅要掌握学科知识、课程知识，了解学生的知识水平，还要更好地掌握相应的信息技术，如多媒体课件制作快手、CYY屏幕录

像助手、QQ、微信、概念图、思维导图、希沃白板、101教育PPT、北极星AI、高考资源网、备课神器、一键投影、智学网、生学堂、一起作业、作业盒子、Process On、UMU、Quizlet、Padlet、Plickers、草料二维码、FCS Biology Molecular Genetics Pro、Molecules Viewer Mac、Genetic Code、氨基酸指导（Amino Acid Guide）、The Cell、FCS Biology Cellular Respiration、FCS Biology Mitosis&Meiosis、FCS Biology Photosynthesis、形色、Froggipedia等，这些技术的灵活运用，可以使生物学课堂教学变得更加灵动，富有情趣。同时，在教学过程中，教师应重视对学生信息化课程资源利用能力的培养。

1. 提高学生应用信息化资源的能力

信息技术也给学生提供了大量的信息资源库以及信息检索工具，并且为多个学习者提供对同一问题用多种不同观点进行观察比较和分析综合的机会。学生可以通过网站的搜索引擎、聊天室、BBS等检索问题的答案，然后将搜集的资料进行分析、处理、加工，形成自己的见解，从而培养学生搜集信息、处理信息的能力。在这个过程中，为了避免学生无目的和盲目地搜索，教师可以提供多个利用信息技术的途径，以供学生参考。学生也可以根据自己的兴趣自由分组，组内再分配任务，通过各种渠道进行资料搜集，之后将搜集的资料分类、鉴别，选择对理解和解决问题有用的信息，然后再分析、整理，将信息重新整合、生成新的信息等。这样，不仅使搜集的信息比较全面、完善，也锻炼了小组内学生的协作能力。

2. 提高学生成果展示和进行反思的能力

学生在个人探究或小组协作的基础上，对问题进行反复研讨，形成自己对问题的一定见解，这时，让学生个人或者小组代表通过教室里的多媒体教学设备在全班展示问题的探索成果，通过交流以及教师的适时引导，达到资源共享、问题解决、完善和提高表达能力的目的。完成教学任务时，应该引导学生就整个利用信息技术学习的过程进行反思。反思的对象不仅包括学生自己在问题见解上的局限，以及加强对所学知识的深刻理解和系统掌握，还包括学生自己在搜集材料以及在材料整理和分析时遇到的困难，以进一步培养学生的信息技术应用能力。

三、信息化课程资源在不同教学环境中的应用

不同的教学环境，信息化课程资源的应用方式存在较大的差异。信息化教学环境一般是指能够支持真实的情境创设、启发思考、信息获取、资源共享、多重交互、自主探究、协作学习等多方面教与学要求的教学环境。

（一）信息化教学环境的类型

一般来说，信息化教学环境划分为多媒体教学环境、混合教学环境、智慧教学环境。

表 6-1　信息化教学环境的类别、特点和基本条件

类别	特点	基本条件
多媒体教学环境	重点支持教师实施集体教学	包括简易多媒体教学环境与交互多媒体教学环境等类型，投影（电子白板）、电脑、音响等
混合教学环境	重点支持开展集体学习	包括多媒体计算机网络教室、网络教学环境、移动学习环境等类型，多媒体计算机、投影、笔记本电脑、平板电脑、中央控制系统、音响设备、相应的软件平台等
智慧教学环境	能够支持学生实现个性化学习与差异化学习	有智能教育设备支持的学习环境、触摸输入设备、多屏交互显示设备、课堂实录系统、即时反馈系统、视讯会议系统、智能化环境控制平台、活动桌椅、桌面移动学习终端等

（二）不同教学环境中信息化课程资源的应用特点

1. 多媒体教学环境

多媒体教学环境一般包括投影（电子白板）、电脑、音响等，重点支持集体教学。当前，广大农村学校基本具备这类环境。灵活应用信息化课程资源，可以达到提升整个教学活动效果的目的。例如，信息化课程资源可以在课堂导入、课堂讲授、学法指导、教学评价等环节呈现，也可以在小组合作学习各环节中呈现。信息化课程资源的应用，便于学生对生物学概念、原理和规律的理解。

在应用信息技术优化教学的过程中，应注意以下几个问题：在教学任

务上，要做到明确教学和发展的目标，了解学生的准备状态，把教学任务具体化；在教学内容上，要做到分析教材中主要的和本质的内容，通过合理的教学行为确保学生能掌握这些教学内容；在教学方法上，要选择能有效地帮助学生掌握所学的内容、完成教学任务的方法，同时针对不同的学生，进行有区别的教学；在教学进度上，要确定适当的教学步调、速度，既完成教学任务又节省时间；在评价方法上，要对教学结果做科学的测评、分析、解释。

2. 混合教学环境

混合教学环境重点支持开展集体学习，教师可以在多媒体计算机网络教室，具有网络教学的环境中，或者为学生提供移动终端（笔记本电脑、平板电脑等）开展混合学习。其硬件设备主要包括多媒体计算机、投影、笔记本电脑、平板电脑、中央控制系统、音响设备、相应的软件平台等。

不同的学者对于混合学习有不同的理解，李克东教授等认为：混合学习（Blended Learning）是人们对网络化学习（E-Learning）进行反思后，出现在教育领域，尤其是教育技术领域较为流行的一个术语，其主要是把面对面（Face-to-Face）教学和在线（Online）学习两种学习模式有机地整合，以达到降低成本，提高效益的一种教学方式。[1] 何克抗教授指出：所谓 Blending Learning（或 Blended Learning）就是要把传统学习方式的优势和 E-Learning（即数字化或网络化学习）的优势结合起来。也就是说，既要发挥教师引导、启发、监控教学过程的主导作用，又要充分体现学生作为学习过程主体的主动性、积极性与创造性。只有将这二者结合起来，使二者优势互补，才能获得最佳的学习效果。[2]

根据不同学者的定义，混合学习可以在课内开展线上和线下学习，也可以把课内和课外有机结合起来，其中翻转课堂是一种比较具有代表性的混合学习模式（见图 6-1）。

---

[1] 李克东，赵建华. 混合学习的原理与应用模式 [J]. 电化教育研究，2004（7）：1-6.
[2] 何克抗. 从 Blending Learning 看教育技术理论的新发展 [J]. 国家教育行政学院学报，2005（9）：37-48，79.

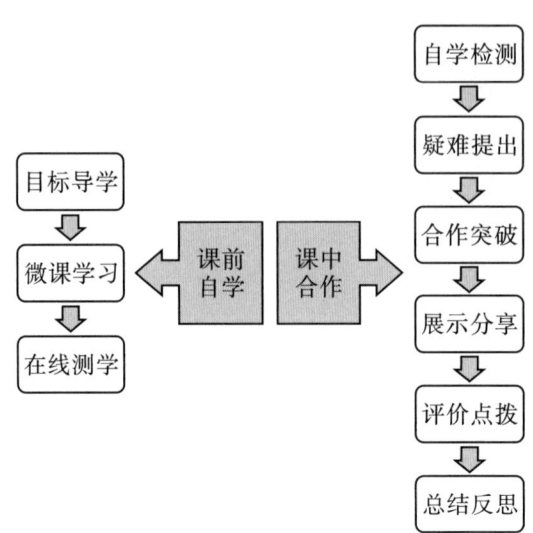

图 6-1　某校的翻转课堂实践模式

在翻转课堂模式下，教师不再是在课堂时间内把整节课内容按教学进度全部讲完，而是通过学案、微视频、课前检测等帮助学生"先学"，课堂上留给学生更多的思考、发问和讨论的时间。此时，教师从单纯的知识传授者转变为导学者、助学者、促学者、评学者，回归到学生最需要的本原角色。学生也从被动的知识接收者成为协作、探究活动的主动参与者，对自己的学习负责，有更多的参与、讨论、自主思考。[1]

从混合学习的特点来看，应该满足以下三个条件[2]：

一是混合学习是正规的教学项目，学生的学习过程至少有一部分是通过在线进行的，在线学习期间学生可自主控制学习的时间、地点、路径或进度。

二是学生的学习至少有一部分是在家庭以外受监督的实体场所进行的。

---

[1] 祝智庭，管珏琪，邱慧娴. 翻转课堂国内应用实践与反思 [J]. 电化教育研究，2015（6）：66-72.

[2] 霍恩，斯泰克. 混合式学习：用颠覆式创新推动教育革命 [M]. 聂风华，徐铁英，译. 北京：机械工业出版社，2015：33-35.

三是学生学习某门课程或科目时的学习路径模块，要与整合式的学习体验相关。

3. 智慧教学环境

智慧教学环境能够支持学生实现个性化学习与差异化学习，需要提供触摸输入设备、多屏交互显示设备、课堂实录系统、即时反馈系统、视讯会议系统、智能化环境控制平台、活动桌椅、桌面移动学习终端等智能教育设备。

祝智庭教授认为，智慧教育就是通过构建技术融合的生态化学习环境，通过培植人机协同的数据智慧、教学智慧与文化智慧，本着精准、个性、优化、协同、思维、创造的原则，让教师能够施展高成效的教学方法，让学习者能够获得适宜的个性化学习服务和美好的发展体验，使其由不能变为可能，由小能变为大能，从而培养具有良好的人格品性、较强的行动能力、较好的思维品质、较深的创造潜能的人才。其根本要义是，通过人机协同作用以优化教学过程与促进学习者美好发展的未来教育范式。[1]

智慧教育的模式很多，其中数据驱动教学（Data-driven Instruction）是一种比较常见的模式。数据驱动教学是依托互联网和学习分析技术，围绕着数据的采集、分析与利用而实施的新型教学模式。在数据驱动教学模式中，学生数据、学习数据、教师数据、教学数据等数据信息为学习对象分析、学习目标确定、学习资源选择、学习路径设计、学习环境构建等提供了充分的支持，使得对学生及学习效果的理解和分析更为全面而精准，同时也为实现智能化、个性化的学习支持和干预提供了必要条件。同时需要强调，该模式下的学生数据不等于学生的考试成绩，它还包括了学生认知、能力、态度等多方面的信息，体现在成绩、作品、交流记录、反思、笔记等具体成果和行为中。

在数据驱动教学模式中，通过对数据的收集和分析，做出教学决策，并依托数据开展教学计划和反思，在具体实施时包括三个核心实施要点：基于数据以学定教、基于数据因材施教、基于数据以评促教。每个学生都

---

[1] 祝智庭. 智慧教育引领未来学校教育创变[J]. 基础教育，2021，18（2）：5-20.

有自己的需求、能力和理解水平，数据驱动教学在构建课程、实施教学时考虑所有这些信息。

要实施数据驱动教学模式，需要有一些必要条件：记录学生和学习过程信息、具备良好数据素养的教师、科学合理的学习分析模型、贯穿始终的评价等。

一是记录学生和学习过程信息。基于功能全面、专业的学习平台或工具，通过标准化考试、教师观察、专业测评、学生行为持续记录等方式建立有关学生、学习的数据库。例如，通过学情分析工具了解学生的知识储备，能力素养，情感、态度和价值观，等等。

二是具备良好数据素养的教师。教师的数据素养影响数据的利用和分析，数据素养也称数据智慧或数据信息素养，包括数据意识、数据定位和采集、数据分析与解读技能、数据反思与决策能力、数据伦理道德等。

三是科学合理的学习分析模型。对数据的科学分析和解读离不开成熟的学习分析模型，即依据数据分析目标而构建的、能够揭示相关规律和潜在原因的算法、程序等。这些学习分析模型能自动化产生结果供教师和学校进行决策，甚至可以提前做出预测，提供风险干预。

四是贯穿始终的评价。数据驱动教学模式强调贯穿始终的学习评价，通过可视化监控实时关注学生学习过程，不断反馈与调整。

四、几种典型的信息化教学模式
（一）研究性学习模式

"研究性学习"是教育部 2000 年 1 月颁布的《全日制普通高级中学课程计划（试验修订稿）》中综合实践活动板块的一项内容，也是《基础教育课程改革纲要（试行）》所规定的重要内容。随着学校学习环境的逐步信息化，研究性学习越来越多地从信息技术的支持中获益。研究性学习一般分为确定课题、组织分工、收集信息、整理分析信息、创建答案/解决方案、评价与展示作品几个步骤。

（二）WebQuest 教学模式[1]

WebQuest 教学模式由美国圣地亚哥州立大学伯尼·道奇和汤姆·马奇于 1995 年提出。伯尼·道奇等人为 WebQuest 给出的定义为：一种以探究为取向、利用因特网资源的课程单元教学活动，在这种活动中，学生使用的全部或大部分信息都是从网上获得的。在这类课程计划中，呈现给学生的是一个特定的假想情景或者一项任务（通常是一个需要解决的问题或者一个需要完成的项目）；课程计划中为学生提供了一些网上的信息资源，要求学生通过对信息的分析与综合来得出创造性的解决方案。为了便于开展这种教学活动，WebQuest 还要为教师提供固定的设计模板和有关的规则及指导，使教师不需要从头学习设计，因而操作性强，容易实施。

WebQuest 的内涵具有三个方面的特征：第一，WebQuest 的主题（这类课程计划的主题）是"一个需要解决的问题或者一个需要完成的项目"，即现实生活中的真实任务。第二，在 WebQuest 这种活动中，"学生使用的全部或大部分信息都是从网上获得的"，所以 WebQuest 能有效激发学生上网查找相关资料的积极性，这也是 WebQuest 模式的主要特征之一。第三，由于 WebQuest 为教师提供有固定结构的教学设计流程模板和一系列的指导信息，这就相当于为一线教师提供了一种便于掌握、运用教学设计新理念的脚手架，从而使广大教师易于上手、易于实施。

除了伯尼·道奇提出的包含设计一个合适的课程单元（简称引言）、选择一个能促进高级认知发展的任务（简称任务）、开始网页设计、形成评价、制定学习活动过程、以文字形式记下所有活动内容以供别人借鉴、检查并改进七个要素或环节的 WebQuest 模式以外，在多年实际推广应用 WebQuest 的过程中，还形成了包含其他一些组成要素或实施环节的 WebQuest 模式，例如，包含引言、任务、过程、资源、评价、总结等六个要素或环节的 WebQuest 模式。

---

[1] 何克抗，曹晓明. 信息技术与课程整合的教学模式研究之五："WebQuest"教学模式 [J]. 现代教育技术，2008，18（11）：5-12.

（三）STEM 教育

STEM 教育即科学（Science）、技术（Technology）、工程（Engineering）和数学（Mathematics）教育的简写，提倡跨学科教育，使用多学科的思维和知识解决实际问题。STEM 教育并不是将科学、技术、工程和数学四类学科简单地叠加，而是使它们彼此之间进行有效融合，组成一个有机的整体，并以解决真实问题为任务驱动，在实践中应用知识、获得知识，培养学生的问题解决能力、复合思维和创新思维。[1]

STEM 教育主要有以下几个特点：

1. 多学科交叉融合

STEM 教育以多学科交叉融合的理念为指导，意在解决问题的过程中灵活运用科学、技术、工程和数学等学科知识。通过多学科融合的方式，一方面使得学习与实际生活密切相关，另一方面提高学生综合运用多学科知识解决真实问题的能力，增强学生的社会适应能力。

2. 基于真实问题情境

STEM 教育强调学习与生活的联系，从现实生活的问题出发，探索解决问题的方法，强调"做中学，学中做"的教学理念。在 STEM 教育中，解决真实问题是学习的主线，学生通过完成一系列由真实问题转化而来的学习任务，达到对知识的意义构建和深层次理解。学习环境不再是传统的教室，而是配有平板电脑、传感器、3D 打印机、体感设备等先进科技工具的工作坊。

3. 重视学习过程和学生体验

STEM 教育强调学生主动学习，重视学习过程和学生体验，通过自主、合作、探究式学习，从多学科、多视角、多维度分析和解决真实问题。

4. 技术支持下的有效学习

技术是 STEM 教育的重要组成要素，无缝融合于学习活动的各个环节。这里的技术包括 3D 打印机、电路板等硬件设备，编程软件、思维导

---

[1] 蔡慧英，顾小清. 设计学习技术支持 STEM 课堂教学的案例分析研究 [J]. 电化教育研究，2016（3）：93-100.

图等认知工具，还可以有交流合作的软件与平台。

（四）在线教学模式

信息技术的快速发展为在线教学提供了形式多样、互动灵活的功能，可以实现视频授课、同步交流、异步讨论、成果展示与分享等。同时，在线教学还可以与电视授课、自主阅读等方式灵活组合。尽管当前中小学主要以面对面集中授课为主，单纯依靠在线教学进行授课的相对较少，但在课外学习以及特殊时期（例如新冠肺炎防疫期间）能发挥重要作用。

依据教育教学需求与学生特点，在线教学在实践中可以具体体现为多种模式，例如同步授课模式、先学后教模式、课程助学模式、主题讨论模式、任务探究模式、操练与练习模式、自主学习模式等。

1. 同步授课模式

同步授课模式是教师和学生在不同时空的同一时间进行互动和教学的模式。一般需要利用视频直播系统来实施。视频直播系统集成了群体授课所需要的多人视音频的交流、演示文稿的展示、文字研讨等，而且都能够在平板电脑、手机、电脑等多种终端上进行显示，如腾讯视频、钉钉、CCtalk 等。

2. 先学后教模式

先学后教模式其实是翻转课堂模式的线上版。在农村地区，家里可能只有父母有手机，没有电脑，网络流量很有限。教师可以通过有限的流量布置自学内容，学生在家里学习课本内容、做练习题，然后教师与学生约定时间进行自学检验并答疑，虽然因陋就简，会影响一些效果，但教学可以开展起来，还可以培养学生的自学能力。

3. 课程助学模式

当前，成熟、优质、系统的网络课程越来越多。这些网络课程往往具有系统性，自有教学目标、学习内容和学习评价。学习网络课程是在线教育的常见模式，要求学生根据预期目标学完规定的网络课程。那么，课程、活动、练习都是现成的，作为教师，是不是坐享其成就行了呢？当然不是，只有教师做好"助学者"，学生的自主学习才可能取得实效。"助学者"的工作包括选择网课、熟悉平台、发布要求、赋能学生、过程支持、阶段考核等。

4. 主题讨论模式

主题讨论模式是线下"讨论课"的在线版，需要依托讨论空间来实施，例如BBS、同步讨论空间、微信等，可以基于视频、语音或者文字。主题讨论在线教学方式的成功与否，取决于讨论的深度。主题讨论模式主要适用于解决有意义的、有难度的开放性问题，如语文阅读探究、历史解密分析、数学难题点拨等。

5. 任务探究模式

当前很多在线学习关注的是学课程、学教材、做练习……除了这些基于知识、技能的学习，在线教学能不能要求学生完成复杂任务，进而培养学生的综合素质呢？答案是肯定的。任务驱动式在线教学可以为学生布置离线即可完成的实践性或研究性任务，促使学生在强烈的学习动机下主动思考、探究、应用所学知识开展实践。这对于实践性或研究性较强的学科来说是一个不错的选择，如一个具有挑战性的科学实验、生物学原理探究、历史事件揭秘、社会议题辨析等。

五、国家主导开发的公共资源平台

（一）农远工程

2003年5月，经国务院批准，教育部办公厅、国家发展改革委办公厅、财政部办公厅联合下发了《关于实施现代远程教育工程试点示范项目的通知》，根据我国农村教育的实际，组织实施了以教学光盘播放点、卫星教学收视点、中心学校计算机教室为三种技术模式的"农村中小学现代远程教育工程"（以下简称"农远工程"）。农远工程实施过程中为教学提供了丰富的课程资源，主要包括：通过卫星及时更新的"远教"IP资源，与教材配套的教学光盘，各级教育部门提供的"远教"配套网站与资源库，以及互联网提供的无限资源等。农远工程实现了把优质资源快速送到农村的目的，有利于教育资源配给的相对公平，避免城乡教育数字鸿沟的进一步扩大，对于地处偏远、条件落后地区学校的学生尤其具有重要意义。在农远工程的帮助下，农村整体义务教育质量和水平有了显著提升，优秀的教学资源跨越了空间的阻碍，农远工程的实施使农村地区的学生在教学资源上与城市的学生拥有了平等的权利[1]，使亿万农村孩子和城市孩子一样，同在蓝天下，共享优质教育资源的目标。

（二）国家教育资源公共服务平台

《国家中长期教育改革和发展规划纲要（2010—2020年）》提出要大力开发教育资源，同时要积极推动资源应用，首次提到国家资源库的建设问题。2012年12月，国家教育资源公共服务平台正式上线。国家教育资源公共服务平台是国家教育资源中心为资源提供者和资源使用者搭建的优质教育资源共享应用环境，目的是为各级各类学校、广大师生提供智能导航和以学习空间为基础的多种教学应用服务，为社会各方的资源供应者提供推广服务，为各级政府、各类学校采购资源和应用服务提供支持。

尽管国家教育资源公共服务平台提供了丰富的多学科多学段的数字化资源，也有着多种多样的功能，但是对于很多农村地区师生来说，国家教育资源公共服务平台的利用率不是很高。这主要有以下原因：一是作为数字教育资源本身，目前还是以视频资源、多媒体课件资源为主，类型不够丰富，而且缺少适应农村教学点学情的教学设计、教学情境和教学互动，并且大部分资源格式固定，无法进行二次的加工和处理，农村教师不能根据课堂实际的需求与需要进行整合和加工，一些信息资源的符号抽象层次水平较高，对于信息化素养较低的农村学生来说接受度较低，缺少能够辅助学生学习的资源。二是教育信息的传递需要媒体设备作为载体，如果载体质量不佳或缺乏，信息的传递会受到阻碍、干扰和停滞，而由于资金缺乏等因素，农村教学点信息化教学条件普遍较差，缺少数字化设备和终端，导致软件资源无法流畅播放和使用。三是作为数字教育资源使用的主体——农村学校的管理人员、教师和学生等并不具备相应的信息素养。农村学校的管理人员和教师等缺乏基本的信息技术能力以及能够满足与信息化教学相对应的学科基础。同时，农村学校的学生也缺乏基本的信息素养，

---

[1] 张已如. 浅谈农远工程课程资源建设的问题与对策 [J]. 教育教学论坛，2012（40）：119-120.

数字化信息的获取、处理和理解能力较弱。[1]

（三）国家中小学网络云平台

2020年2月，教育部办公厅、工业和信息化部办公厅联合印发《关于中小学延期开学期间"停课不停学"有关工作安排的通知》，对"停课不停学"工作提出明确意见，并开通国家中小学网络云平台和中国教育电视台空中课堂，整合国家、有关省市和学校优质教学资源，在延期开学期间开通国家中小学网络云平台和中国教育电视台空中课堂，免费供各地自主选择使用。平台资源包括防疫知识、红色教育资源、专题教育资源，以及从小学至普通高中的主要学科课程资源等，供全国中小学使用。

第三节　研究与实践

案例6-01　细胞通过分裂产生新细胞

活动背景："细胞通过分裂产生新细胞"是学习"动物体的结构层次"以及"植物体的结构层次"的基础。细胞分裂是一个相对较复杂的过程，学生要知道细胞能够进行分裂，细胞数量的增加使生物体生长；细胞分裂的本质是染色体进行复制，然后染色体均分到两个子细胞当中，因此两个子细胞一模一样。学生要知道细胞的分裂过程和分裂的结果。

活动目的：说明细胞分裂是细胞数量增加的根本原因；描述细胞分裂的基本过程；说出染色体在分裂前进行复制，复制后均匀分配到两个新细胞当中，且前后完全相同。

活动过程：教师播放熊猫图片，创设情境引入新课。播放细胞生长动画和细胞分裂动画，根据动画过程展示，分析学习细胞分裂过程。学生观察动画时需要注意的细节：染色体和DNA的关系以及染色体在细胞分

---

[1] 关玉兵，刘学敏. 黑龙江省农村教学点数字教育资源应用现状及优化策略 [J]. 黑龙江教育学院学报，2019，38（10）：74-76.

裂过程中是如何变化的。最后学生利用显微镜观察洋葱标本，结合之前播放的动画，说明细胞分裂的全过程。教师进行总结，并且拓展讲解无限分裂的细胞——癌细胞。

案例分析：首先，由于内容比较抽象，同时在一些过程的解释上，单纯用语言比较费力，因此从学生原有的认知出发，层层深入，辅以合适的图片、视频等信息化课程资源，最终引出所学知识的重难点，让学生有知识的过渡，能够更好地构建知识。其次，从细胞生长到细胞分裂再到细胞分化的过程，利用动态图结合课本已有的表述，按照逻辑顺序将抽象的知识通过媒体资料展现出来，使得情境性增强，从而降低知识理解的难度。最后，通过对癌细胞的讲解及相关资源的使用，归纳总结生物学知识与现实生活的联系，帮助学生认识到学习生物学的价值及意义，为后面知识的学习创建了良好的开端。

案例 6-02　动物体的结构层次

活动背景："动物体的结构层次"是"细胞通过分裂产生新细胞"之后的内容，教学时可以直接引出问题：只依靠细胞的单纯分裂、数目增加就能形成一个完整的人或动物吗？从而引发学生的思考。

活动目的：识记细胞分化、组织的概念；识记人的四种基本组织；识记器官、系统的概念；了解人体的结构层次及其内在联系。熟练操作显微镜，能用显微镜对人体四大组织的永久切片进行观察；尝试通过鸡腿实例，进行其他器官与组织关系和器官与系统关系的推理。

活动过程：

1. 教师播放 PPT，展示动物和植物的图片、细胞分裂示意图和人体发育过程图，学生通过观察发现细胞分裂与分化的时期不同。然后教师将细胞分裂和细胞分化进行对比。

2. 教师指导学生观察人体组织永久切片，引出器官、器官构成系统。

3. 总结细胞是怎样构成一个完整的整体的。

教学中，大量的信息化课程资源将抽象的知识及提问转化成学生易理解的水平。显微镜的操作在七年级的教学中是至关重要的一项技能，人体四大组织的永久切片能引发学生的好奇心，通过使用显微镜观察人体四大组织的永久切片的这一实际操作能提升学生的显微镜使用技能。课堂小组合作模式培养了学生各方面的能力，让学生在情境中独立解决问题，成为学习的主体。按照学生逻辑发展进行授课，从微观走向宏观，将"组织"通过合适的事例过渡到更高层次的概念，有助于学生构建新的知识。教学过程中采用了贴近学生生活的素材，使得学生在抽象知识"组织"的基础上能够顺利过渡到"器官"这一概念。另外，由于鸡腿贴近学生的日常生活，使得课堂气氛十分活跃。"器官"是构成"系统"的单位，学生通过形象的图片以及小组合作探究分别判断各个系统的各器官组成，借助有效的资源支撑，通过小组探究合作的形式，能够迅速解决问题。

案例分析：本节课从学生自身经验出发，联系已有的知识积累，展示相关的图片及信息化课程资源，从而引出所要学习的内容，这种联系自身的情境导入，能够引起学生的兴趣及对知识本身的更多关注及思考。以细胞、组织到器官再到系统的逻辑顺序讲解，图片层层展示，能够帮助学生很好地构建一个完整的学习动物体结构层次的逻辑，每一个知识点的讲解配有相应的材料支撑，情境性强，学生的学习兴趣也能够被提升，教学效果反馈也比较好。

案例 6-03　植物体的结构层次 [1]

活动背景：在学习了"动物体的结构层次"之后，在一定的知识基础上进一步开始学习"植物体的结构层次"。植物体只有组织和器官两个层次，与动物体的结构层次不同的是，本节课的设置是从器官学起，再学习组织内容，这样的安排符合学生的认知逻辑，同时由于根、茎、叶、花、果实、种子是学生平时能接触到的比较直观的结构，演绎的逻辑教学顺序能够帮助学生更好地从感性认识慢慢上升到理性认识。另外，从器官到组

---

[1] 申晓林. 初中生物学信息化课程资源库的建库及应用研究：以"生物体的结构与层次"为例 [D]. 西安：陕西师范大学，2017：48-58.

织是从宏观到微观的认知顺序，与前一节相比形成两种认知顺序。

活动目的：识记植物体的五大基本组织；识记植物体的六大器官；描述植物体的结构层次——细胞、组织、器官、个体。学生以小组为单位，运用西红柿、芹菜等实物材料，尝试对它们进行结构层次的分析。

活动过程：教师播放动物体结构层次的视频，从而引出植物体的结构层次。学生通过识图进行植物体六大器官的学习；通过类比动物体的结构层次，观看视频，引出植物体的五大组织。最后归纳总结动物体和植物体的结构层次，以及它们的不同之处。

考虑学生的认知水平及逻辑思维发展，采用了大量的信息化课程资源来处理教学中的问题，其中用了学生感兴趣的小视频作为导课，该视频首先进行了动物体结构层次知识内容的回顾，以诙谐的口吻对动物是如何发育而来的进行了简单的说明。在引出植物体结构层次时，从学生熟知的游戏"植物大战僵尸"中的众多素材中挑选出最受大家欢迎的"豌豆射手"进行举例，使得导课直接从复习到引出新课，课内与课外相结合，前后衔接紧密，在引发学生的求知欲的同时将"结构层次"内容进行了复习。学生采用实物材料和图片材料配合的方式进行合作探究，在小组合作探究中教师能够进入小组，对在探究过程中有疑惑的学生进行鼓励并对其疑惑的内容进行讲解，在启发学生的思维的同时帮助学生将知识落实到位，整体课堂气氛很活跃。

案例分析：当新颖的、更加贴近学生生活的信息化课程资源出现时，首先，学生情感上愿意去接受它；其次，在知识构建上，在原有知识的基础上，学生的认知会加快，小组合作探究的结果的呈现更有利于学生认知的加快；最后，教师用不局限于课本的信息化课程资源进行教学，在提高学生学习积极性的同时，也使得学生能更加愿意去配合教学活动，小组内的活动也很好开展，在讨论时学生更容易找到抓手。

案例6-04　发酵工程网络课程 [1]

课程任务：发酵工程的课程任务主要是使学生掌握发酵工程基本理论与一般分析方法，对最新的生物技术的发展动向有所了解，可以灵活地运用生物反应动力学、发酵调控学、生物反应过程检测与控制等方面的知识，对发酵及生物转化等有关过程中的理论和实际问题有更深入的研究，并能更好地解决这方面的问题，为今后的实际生产工作打下良好的基础。

模块组成：发酵工程网络课程由以下模块组成。

1. 公告通知：管理员将最新消息和通知发布到该模块，让学生了解该课程最新的要求和信息。

2. 课程简介：用文字在宏观层面简要阐明课程基本信息。

3. 教师队伍：主要是该学科教师的个人简介，具体内容包括姓名、性别、个人照片、学历、职称、主讲课程、教学成果、科研方向与成果、联系电话、联系地址、电子邮箱等。

4. 学习纲要：在学习纲要中，每一章内容都是独立的，不仅要详细介绍本章的教学目标、教学重点和教学难点，还要把每一章进行分节。通过对这部分内容的学习，学生可以有侧重地了解后面的知识。

5. 教学录像：包括理论教学录像、问答录像等，目的是辅助学生自学。在该模块中采用先进的教学录像系统，实现在同一个界面中PPT放映和教师视频讲解同时显示，学生通过索引可以迅速找到相关的问题和学习内容。

6. 实验录像：包括液态发酵实验及固态发酵实验的全程录像，使得网络课程的学习更贴近课堂学习。

7. 网上交互：网上交互模块将学生和教师联系起来，为教师远程在线帮助学生解惑答疑提供了良好的平台。学生可以在该模块中发帖讨论、提出问题，教师将对这些问题进行解答等。

8. 考核练习：教师上传作业和测试习题，学生可以检验是否掌握所学

---

[1] 周晨妍, 刘振华, 李端, 等. 发酵工程网络课程建设实践与经验[J]. 科技创新导报, 2012（29）: 160.

知识。

9. 学生评价：学生在线完成对该网络课程和教学内容的问卷评价，教师可以通过学生学习过程中的反馈信息，进一步完善和改进网络课程建设。

10. 课程资源：课程资源模块列举了国内外发酵工程相关的图书、重点学科及实验室网站，还包含发酵工程网络课程制作过程中使用的教学动画及教学视频，为学生课下学习发酵工程课程提供大量的参考资料。在线播放的动画、视频使抽象的知识形象化、具体化。学生通过发酵工程重点学科及国内外重点实验室的链接可以很好地了解发酵工程领域的科研动态，较好地了解发酵工程领域的科研方向，为自己将来的进一步学习奠定基础。

11. 讲座：在发酵工程网络课程建设中，邀请发酵工程相关研究领域的专家、教师，让他们结合自己的科研方向及成果做专题讲座，这将为学生的课程学习提供大量的拓展资源。

案例分析：网络课程作为一种新的教育模式，广泛存在于远程教育当中。同时，网络课程也是课堂教育不可或缺的有益补充，在现代教育理论的指导下，设计开发网络课程具有十分重要的意义。基于这种背景，建设网络课程，实现课程教学资源网络化，既有利于促进现代信息技术在教学中的应用，又有利于规范教学管理、推进优质教学资源的共享，更好地为教学服务。

案例 6-05　利用网络教育平台进行高中生物学双师教学实践研究[1]

在现有的学校环境中，接触另外一个地区的先进教育教学模式和教师，这是现代信息技术应用于教育后产生的新型教育方式，即网络技术与环境相结合的教育模式。广西百色市平果市的平果高级中学从 2015 年与

---

[1] 覃丽芳. 利用网络教育平台进行高中生物双师教学实践研究 [J]. 新教育时代电子杂志（教师版），2020（5）：109.

东方闻道网校（成都七中网校）合作，开始尝试网络直播教学。利用网络教育平台进行直播教学，最显著的特点是双师教学。与传统教学相比，双师教学不可控性更明显，其要求站在教室里的教师必须清楚前端教师准备讲什么内容，且要考虑到前端学校为教育发达地区的学校，学生的素质较高这些因素。这就需要教师在基本的备课环节如分析教材内容、分析内容背景、了解学情等的基础上增加三个备课内容，即预判前端教师授课内容的难易程度，分析前端学生的知识基础与本校学生的差距，思考保证本校学生课堂上尽可能跟上直播节奏的方法。

在播放直播视频时，教师在听课的同时密切关注班里学生的听课反应，从中判断学生的接受程度，把学生较难接受的知识点快速记录下来。同时，前端教师在提问的时候，本班也应同时进行。直播过程中学生无法与屏幕上的授课教师有直接交流，难免有学生注意力不集中，此时在教室里的教师还起到监督和提醒学生及时做笔记的作用，保证学生尽可能高效完成直播课。最重要的是，整节直播课过程中教师最好不插话，以免打断学生思维。

直播课完成后，需要教师及时对课堂上的难点进行整理小结，及时处理课堂上学生难以消化的环节。同时，整理当堂课错误率较高的习题，并添加同类型题印成复习资料，让学生进行巩固练习。这在一定程度上增加了教师课后的工作量，但能提高教学质量，与引进网络直播教学的初衷一致。

案例分析： 网络直播教学对学校硬件要求较高。除了常规的电脑、投影仪，还要有接收直播信号的相关设备，这些对一些农村学校来说确实是一个难题。对教师素质要求也较高。毕竟开展网络直播教学需要做的各方面工作都要细要足，如果教师纪律懒散、自觉性不高的话，对备课、听课、课后这三个环节的负面影响都很大，容易让本校课堂节奏与前端脱节。对学生素质要求也很高。课堂互动极少，很容易让自制力不强的学生走神，做笔记速度不快的学生容易掉队。所以，适合直播课的学生必须可以较长时间高度集中注意力，自制力强，自觉性高。

案例 6-06 分解纤维素的微生物的分离[1]

教学目标：

1. 能用生物与环境相适应的观点，提出分离目标菌的思路。
2. 能按照科学探究的要求设计分离目标菌的方案。
3. 能依据方案运用无菌操作技术和分离、培养方法初步分离出目标菌。

教学思路：

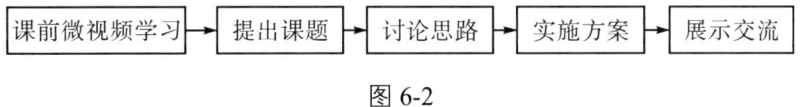

图 6-2

教学过程：

表 6-2

活动任务	活动目的
微课：介绍几种分离、筛选工程菌的实例。通过自测题及答案，认识寻找、分离菌种的价值，提出实验课题。	用真实的情境激发学生参与探究的兴趣。通过课前微视频进行知识的讲解，使学生带着浓厚的兴趣走进课堂。
集中讨论课前反馈中的问题：选取哪种土壤筛选分离得到纤维素分解菌的概率较大？原因是什么？	用生物与环境相适应的观念寻找思路。
完善课前设计的分解纤维素的微生物的技术路线（如土样的选取和处理，培养基的选择、配制和灭菌，培养条件的控制等）。	用科学思维完善、论证合理、可行的设计思路。
根据课前查阅的资料，分组设计探究方案，展示交流方案的科学性和可操作性，制订出在学校实验室条件下可实施的方案。	针对具体问题，根据学校实验室条件，设计可操作的实验探究方案。

---

[1] 付用江，吴小凤．基于翻转课堂的教学反思：《分解纤维素的微生物的分离》案例分析 [J]．课程教育研究，2020（2）：190-191．

续表

活动任务	活动目的
分组进行探究实验，记录并分析实验结果。	能正确运用无菌操作技术等相关实验操作。完整体验探究实验的操作、记录等过程。
展示实验结果，并对实验结果进行分析。	评价、总结、归纳、反思本实验。

案例分析：信息时代，微课是一种重要的教学资源。可以在课前使用微课，将学习内容前置，转变学生的学习方式；在教师和学生都有终端，具备网络条件的环境下，也可以课中使用微课；当然，微课也可以在课后供学生复习使用。该案例给我们这样的启示：可以在课前利用微课，把知识学习前置；课中学生讨论，深化理解知识，达到深度学习的目的。

案例6-07 数据驱动教学模式

表 6-3

项目	教师		学生
课前	学情分析 资源推送 教学设计	智慧课堂平台	自主学习 交流讨论
课中	情境导入 任务发布 讲解点评	⇐ ⇒	合作研究 任务完成 练习检测
课后	个性推送 个性辅导 总结反思		完成作业 总结讨论

案例分析：案例显示了数据驱动教学的基本流程。给我们这样的启示：采用数据驱动教学模式需要教师具备良好的数据素养，具备科学合理的学习分析模型，同时还要有贯穿始终的评价。数据驱动教学模式能充分锻炼

学生的自主学习能力。

案例 6-08　关于"绿色食品"的网络课程设计

在"营养与健康"系列专题中，选择了绿色食品专题的网络课程。下面是这一专题的网络课程设计。

教学目标：

1. 掌握有关绿色食品的基本知识，掌握并能够在日常生活中灵活运用辨别绿色食品的方法。

2. 培养学生能够利用多种途径收集信息并对信息进行分析加工的能力和独立进行思考、探究问题的能力以及与他人合作的能力。

教学方案设计：

1. 导言。

教师提问：请仔细观察下面的 5 张照片（图 6-3），你能发现照片中的物品有哪些共同点吗？

图 6-3

2.任务。

(1)每5名学生组成一个小组,每名学生都有1张购物单(表6-4)。教师提示:为了能买到优质、健康的绿色食品,请分别到自己家附近的超市进行调查。每个组员可以选择其中2个项目进行调查,把调查结果写下来。最后将调查结果汇总在一起,小组共同完成一份调查报告。

表6-4　购物单

类别	产品名称	注册商标	绿色产品标志编号
米			
面			
水果			
蔬菜			
奶制品			
酒类			
饮料			
其他			

(2)设计1份调查问卷,看看你们身边的人——父母、朋友、邻居等对绿色食品的了解有多少。

(3)设计3份海报,向大家宣传绿色食品。

(4)每个组员为绿色食品设计一个标志,将设计集合起来举办"绿色食品标志设计展"。

3. 过程。

（1）过程1：绿色食品是"绿颜色"的吗？

我们先来看一看下面的这幅漫画（图6-4）及漫画下面的这段文字。

图6-4　树叶："新兴绿色食品"（图片来源：搜狐新闻网）

一天中午，我在一家面馆用餐，要了一碗大排面。面端上后，我没吃几口就发现蔬菜浇头里夹杂着一片脏兮兮的褐色树叶。我用筷子夹起这片特别的"蔬菜"，问身边服务员这是怎么回事。服务员先是一愣，随即嬉皮笑脸地说道："这种树叶可是新兴的'绿色食品'呀，吃了有益健康！"

虽然这是一个笑话，但是我们也不禁要问，究竟什么才是"绿色食品"呢？现在，一些人对绿色食品的理解仍有误区，认为绿色的、野生的就是绿色食品。这些理解都是不准确的。

链接：

①绿色食品的概念。

②绿色食品的特征。

（2）过程2：这个标志你记住了吗？

第一步：这里有一段广告，你要看得仔细一些，之后，有些问题需要你来完成。（链接××牛奶的广告）

这是××牛奶的广告，你一定已经在电视上看过很多遍，并且很熟悉了。现在，请你来仔细回忆一下牛奶包装盒正面最上方的标志。

你记住这个标志了吗？拿出一张纸，试试看能不能把它画下来。

第二步：仔细观察绿色食品的标志，你认为这个图案代表了什么呢？绿色食品标志由特定的图形来表示，它主要由三部分构成（表6-5）。

表6-5

图案	图案的形状	位置	含义
	太阳	上方	整个图形描绘了一幅明媚阳光照耀下的、生机勃勃的景象，告诉人们绿色食品是出自纯净、良好生态环境的，安全、无污染的食品。它还提醒人们要保护环境和防止污染，通过改善人与环境的关系，创造自然界新的和谐
	蓓蕾	下方中央	
	叶片	下方	

第三步：比较下面两个标志（图6-5），它们有什么不同？

图6-5

左边的标志代表A级绿色食品，右边的标志代表AA级绿色食品。A级绿色食品标志的图案为白色，底色为绿色；AA级绿色食品标志的图案为绿色，底色为白色。

链接：绿色食品的标准。

（3）过程3：你能区别它们吗？

无公害农产品、绿色食品和有机食品这三类食品就像是一座金字塔，塔基是无公害农产品，中间是绿色食品，塔尖是有机食品，越往上要求就越严格。

表 6-6　无公害农产品、绿色食品和有机食品的比较

名称	无公害农产品	绿色食品	有机食品
标志			
定义	无公害农产品是指产地环境、生产过程和产品质量符合国家有关标准和规范的要求，经认定合格的未经加工或者初加工的食用农产品	遵循可持续发展原则，按照特定的生产方式生产，经专门机构认定，许可使用绿色食品商标标志的，无污染的安全、优质、营养类食品。分为A级和AA级绿色食品	有机农产品是按照有机农业生产标准，在生产中不采用基因工程获得的生物及其产物，不使用化学合成的农药、化肥、生长调节剂等，采用一系列可持续发展的农业技术生产、加工并经专门机构严格认证的农产品
产品涵盖范围	食用农产品及初加工品	食品	食用农产品、纤维材料、药材及药用材料
标志的含义	无公害农产品的标志是由麦穗、对号和无公害农产品的字样组成。麦穗代表农产品，对号表示合格，金色寓意成熟和丰收，绿色象征环保和安全	绿色食品的标志由三部分组成，上方的太阳，下方的叶片和蓓蕾。图案为圆形，象征安全和保护。整个图案描绘了一幅在阳光照耀下生机勃勃的景象	有机食品的标志采用人手和叶片为创意元素。代表着两种景象：其一是一只手向上持着一片绿叶，寓意人类对自然和生命的渴望；其二是两只手一上一下握在一起，将绿叶拟人化为自然的手，寓意人类的生存离不开大自然的呵护，人与自然需要和谐美好的生存关系
特征	重安全，需环保	安全、环保并重	重环保，强调特殊农产品安全

（4）过程4：你能够判断出哪些是合格的绿色食品吗？

现在，你已经准备好要去超市进行调查了，却看到了这样一条新闻，原来有些食品包装上标示的绿色食品标志并不合格。那么，要怎样判断绿色食品是不是"真正的绿色食品"呢？

新闻：北京消协 部分食品违规使用绿色食品标志（略）。

链接：辨别绿色食品要"五看"（略）。

你还可以在中国绿色食品发展中心官网上的信息查询界面对你找到的绿色食品进行查询。

4. 资源。

链接：

（1）绿色食品的概念。

（2）绿色食品的特征。

（3）绿色食品的标志管理。

（4）绿色食品的标准。

（5）绿色食品的组织机构。

（6）绿色食品的发展历程。

（7）绿色食品的发展现状。

（8）绿色食品的发展趋势。

如果你想对绿色食品有更进一步的了解，下面的这些网站会对你有些帮助：

中国绿色食品发展中心

……

你也可以自己通过百度等搜索引擎来搜索资料。

5. 评价。

利用下面的评价测量表（表6-7）进行自我评价和相互评价。

表 6-7　评价测量表

评价项目		评价等级				定级
		优秀（A）	良好（B）	合格（C）	待合格（D）	
知识		知识全部掌握，完全理解，能够灵活运用到生活实践中	知识基本掌握，基本理解，能够在一定程度上运用	知识基本掌握，但无法在实践中运用	知识完全没有掌握或只掌握很少一部分	
独立性		能够独立思考并完成任务	基本上能独立思考	有自己的想法，偶尔需要帮助	不能独立思考，完全依赖他人	
成果展示	调查报告	调查目的非常明确，内容选择有意义，很具代表性	调查目的基本明确，内容选择有意义，有一定的代表性	调查目的基本明确，内容普通，代表性一般	调查目的不明，内容无意义，不具代表性	
	设计	完成任务，设计新颖，构思巧妙	完成任务	未能完成任务，但有部分努力的成果	完全没有完成任务	

6. 结论。

通过对绿色食品知识的自主学习，运用多种形式来检验学生的学习效果，既培养了学生自主寻找、加工和分析信息的能力，又培养了学生独立思考、解决问题的能力，以及与他人合作的能力。通过学习，学生最终能够将学到的知识灵活地在生活实践中运用。

案例分析：本案例以七年级学生为教学对象，设计了以绿色食品知识为主题的网络探究教学活动。由于设定的学生的年龄相对较小，所以在设计方案时，充分考虑到学生的认知水平、兴趣爱好和年龄特点。在形式上，除了文字性的叙述，还加入了许多学生感兴趣的其他元素，如漫画、视频等。这使得整个活动形式多样，也充实了活动内容。在知识的选择上，也充分考虑到学生的特点。对于一些复杂烦琐的知识内容，如绿色食品的相关规定、绿色食品标志认证程序等，这些很难引起学生的学习兴趣，而且与学生的日常生活并无太大关系的内容，未加入具体的探究活动过程之中。但是考虑到个别的学生或许会对此感兴趣，所以，在资源部分给出了相关的知识链接，可以由学生自由进行选择性学习。在整个探究学习设计中，格外注意活动的趣味性和可行性，积极调动学生的学习兴趣和主动进行探究活动的热情。另外，为了培养学生独立学习思考的能力，以及与他人进行合作的能力，在探究活动的设计上也注意到了分工与合作的合理安排。

第七章

未来展望

农村是一个历史的动态概念，社会结构变化、城乡变迁、观念变更、人口流向、产业发展、就业吸纳等因素都会影响人们对农村的认知，伴随着对农村概念理解的变化，农村课程资源的内涵也会随之发生改变。面向未来，农村课程资源的开发在保持基本特征的基础上，其内涵、方式也会产生一定的变化。但不管怎么变化，农村课程资源始终要回应"何为农村"和"何种教育"这两个根本问题。随着城乡融合带来的行政和地理边界逐渐消失，农村课程资源开发的概念将嬗变为一个价值论取向的概念，进而打破传统"地域空间""服务群体""教育功能"和"学校教育"的概念边界，农村教学资源的内涵与外延将得到极大的拓展与延伸。

第一节　城镇化进程与课程资源开发

根据联合国开发计划署与中国社会科学院城市发展与环境研究所共同完成的《中国人类发展报告2013》预测：中国到2030年，城镇化率将达到70%左右，近10亿的中国人将生活在城市。[1]国家统计局数据显示，中国城镇化率于2020年已达到63.89%。随着城镇化的发展，城市水、电、路、气、信息网络等基础设施显著改善，教育、医疗、文化体育、社会保障等公共服务水平明显提高，人均住宅、公园绿地面积大幅增加。城镇化的快速推进，吸纳了大量农村劳动力转移就业，提高了城乡生产要素配置效率，推动了国民经济持续快速发展，带来了社会结构深刻变革，促进了城乡居民生活水平全面提升。今后，随着内外部环境和条件的深刻变化，中国城镇化将进入以提升质量为主的转型发展新阶段。

一、城镇化的意义及中国城镇化的发展现状

中共中央、国务院印发《国家新型城镇化规划（2014—2020年）》文件中明确指出：城镇化是伴随工业化发展，非农产业在城镇集聚、农村人口向城镇集中的自然历史过程，是人类社会发展的客观趋势，是国家现代化的重要标志。按照建设中国特色社会主义五位一体总体布局，顺应发展规律，因势利导，趋利避害，积极稳妥扎实有序推进城镇化，对全面建成小康社会、加快社会主义现代化建设进程、实现中华民族伟大复兴的中国梦，具有重大现实意义和深远历史意义。

---

[1] 李涛，邬志辉. 中国城镇化与教育发展[J]. 教育发展研究，2019（21）：1-10.

城镇化是现代化的必由之路。当今中国，城镇化与工业化、信息化和农业现代化同步发展，是现代化建设的核心内容，彼此相辅相成。工业化处于主导地位，是发展的动力；农业现代化是重要基础，是发展的根基；信息化具有后发优势，为发展注入新的活力；城镇化是载体和平台，承载工业化和信息化发展空间，带动农业现代化加快发展，发挥着不可替代的融合作用。

城镇化是保持经济持续健康发展的强大引擎。城镇化水平持续提高，会使更多农民通过转移就业提高收入，通过转为市民享受更好的公共服务，从而使城镇消费群体不断扩大、消费结构不断升级、消费潜力不断释放，也会带来城市基础设施、公共服务设施和住宅建设等巨大投资需求，这将为经济发展提供持续的动力。

城镇化是加快产业结构转型升级的重要抓手。产业结构转型升级是转变经济发展方式的战略任务，加快发展服务业是产业结构优化升级的主攻方向。生产要素的优化配置、三次产业的联动、社会分工的细化，也会扩大生产性服务需求。城镇化带来的创新要素集聚和知识传播扩散，有利于增强创新活力，驱动传统产业升级和新兴产业发展。

城镇化是解决农业农村农民问题的重要途径。城镇化总体上有利于集约节约利用土地，为发展现代农业腾出宝贵空间。随着农村人口逐步向城镇转移，农民人均资源占有量相应增加，可以促进农业生产规模化和机械化，提高农业现代化水平和农民生活水平。城镇经济实力提升，会进一步增强以工促农、以城带乡能力，加快农村经济社会发展。

城镇化是推动区域协调发展的有力支撑。随着西部大开发和中部崛起战略的深入推进，东部沿海地区产业转移加快，在中西部资源环境承载能力较强地区，加快城镇化进程，培育形成新的增长极，有利于促进经济增长和市场空间由东向西、由南向北梯次拓展，推动人口经济布局更加合理、区域发展更加协调。

城镇化是促进社会全面进步的必然要求。城镇化作为人类文明进步的产物，既能提高生产活动效率，又能富裕农民、造福人民，全面提升生活质量。随着城镇经济的繁荣，城镇功能的完善，公共服务水平和生态环境质量的提升，人们的物质生活会更加殷实充裕，精神生活会更加丰富多彩；随着城乡二元体制逐步破除，城市内部二元结构矛盾逐步化解，全体人民将共享现代文明成果。这既有利于维护社会公平正义、消除社会风险隐患，也有利于促进人的全面发展和社会和谐进步。

二、城镇化进程对农村课程资源开发的影响和对策
（一）教学设施资源

随着城镇化进程的不断推进，经费、现代信息技术、仪器设备等优质资源和要素向城市聚集，农村地区所占有资源偏少，客观上将拉大城乡之间的教育差距。[1]城乡基础教育设施不均衡主要表现在教学设施（如教学辅助设备、实验室、微机室、图书室、语音室等）、学校基础建设（包括校舍、体育场馆等）方面的差距。有研究指出，我国城乡办学条件的差距突出体现在校舍质量、生均教学仪器设备值、教学仪器达标比例和建网学校比例上等。此外，农村学校的现代化教学设备不足，无法满足教师利用现代教育信息的要求，制约优质教育资源的共享[2]。一些农村地区学校缺乏图书室、实验室、体育馆等校内课程资源，有些地区为农村学校建设了图书馆和实验室，但是却由于缺乏图书购买经费和实验设备材料购买经费而导致图书馆和实验室沦为摆设，这都加大了城乡教育资源之间的差距。

《国家中长期教育改革和发展规划纲要（2010—2020年）》明确指出：要"推进义务教育均衡发展。均衡发展是义务教育的战略性任务。建立健全义务教育均衡发展保障机制。推进义务教育学校标准化建设，均衡配置教师、设备、图书、校舍等资源"。《国家新型城镇化规划（2014—2020年）》也明确提出："合理配置教育资源，重点向农村地区倾斜。推进义务教育学校标准化建设，加强农村中小学寄宿制学校建设，提高农村义务教育质量和均衡发展水平。"这说明国家非常重视这个问题，并制定了相应的政策。而政策的具体落实要靠各地区和学校，积极争取政策扶持和社

---

[1] 雷培梁.人的城镇化进程中的教育发展问题研究：以福建省为例[D].福州：福建师范大学，2016：152.

[2] 郝良玉.城镇化进程中我国城乡基础教育统筹问题研究[D].延安：延安大学，2010：13-14.

会支持，充分利用教育经费，合理规划建设配备教学设施资源，最大限度满足课程资源的需求。

（二）教师资源

教师是最重要的课程资源之一，而随着城镇化的进程，农村地区教师资源的不足同时体现在数量上和质量上。农村边远地区教师数量不足，且补充困难，严重影响着义务教育均衡发展；并且城乡高学历教师的比例也有很大差距，而教师对教学的质量起着决定性的作用。要帮助农村学校弥补教师资源的不足，可以加大对农村教师的补贴，建立农村教师相关配套福利待遇，鼓励青年骨干教师服务农村教育事业。国务院在2015年印发的《乡村教师支持计划（2015—2020年）》中提出"职称（职务）评聘向乡村学校倾斜"，并明确规定"乡村教师评聘职称（职务）时不作外语成绩（外语教师除外）、发表论文的刚性要求"，旨在构建符合乡村教师自身发展需求的教师教育体系。还可以建立城市学校定点支持农村学校、强校结对支持薄弱学校的制度，促进城乡、强弱学校之间的交流与合作。要对农村和薄弱学校的教师实行定期培训，一方面要选派农村和薄弱学校教师到名校学习，另一方面要邀请名师到农村和薄弱学校任职任教，同时，在核定教师编制时要优先向农村和薄弱学校倾斜，新增教师要优先满足农村和薄弱学校的需求。[1]

（三）其他课程资源

城镇有着丰富的校外课程资源，包括各种与政治、经济、文化相关的设施、设备和场地，如图书馆、博物馆、科技馆、高等院校、科研机构等，还包括有不同知识背景、特长爱好的各方人士以及学生家庭所具有的各种资源。[2]而农村优势的资源主要体现在地理资源、生物资源、历史文化资源、生活资源、农村社区、种植基地等。但是随着城镇化进程的发展，农村外流的不仅是人口，还有人才。一些农村学校的领导、教师缺乏对本

---

[1] 郝良玉.城镇化进程中我国城乡基础教育统筹问题研究[D].延安：延安大学，2010：45-46.

[2] 段兆兵，等.课程资源开发与利用：原理与策略[M].芜湖：安徽师范大学出版社，2011：263.

地教育资源的充分认识和开发意识,这些资源没有被充分开发利用成为课程资源。而且留在农村的乡村机构、社会人士和学生家长缺乏积极参与教育的意识和行为,缺乏与学校和教师的沟通,更不用说主动支持课程资源开发。

要加强农村地区课程资源的开发,就需要先建立农村地区课程资源开发的意识,只有对农村课程资源开发有全面深入的理解和研究,才能在教学实践中自觉开发利用农村课程资源。首先,要对课程资源的重要性有明确的认识,要意识到课程资源对实现课程目标的重要性,课程目标的实现与否和实现程度与课程资源的适切性和丰富性密切相关。其次,对农村课程资源要有全面和正确的认识,要对农村课程资源的特点和类型有全面的了解,要辩证地看待农村课程资源的状况,既要看到农村课程资源存在的不足,也要看到农村课程资源存在的优势。最后,对农村课程资源开发利用的复杂性要有充分的认识,农村课程资源的原生态性、离散性和地域性等特点决定了在开发利用的过程中要在了解的基础上调查、分析、规划,并需要多方配合。因此,对农村课程资源开发利用的困难和复杂程度以及达到的效果要有充分的思想准备。[1]

要明确开发利用农村课程资源的目的。开发利用课程资源的目的是更好地实现课程目标,农村课程资源也不例外,但是在此基础上,农村课程资源的开发利用还应该服务于农村中小学教育的双重目标,即向上输送人才和培养适应并服务于农村社会的新时代农民。中国传统农耕文明起源于农村,农村生活孕育了几千年来中国人特有的思维方式、行为习惯与文化习俗。然而现代城镇化进程中农村失去了其独立性与纯粹性,逐渐变得依附于城市。农村社会本身的生产生活方式、文化习俗与思想观念也发生着巨大的变化,农村不再那么纯粹。在以城市话语为主导的教育制度下,农村学校正在变成"离农"的教育,逃离乡土成了现代教育带来的结果。[2]

---

[1] 段兆兵,等.课程资源开发与利用:原理与策略[M].芜湖:安徽师范大学出版社,2011:342-343.

[2] 吴同语.城镇化进程中的乡村教育:基于一所皖南乡镇中学兴衰的个案研究[D].桂林:广西师范大学,2019:63.

城镇化背景下农村教育不仅要培养学生对乡土的情感与认识，也要教会他们适应城市生活的方式，培养农村学生的双重文化品性，让农村学生在具备对乡土的浓厚情感与文化自信的同时，又能不拘泥于乡土，以广阔的胸襟与开放的心态去接纳与吸收外来文化。[1-2]虽然城镇化背景下，农村与城市教育趋于同质化，但是一方面农村学生不适应"趋城市化倾向"的教材，认为所学习的课程离他们的生活比较遥远；另一方面他们以后立足农村社会所需要的知识和能力在现有的课程教学中又得不到满足。《基础教育课程改革纲要（试行）》提出"农村中学课程要为当地社会经济发展服务，在达到国家课程基本要求的同时，可根据现代农业发展和农村产业结构的调整因地制宜地设置符合当地需要的课程"，因此，开发农村课程资源，补充相关课程内容，既符合课程改革的要求，又具有现实意义，是十分必要的。

因此，要开发有特色的农村课程资源。首先，要把农村课程资源的开发纳入农村乡土知识教育之中，为农村课程资源开发赋予更大的价值和意义。其次，要把农村课程资源开发与农村学生的前途联系起来，为那些升学无望的学生开发一些有利于他们将来就业的课程资源，从而为农村的建设培养实用型人才。最后，要充分利用农村丰富的生产劳动资源。自党的十八大以来，习近平总书记在多个场合强调劳动在我国当代社会的重要意义。2015年，《教育部 共青团中央 全国少工委关于加强中小学劳动教育的意见》提出构建学校、家庭与社会为一体的劳动教育体系。在《普通高中课程方案（2017年版2020年修订）》中，也特别增加了劳动的课程和学分要求。广大农村学校要依据农忙时节的实际情况组织学生参加劳动生产，组织学生"学工学农"；带领学生体验劳动的乐趣与意义，学习一定的生产劳动知识；还可以将劳动教育融入其他学科教学中。农村学生通过亲力亲为的劳动感受农村生活的艰辛与不易，与农村在精神上建立起

---

[1] 吴同语. 城镇化进程中的乡村教育：基于一所皖南乡镇中学兴衰的个案研究 [D]. 桂林：广西师范大学，2019：64.

[2] 唐开福. 城镇化进程中乡村文化的传承困境与学校策略 [J]. 湖南师范大学教育科学学报，2014，13（2）：107-110.

一种联系，在劳作中感受乡村田野，体味乡野田园的乐趣，从而维系自身的生存根基，培养农村学生的乡土文化自信。[1]并且，利用农村的农业基地或者工厂企业作为实践基地，开展多种多样的综合实践活动，也有助于培养学生现代农业科学意识，使学生了解社会生产、生活，为学生以后从事农业或者走向城市打好基础。

第二节 可持续发展背景下的课程资源开发

可持续发展最早出现于 1980 年国际自然保护同盟的《世界自然资源保护大纲》："必须研究自然的、社会的、生态的、经济的以及利用自然资源过程中的基本关系，以确保全球的可持续发展。"1987 年，世界环境与发展委员会出版《我们共同的未来》报告，将可持续发展定义为："既能满足当代人的需要，又不对后代人满足其需要的能力构成危害的发展。"它系统阐述了可持续发展的思想。1992 年 6 月，在里约热内卢召开的联合国环境与发展大会，通过了以可持续发展为核心的《里约环境与发展宣言》《21 世纪议程》等文件。随后，我国政府编制了《中国 21 世纪议程——中国 21 世纪人口、资源、环境与发展白皮书》，首次把可持续发展战略纳入我国经济和社会发展的长远规划。1997 年的中共十五大把可持续发展战略确定为我国"现代化建设中必须实施"的战略。2000 年 10 月，十五届五中全会通过的《中共中央关于制定国民经济和社会发展第十个五年计划的建议》指出："实施可持续发展战略，是关系中华民族生存和发展的长远大计。"十六大报告把"可持续发展能力不断增强，生态环境得到改善，资源利用效率显著提高，促进人与自然的和谐，推动整个社会走上生产发展、生活富裕、生态良好的文明发展道路"作为"全面建设小康社会的目标"之一，并对如何实施这一战略进行了论述。

---

[1] 吴同语. 城镇化进程中的乡村教育：基于一所皖南乡镇中学兴衰的个案研究 [D]. 桂林：广西师范大学，2019：70.

可以从以下两个层面理解可持续发展[1]：

从大的层面上讲，可持续发展就是要保持人与自然的共同协调进化，达到人与自然的共同繁荣，是"人—天"之间的关系。[2] 历史上，人与自然的关系就从未建立过真正的和谐。工业革命以来，人类认识自然和改造自然的能力大大加强，随着社会生产力的迅速提高和经济规模的不断扩大，人类创造了前所未有的物质财富。但是，在人类创造了辉煌的工业文明的同时，却出现了全球范围内的环境破坏、资源过度消耗等问题，严重威胁和阻碍着人类社会的发展，甚至危及人类的生存。可持续发展的核心思想正是将人与自然和谐共处作为追求的目标，要求人类社会系统与自然系统和谐相处、和谐发展。

从小的层面上讲，可持续发展是满足当代人需求又不危害后代人需求的。"我们不是继承父辈的地球，而是借用了儿孙的地球。"可持续发展是在资源和环境得到合理的持续利用、保护的条件下，取得最大的经济效益和社会效益，重点在于"人—人"之间的关系，这个层面上的概念更具有可操作性。[3]

结合以上要点，我们可以这样定义可持续发展：可持续发展是人类发展的一种理想模式，是人与自然、人与人的双重和谐，是人类的一个美好愿望。它既要求自然生态系统、经济系统和社会系统之间和谐发展，又要求在满足人类需求的资源占用和财富分配上，把短期利益和长远利益、局部利益和全局利益有机地统一起来。[4-5]

---

[1] 朱小曼. 中学生物课程中实施可持续发展教育的影响因素初探 [D]. 长春：东北师范大学，2007：5-6.
[2] 汤万金，李祥仪，李仲学. 可持续发展的概念、内涵与目标 [J]. 陕西煤炭技术，1997（2）：1-3.
[3] 同 [2].
[4] 同 [1]：6.
[5] 曾珍香，顾培亮，张闽. 可持续发展的概念及内涵的研究 [J]. 管理世界，1998（2）：209-210，214.

一、教育对可持续发展的重要性

20世纪以来全球生态环境的恶化已经严重威胁着人类的发展乃至生存。空气污染、气候变化、淡水资源枯竭、森林锐减、物种灭绝等都是自然界受到巨大扰动和创伤后给我们敲响的警钟。我们必须从全球整体的视角寻求一条人口、经济、社会、环境和资源相互协调的可持续发展之路。[1]

可见，实现可持续发展，是世界各国共同面临的重大而紧迫的任务。从现有的文献看，国际上多项环境报告和政策文件，都强调了教育对于可持续发展的重要性。1994年，中国政府编制的《中国21世纪议程——中国21世纪人口、环境与发展白皮书》指出，走可持续发展之路，是中国未来发展的自身需要和必然选择。联合国通过的《21世纪议程》指出，教育是促进可持续发展和提高人们解决环境和发展问题的关键。2002年，在南非约翰内斯堡召开的"地球峰会"拓展了可持续发展的构想，确定了教育在新千年的重要地位。联合国将2005年至2014年确定为"可持续发展教育十年"，整体目标是"将可持续发展的内在价值观融入学习的方方面面中，来鼓励人们行为的改变而实现一个更加持续和公正的社会"。[2]

教育在可持续发展中有不可替代的作用，教育是推行可持续发展所要求的价值观念和行为准则，并是使可持续发展扎根的最好机遇。实施与推进我国的"可持续发展教育"，就必须将可持续发展的理念与内容全面渗透进教育改革之中，将可持续发展与教育的整体改革结合起来，尤其是要体现在国家教育的大政方针之中。

在基础教育阶段，可持续发展教育应当在不同层面上具体实施：一个是学科层面，将可持续发展的知识技能、价值观和生活方式渗透到课程教学的具体实践中；另一个是学校教育作为一个整体，落实到育人的各个方面；再一个是地区、国家将可持续发展教育纳入宏观课程政策和制度安排中。2002年中国政府发表了《中华人民共和国可持续发展国家报告》，

---

[1] 朱小曼. 中学生物课程中实施可持续发展教育的影响因素初探[D]. 长春：东北师范大学，2007：1.

[2] 王永胜. 可持续发展教育理念下的学校课程发展研究：以W中学为个案[D]. 长春：东北师范大学，2015：2.

其中在有关中国进一步实施可持续发展战略的政策措施中明确要求，要大力开展可持续发展教育，"不断提高人口的科学文化素质"，"为实施可持续发展战略提供有力的人力资源保障"。在我国颁布的各类课改文件中，也对可持续发展教育给予高度重视。在 2003 年教育部颁布的《中小学环境教育实施指南（试行）》中，指明环境教育的四条基本理念之一就是要"引导学生理解可持续发展的内涵"。而在总目标中则指出："环境教育旨在引导学生关注家庭、社区、国家和全球面临的环境问题，正确认识个人、社会和自然之间相互依存的关系；帮助学生获得人与环境和谐相处所需要的知识和技能，养成有益于环境的情感、态度和价值观；鼓励学生积极参与面向可持续发展的决策与行动，成为有社会实践能力和责任感的公民。"在《基础教育课程改革纲要（试行）》中提出，"逐步形成正确的世界观、人生观、价值观；具有社会责任感，努力为人民服务；具有初步的创新精神、实践能力、科学和人文素养以及环境意识"。

二、可持续发展与课程资源开发利用

开展可持续发展教育活动，其根本目的就是要使受教育者形成可持续发展思想观念，重新构建起符合可持续发展的伦理观与价值观，提高受教育者可持续发展的认知水平、学习能力、参与区域和全球可持续发展实践活动的基本能力，以及养成可持续发展的生活技能。一方面，可持续发展教育意在使每个受教育者成为具有可持续发展意识和能力的"可持续发展的人"；另一方面，通过他们影响周围人的思想和行为，唤起全社会生存危机感和可持续发展责任感，提高区域内永久性居民的整体素质，进一步推进区域社会、经济、生态环境的可持续发展。[1]

可持续发展理念如何落实到学校教育的课程教学中，除了国家颁布的政策方针，还需要通过学校，通过一线教师，通过具体的学科课堂内和课外活动来实施。这种可持续发展主要体现在：课程资源的开发要符合学生可持续发展的要求；课程资源的管理与使用要有助于提高学生自主发展、

---

[1] 田道勇. 可持续发展教育理论研究 [D]. 济南：山东师范大学，2009：2.

终身发展能力；课程资源的文化内涵要对学校文化的可持续发展具有内在促进性；课程资源本身应具有可持续发展的合理性；课程资源所承载的教育功能要发挥教育对人、社会、自然三者之间的可持续发展作用。

第一，教师作为课程资源本身需要提升自己对可持续发展理念的了解，创造条件和机会让教师通过多种途径和形式开展接受环境与可持续发展方面的培训，通过培训和自学促进教师业务水平不断提升，提高教师根据本学科教学的特点将可持续发展议题整合到课堂教学中去的技能。

第二，教师需要有意识关注课程标准和教材中有关可持续发展理念的内容，在课堂教学中逐渐将可持续发展理念渗透给学生。例如，"理解人与自然和谐发展的意义，提高环境保护意识"是初中生物学的课程目标之一，《普通高中生物学课程标准（2017年版）》中的课程目标中也明确提出"学生通过本课程（高中生物学课程）的学习，能认识到生物学在坚持人与自然和谐共处、促进科技发展、社会进步和提高人类生活质量等方面的重要贡献"。四大学科核心素养的社会责任也指出：树立和践行"绿水青山就是金山银山"的理念，形成生态意识，参与环境保护实践；主动向他人宣传关爱生命的观念和知识，崇尚健康文明的生活方式，成为健康中国的促进者和实践者。通过生物学课程的学习，学生基于对生物学基本概念原理知识的理解，构建起对人与自然和谐关系、协调发展价值观的高度认同，对生物资源、生物的多样性及其保护、经济社会发展过程中开发利用生物与自然资源时的理性抉择，认同生物参与自然界物质循环（碳循环、水循环、氮循环）的重要作用和全球性特征，依据这些基本原理而形成的价值选择和个人决策，以及作为地球公民应当承担的责任和义务。

第三，教师要大力开发与可持续发展相关的课程资源，环境、健康与可持续发展教育是涉及地理、物理、生物学、历史、社会和文化等多学科相互关联与作用的复合性概念，具有综合性、跨学科性、超学校性的显著特点。各个学科都可以有意识地挖掘、渗透可持续发展的因素，将可持续发展的理念、价值观落实到学科教学设计和课堂教学活动中。培养学生相关的知识、技能、批判性思考和行为习惯，培养学生的社会实践能力、社会责任感和关心社会生活的积极态度。

第四，学校、教师和学生在开发课程资源时，要贯彻可持续发展的理念。例如，节约用水、节约用电、节约用纸、少用塑料制品等。另外，在当前信息化高度发展的社会，有些实物的呈现完全能够用虚拟仿真技术替代，如有些植物、昆虫、鸟类可以通过三维仿真技术清晰观察，而无须破坏性捕捉、制成标本等。

第五，教师可以指导学生按照自己的需求和兴趣爱好，结成社团，寻找现实社会和生活周遭的环境与生态问题，展开课题研究。学生深入社区或自然环境中，观察、调查、探究、实践、体验，取得第一手资料，用科学的方法和批判性的思考，用自己的智慧和努力，改善、解决困扰人类的生态环境问题，从而深化对人口、资源、环境及可持续发展问题的思考，提升对保护生态环境、节约资源能源的认识，用实际行动参与并逐步形成可持续发展的行为习惯。研究的专题所具有的综合性、针对性、参与性和批判性，对学生的知识、智力、能力的挑战性，深入现场感受的真切性，能带给学生强烈的冲击感，让学生产生强烈的责任感，成为支持学生不断前行的不竭动力。

课程是教育的基本载体，课程体系的好坏直接决定教育质量的高低。以可持续发展的理念开发课程资源，开发具有可持续发展理念的课程资源，才能使学生养成洁净消费和节俭习惯，公平、合理、负责任地利用资源生产和消费，关注个人和公众的营养、卫生和生活习惯，确立积极的生活态度和健康的生活方式，树立保护环境、生态平衡的理念，从而达到生物学的育人的教育目的。这些价值观、态度和行为习惯的养成，都是实现可持续发展的基础和基本点，也是教育促进可持续发展价值的具体体现。

参考文献

[1] 周国华. 谈谈课程资源的利用 [J]. 甘肃教育，2005（4）：14.

[2] 黄晓玲. 课程资源：界定 特点 状态 类型 [J]. 中国教育学刊，2004（4）：36-39.

[3] 邹亚丽. 中学生物课程资源开发与利用 [M]. 兰州：兰州大学出版社，2018.

[4] 马克思. 资本论：第一卷 [M]. 中共中央马克思恩格斯列宁斯大林著作编译局，译. 北京：人民出版社，2008.

[5] 张旭如. 中学课程资源开发与利用案例分析 [M]. 北京：高等教育出版社，2017.

[6]（美）国家研究理事会. 美国国家科学教育标准 [M]. 戢守志，金庆和，梁静敏，等译. 北京：科学技术文献出版社，1999.

[7] 冯生尧. 小学课程设计与评价 [M]. 北京：教育科学出版社，2016.

[8] 刘焕君. 农村教师在课程资源开发中发展的个案研究 [D]. 长春：东北师范大学，2006.

[9] 高雅珍. 浅谈农村教师专业发展的有效途径 [J]. 女报：家庭素质教育，2019（12）：158.

[10] 吴忠香. 课程资源开发：高职教师专业发展的有效途径 [D]. 上海：华东师范大学，2012.

[11] 宋瑜静，张晓. 论教师成为课程资源的实现方式 [J]. 石油教育，2008（2）：90-91.

[12] 吴刚平. 课程资源的开发与利用 [J]. 全球教育展望，2001（8）：24-30.

[13] 泰勒. 课程与教学的基本原理：英汉对照版 [M]. 罗康，张阅，译. 北京：中国轻工业出版社，2008.

[14] 江山野. 简明国际教育百科全书：课程 [M]. 北京：教育科学出版社，1991.

[15] 顾明远. 教育大辞典：增订合编本 [M]. 上海：上海教育出版社，1998.

[16] 褚慧玲. 重视课程资源的开发和利用 [J]. 中小学管理，2001（12）：10-11.

[17] 徐继存，段兆兵，陈琼. 论课程资源及其开发与利用 [J]. 学科教育，2002（2）：1-5，26.

[18] 肖川. 教师：与新课程共成长 [M]. 上海：上海教育出版社，2004.

[19] 范兆雄. 课程资源系统分析 [J]. 西北师大学报（社会科学版），2002，39（3）：101-105.

[20] 范蔚. 实施综合实践活动对课程资源的开发利用 [J]. 教育科学研究，2002（3）：32-34，47.

[21] 鲍淼芳. 基础教育课程改革中课程资源开发研究 [D]. 西安：陕西师范大学，2007.

[22] 段兆兵，等. 课程资源开发与利用：原理与策略 [M]. 芜湖：安徽师范大学出版社，2011.

[23] 钟晓梅. 农村高中生物课程资源的开发和利用初探 [D]. 武汉：华中师范大学，2011.

[24] 徐孝均. 农村高中生物课程资源的开发与应用 [D]. 武汉：华中师范大学，2013.

[25] 朱萍，余群英. 学校生物课程资源的开发与利用研究 [J]. 中学生物学，2007，23（9）：27-29.

[26] 仇宝军. 中学生物课程资源的开发和利用初探 [J]. 中学生物学，2006，22（1）：58-60.

[27] 段兆兵. 论课程资源开发与教师专业成长[D]. 兰州：西北师范大学，2003.

[28] 余文森，吴刚平，刘良华. 关注资源、学科与课堂的统整[M]. 上海：华东师范大学出版社，2005.

[29] 黄建军. 农村生物课程资源的开发与利用[D]. 石家庄：河北师范大学，2009.

[30] 陈智博. 中学生物课程资源开发与利用初探：理论、现状与对策[D]. 长春：东北师范大学，2003.

[31] 肖国刚，胡海燕. 试论课程资源的特征及相应的开发原则[J]. 内蒙古师范大学学报（教育科学版），2003，16（5）：117-119.

[32] 马林慧，贺毓，闫白洋，等. 生物学教学中课程资源的开发和利用[J]. 生物学教学，2005，30（5）：53-55.

[33] 孙晴. 生物教师课程资源开发能力的现状及对策研究[D]. 曲阜：曲阜师范大学，2018.

[34] 苗喜林. 开发利用生物课程资源促进教师专业发展[J]. 生命世界，2009（7）：85-86.

[35] 赵月祝. 试析农村生物学课程资源的开发与利用[J]. 课程教育研究，2019（39）：176.

[36] 周丽君. 从生活中来　到生活中去：农村生物课程资源的开发和利用[J]. 课程教育研究，2019（2）：186.

[37] 刘伟，张秋菊，李艳臣，等. 生物学课程资源开发的路径解析[J]. 通化师范学院学报（自然科学），2016，37（2）：59-61.

[38] 谷晓菲. 中学生物课程资源的利用与隐性课程的开发[J]. 中学生物教学，2004（Z2）：10-11.

[39] 张建红. 生物课程资源开发中应注意的几个问题[J]. 教育实践与研究（B），2013（8）：66-67.

[40] 方晓清. 有效利用农村课程资源促进高中生物教学[J]. 科学咨询（教育科研），2019（21）：147.

[41] 何国华. 高中生物课程资源的开发与利用的实践研究[D]. 南昌：

江西师范大学，2007.

[42] 邢京荣，张新力，赵吉祥. 生物课程资源的开发、整合与利用 [J]. 中国教育技术装备，2006（9）：14-17.

[43] 张学文. 农村小学课程资源开发和利用的一些探索 [J]. 学周刊，2020（9）：183-184.

[44] 李雪梅. Internet 网络资源在教学中的应用 [J]. 生物学教学，2003，28（6）：44-45.

[45] 傅和玉. 开发农村校本生物课程资源提升科技创新素养 [J]. 北京教育学院学报（自然科学版），2008，3（5）：33-36.

[46] 龚宇. 农业生产中的生物学知识 [J]. 科学咨询（教育科研），2014（4）：44-45.

[47] 张领. 农业生产中的生物学知识 [J]. 生物学教学，2015，40（7）：77-78.

[48] 李亚文. 农村生物教学资源的开发利用 [J]. 广东教育（综合），2007（2）：40-41.

[49] 沈加德. 基于农村中学生物课程资源开发及利用研究 [J]. 中学生物学，2016，32（9）：73-74.

[50] 张树虎. 高中生物无形课程资源开发思路 [J]. 教育研究与评论（中学教育教学），2010（10）：71-73.

[51] 樊妹娟. 架起生物学科与生活的桥梁 [J]. 赤子（中旬），2014（1）：355-356.

[52] 张利群. 华北农村地区高中生物课程资源开发和利用现状与对策：以张家口市农村高中为例 [D]. 武汉：华中师范大学，2015.

[53] 吴红漫. 浅谈高中生物学科家庭课程资源开发与利用的有效途径 [J]. 生物学通报，2011，46（2）：32-34.

[54] 朱兴国，黄莉. 浅谈如何培养初中生的生物学习兴趣 [J]. 萍乡高等专科学校学报，2012，29（6）：99-100，104.

[55] 姚胜. 皖南农村地区高中生物课程资源的开发与应用初步研究 [D]. 上海：上海师范大学，2009.

[56] 朱凤荣，睢鑫. 在课外活动中培养学生学生物的兴趣 [J]. 河南机电高等专科学校学报，2004，12（4）：79-80.

[57] 苏福胜. 叶脉书签的巧妙制作 [J]. 科学课，2004（9）：46-47.

[58] 朱悦. 基于生态文明建设的农村循环经济发展路径研究：以辽宁省冯贝堡镇为例 [J]. 安徽农业科学，2020，48（4）：220-223.

[59] 高美玲，朋许杰，谭鹏程，等. 农作物秸秆处理的现状调查与思考：以安徽淮南农村为例 [J]. 再生资源与循环经济，2017，10（11）：23-25.

[60] 陈年安. 巧用高压锅制取蒸馏水 [J]. 教学仪器与实验，2006，22（6）：41.

[61] 景娇娇. 贵州侗族民俗中的高中生物学课程资源开发与实践研究 [D]. 贵阳：贵州师范大学，2018.

[62] 杨婷，李汉林，李姝，等. 化肥使用对土壤污染的调查报告 [J]. 中学生物学，2002（3）：32-33.

[63] 邵万亮. "应用—原理—应用创新"教学模式在农村生物学教学中的应用 [J]. 生物学教学，2008，33（9）：14-16.

[64] 赵田. 农村初中生物课程资源开发与利用的实践研究：以辽中县为例 [D]. 沈阳：沈阳师范大学，2010.

[65] 杨昌友. 浅谈初中生物课程资源开发与利用 [J]. 课程教育研究，2018（16）：177.

[66] 凌宗超. 浅谈初中生物课程资源的开发与利用 [J]. 中学生物教学，2016（Z1）：66-67.

[67] 顾明远. 中国教育大百科全书：第一卷 [M]. 上海：上海教育出版社，2012.

[68] 何芳，吴艳玲，樊莹. 初中课程资源开发和利用的实践智慧 [M]. 北京：高等教育出版社，2004.

[69] 张铁瑛. 有效利用农村教学资源开发生物校本课程 [J]. 学周刊，2016（12）：34-35.

[70] 张艳，李璐. "探秘草履虫"的教学案例 [J]. 中学生物教学，2017（23）：37-40.

[71] 张妮. 探究光照强度对簧藻光合作用强度的影响 [J]. 生物学教学, 2019, 44（8）: 58-59.

[72] 张志祥, 张亦真, 陆炯韬. 生物校本选修课创新设计一例：校园植物"身份证"的制作 [J]. 课程教育研究, 2018（41）: 244.

[73] 匡薇. 邛崃市乡土生物资源与高中生物学教学的整合利用研究 [D]. 成都：四川师范大学, 2017.

[74] 王玲. 结合农村实际开展初中生物实验教学的策略研究 [D]. 长春：东北师范大学, 2011.

[75] 韦江鹏. 关于赣榆高级中学校园周边环境污染的调查研究 [J]. 未来英才, 2017（1）: 274-275.

[76] 黄志杰. 从"导师"视角，来帮助新老师打磨出一堂"亮"课：根据《水中的动物》生物教学为例 [J]. 新教育时代电子杂志（学生版）, 2018（48）: 3, 66.

[77] 张璇. 磨课促成长 复习显新意：以《生物的多样性》复习课为例 [J]. 中学教学参考, 2016（23）: 104.

[78] 陈玉华. 基于乡土特色资源的"认识生物的多样性"教学设计与反思 [J]. 生物学教学, 2018, 43（12）: 26-27.

[79] 刘琳, 田树青, 王新. "土壤中小动物类群丰富度的研究"实验教学的设计和组织 [J]. 生物学通报, 2017, 52（2）: 20-23.

[80] 肖崇德, 王新, 田树青. "用样方法调查草地中双子叶植物的种群密度"实验设计、实施与建议 [J]. 生物学通报, 2016, 51（12）: 10-12.

[81] 钟莲珠. 利用本土生物资源，激活生物课堂 [J]. 科教文汇, 2015（29）: 122-123.

[82] 吴猛. 花乡沭阳花木资源在初中生物校本课程中的开发和实践 [D]. 苏州：苏州大学, 2016.

[83] 任江涛. 因地制宜开展农村中学生物教学户外调查实验活动 [J]. 黑河教育, 2008（6）: 22.

[84] 姚叔凝. 寻找身边的绿：有关青县城区段运河污染的调查与研究 [J]. 中学生物学, 2006, 22（6）: 45-46.

[85] 杨通华. 宣恩县一中生物校本课程开发的研究 [D]. 武汉：华中师范大学，2006.

[86] 庄秀虹. 充分挖掘乡村资源　促进乡村中学生物教学 [J]. 华章，2013（31）：319.

[87] 吴秀杰. 验证昆虫冬眠的实验 [J]. 生物学教学，1995（2）：29-30.

[88] 谢囡囡. 皖北农村初中生物实验教学案例研究 [D]. 芜湖：安徽师范大学，2016.

[89] 高双桂，郭东岐. 农村课程资源的开发与利用 [M]. 西安：陕西师范大学出版社，2006.

[90] 张慧琪. 学生：可开发利用的宝贵教育资源：参加生物新教材培训的思考 [J]. 云南教育，2001（20）：5-6.

[91] 张姝. 学生：作为课程资源 [D]. 西安：陕西师范大学，2018.

[92] 刘永赤. 从"多糖的转化"到甜酒的制作：生物教学中实用技术开发之四 [J]. 新课程学习（上旬），2013（7）：54-55.

[93] 李正权. 过年闲说腊肉香肠 [J]. 大众标准化，2012（1）：22-24.

[94] 昆明市科学技术局. 科学饮用牛奶常识 [M]. 昆明：云南科技出版社，2006.

[95] 武丹. 中学生物学课程资源中苗族民俗文化元素挖掘和应用：以"苗家糯米酒的制作"为例 [D]. 贵阳：贵州师范大学，2016.

[96] 敖丽. 贵州苗族民俗中的高中生物课程资源的开发与实践 [D]. 贵阳：贵州师范大学，2017.

[97] 侯天江. 中国的千户苗寨：西江 [M]. 贵阳：贵州民族出版社，2006.

[98] 余贵忠. 少数民族习惯法在森林环境保护中的作用：以贵州苗族侗族风俗习惯为例 [J]. 贵州大学学报（社会科学版），2006，24（5）：35-41.

[99] 沈堂江. 贵州苗族习惯法的历史、现状及发展 [J]. 贵州民族学院学报（哲学社会科学版），2000（S2）：101-108.

[100] 何槿，陈榕. 方言文化在初中生物学教学中的渗透 [J]. 福建基础

教育研究，2019（8）：136-137.

[101] 胡展娴，黄光文. 生物学教学中对联艺术的应用 [J]. 当代教育理论与实践，2012，4（4）：105-106.

[102] 章银良，姜春鹏. 加速腌鱼风味成熟新技术的研究 [J]. 中国调味品，2010，35（6）：111-114，117.

[103] 杨坤. 高中生物说课研究 [D]. 济南：山东师范大学，2011.

[104] 李晗. 高中生物学"校本课程"的开发与实践：以"剑门关中学"为例 [D]. 重庆：重庆师范大学，2018.

[105] 陆丽萍. 苏州蚕文化背景下高中生物校本课程的开发与实践 [D]. 苏州：苏州大学，2009.

[106] 李桂梅. 本土文化在生物校本课程资源开发中的应用：以镇江醋文化为例 [J]. 新课程（中学），2018（5）：2.

[107] 宋金枝，周丽威，宋金俐. 长白山区乡土生物课程资源的开发 [J]. 通化师范学院学报（自然科学），2015，36（6）：66-68.

[108] 薛书花. 沙河市农村姻亲状况调查：高中生物学"研究性学习"案例 [J]. 中学生物学，2006，22（4）：41-42.

[109] 李晓春. 结合诗词俗语，打造生物高效课堂 [J]. 学园，2015（20）：89-90.

[110] 于敏. 论哈尼族民间故事中的生态意识 [J]. 红河学院学报，2015，13（2）：1-3.

[111] 温伟盛. 客家黄酒制作：生物实验校本课程开发尝试 [J]. 中学生物学，2011，27（4）：42-43.

[112] 殷立群. "剪纸"模型在高中生物教学中的运用 [J]. 中学生理科应试，2018（9）：53-55.

[113] 霍秀敏. 初中物理信息化教学资源应用的现状与对策：以广州市越秀区为例 [D]. 广州：广州大学，2012.

[114] 何楚红. 中学语文信息化课程资源的开发和利用研究 [J]. 中国电化教育，2006（9）：75-78.

[115] 魏静茹. 中小学信息化课程资源的选择与运用策略探析 [J]. 中小

学电教，2013（5）：26-29.

[116] 杜芳. 对信息化历史课程资源有效利用的思考 [J]. 中国电化教育，2009（4）：82-84.

[117] 何谨谕. 高中生物学信息化课程资源：获取、分类、加工、呈现 [D]. 石家庄：河北师范大学，2015.

[118] 李克东，赵建华. 混合学习的原理与应用模式 [J]. 电化教育研究，2004（7）：1-6.

[119] 何克抗. 从 Blending Learning 看教育技术理论的新发展 [J]. 国家教育行政学院学报，2005（9）：37-48，79.

[120] 祝智庭，管珏琪，邱慧娴. 翻转课堂国内应用实践与反思 [J]. 电化教育研究，2015（6）：66-72.

[121] 霍恩，斯泰克. 混合式学习：用颠覆式创新推动教育革命 [M]. 聂风华，徐铁英，译. 北京：机械工业出版社，2015.

[122] 祝智庭. 智慧教育引领未来学校教育创变 [J]. 基础教育，2021，18（2）：5-20.

[123] 何克抗，曹晓明. 信息技术与课程整合的教学模式研究之五："WebQuest" 教学模式 [J]. 现代教育技术，2008，18（11）：5-12.

[124] 蔡慧英，顾小清. 设计学习技术支持 STEM 课堂教学的案例分析研究 [J]. 电化教育研究，2016（3）：93-100.

[125] 张巳如. 浅谈农远工程课程资源建设的问题与对策 [J]. 教育教学论坛，2012（40）：119-120.

[126] 关玉兵，刘学敏. 黑龙江省农村教学点数字教育资源应用现状及优化策略 [J]. 黑龙江教育学院学报，2019，38（10）：74-76.

[127] 申晓林. 初中生物学信息化课程资源库的建库及应用研究：以 "生物体的结构与层次" 为例 [D]. 西安：陕西师范大学，2017.

[128] 周晨妍，刘振华，李端，等. 发酵工程网络课程建设实践与经验 [J]. 科技创新导报，2012（29）：160.

[129] 覃丽芳. 利用网络教育平台进行高中生物双师教学实践研究 [J]. 新教育时代电子杂志（教师版），2020（5）：109.

[130] 付用江，吴小凤.基于翻转课堂的教学反思：《分解纤维素的微生物的分离》案例分析[J].课程教育研究，2020（2）：190-191.

[131] 李涛，邬志辉.中国城镇化与教育发展[J].教育发展研究，2019（21）：1-10.

[132] 雷培梁.人的城镇化进程中的教育发展问题研究：以福建省为例[D].福州：福建师范大学，2016.

[133] 郝良玉.城镇化进程中我国城乡基础教育统筹问题研究[D].延安：延安大学，2010.

[134] 吴同语.城镇化进程中的乡村教育：基于一所皖南乡镇中学兴衰的个案研究[D].桂林：广西师范大学，2019.

[135] 唐开福.城镇化进程中乡村文化的传承困境与学校策略[J].湖南师范大学教育科学学报，2014，13（2）：107-110.

[136] 朱小曼.中学生物课程中实施可持续发展教育的影响因素初探[D].长春：东北师范大学，2007.

[137] 汤万金，李祥仪，李仲学.可持续发展的概念、内涵与目标[J].陕西煤炭技术，1997（2）：1-3.

[138] 曾珍香，顾培亮，张闽.可持续发展的概念及内涵的研究[J].管理世界，1998（2）：209-210，214.

[139] 王永胜.可持续发展教育理念下的学校课程发展研究：以W中学为个案[D].长春：东北师范大学，2015.

[140] 田道勇.可持续发展教育理论研究[D].济南：山东师范大学，2009.